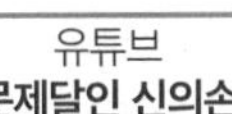

유튜브
문제달인 신의손

네이버 카페
문제달인 신의손

NOTICE

2025년 직업상담사 2급 필기 변경 사항

직업상담사 2급	변경 전(~24.12.31.)	변경 후('25.1.1~)
필기	직업상담학	직업심리
	직업심리학	직업상담 및 취업지원
	직업정보론	직업정보
	노동시장론	노동시장
	노동관계법규	고용노동관계법규(1)
실기	직업상담 실무(필답형)	직업상담 실무(필답형)

1. 필기 시험은 직업상담 과목에 취업지원이 추가되면서 직업훈련 상담, 집단상담 프로그램 운영, 직업상담 협업 및 행정, 취업지원 행사 운영 등 실무적인 부분이 추가됩니다.

2. 노동관계법규는 파견법과 단체법(노조법)이 제외되어 평가 항목 범위가 다소 축소되었습니다.

3. 2차 실기 시험은 기존과 동일하게 필답형이 유지되지만, 신출 항목이 늘어날 것으로 예상되므로 2차 시험에 보다 중점을 두고 학습을 해야 합니다.

4. 대체적으로 2025년 직업상담사 시험도 큰 변화는 없을 것으로 생각됩니다.

GUIDE

직 업 상 담 사 2 급 실 기

교재 구성과 특징

기출문제 · 동형문제 · 실전테스트의 3단계 프로세스를 설정하여 직업상담사 2급 시험의 최단 시간 내 동차합격을 목표로 구성된 교재입니다.

족집게 답안

✓ 통일된 답안을 반복적으로 제시함으로써 학습자의 자연스러운 암기가 가능하도록 하였습니다.
✓ 두문 암기법을 활용하여 학습자의 기억에 오래 남게 하였습니다.
✓ 가급적 기출문제 지문을 정답으로 제시함으로써 답안의 정확성을 제고하였습니다.

확장해 보기

✓ 제시된 문제에 보다 심층적이고 다각적으로 접근할 수 있도록 구성하였습니다.
✓ 제시된 문제와 유사하거나 변형된 문제를 파악하여 비교 분석 하였습니다.
✓ 7개년 기출까지 커버함으로써 기출문제 영역을 확장했습니다.

동형문제

✓ 기출문제 중 빈출도 높은 문제 위주로 엄선하여 반복 학습이 가능하도록 구성하였습니다.
✓ 중요한 내용임에도 아직 출제되지 않은 신출문제를 추가하였습니다.
✓ 오래 전에 출제된 문제들 중에서 중요 문제를 재수록하였습니다.

실전 테스트

✓ 실제 시험장에서 시험을 보는 듯한 환경을 유사하게 구축하여 시험장에서 발생할 수 있는 두려움에 적응할 수 있게 했습니다.
✓ 자가점검을 통해 자신의 강점과 약점의 객관적 파악이 가능하도록 하였습니다.
✓ 스스로의 채점을 통해 당락을 예견함으로써 학습 의욕을 향상시키는데 주력하였습니다.

PREFACE

직업상담사 2급 실기

Thanks to

교재 출간에 애써 주신 더배움 최진만 대표님, 홍현애 과장님을 비롯한 모든 직원분들께 감사드립니다.

물심양면으로 지원해 주신 김동혁 샘, 이준서 샘과 유튜브 운영과 관리에 노고가 많았던 KM님, 비비님께도 감사드립니다.

특히, 신의손 강의를 애청해 주시고 따뜻한 댓글로 응원해 주신 모든 구독자님들께 진심으로 감사의 마음 전합니다.

앞으로 더욱 발전된 강의와 교재로 직업상담사 시험을 준비하시는 모든 분들께 희망의 길잡이가 되도록 최선을 다하겠습니다.

감사합니다

문제달인 신의손

CONTENTS

직 업 상 담 사 2 급 실 기

2024년 2차

2023년 2차

2022년 2차

2021년 2차

2020년 2차

동형문제

VOCATIONAL
COUNSELOR

2024

직업상담사 2급
1차 실기 기출문제&해설

문제달인 신의손 유튜브 바로가기

2024년 1회

001

'20(3), '18(1) '14(3) '13(2)

직무분석은 직무기술서나 작업자명세서를 만들고 이로부터 얻어진 정보를 여러모로 활용하는 것을 목적으로 한다. 이와 같은 직무분석으로 얻어진 정보의 용도를 6가지 쓰시오. [6점]

족집게 답안

직무분석 정보의 용도

1) 모집 및 선발
2) 교육 및 훈련
3) 배치 및 경력개발
4) 직무평가 및 직무수행평가
5) 직무재설계 및 작업환경 개선
6) 인력수급계획의 수립

확장해 보기

직무분석의 유형

1) 과제 중심 직무분석 : 직무에서 수행하는 과제나 활동이 어떤 것들인지 파악하는 데 초점을 둔다.
   예 기능적 직무분석(FJA ; Functional Job Analysis) : 직무정보를 자료(Data), 사람(People), 사물(Thing) 기능으로 분석한다.
2) 작업자 중심 직무분석 : 직무를 수행하는 데 요구되는 지식, 기술, 능력, 경험 등 작업자의 재능에 초점을 둔다.
   예 직위분석질문지(PAQ ; Position Analysis Questionaire) : 직무수행에 요구되는 지식, 기술, 능력 등의 인간적 요건들을 밝히는 데 목적을 둔 표준화된 분석도구이다.

002

'22(2, 확장)

고용률이 50%이고 비경제활동인구가 400명이며 실업자 수가 50명일 때, 실업률을 구하시오. [5점]

족집게 답안

실업률

- 15세 이상 인구 = 경제활동인구+비경제활동인구
  = 취업자 수+실업자 수+비경제활동인구
- 고용률(%) = (취업자 수/15세 이상 인구) × 100에서 취업자 수를 x라고 하면,
  50 (%) = {x/(x +실업자 수+비경제활동인구)} X 100
  50 (%) = {x/(x + 50 + 400)}× 100
  1 / 2 = x/(x + 450)
  2x = x + 450 ∴ x (취업자 수) = 450 (명)
- 경제활동인구 = 취업자 수 + 실업자 수 = 450 + 50 = 500 (명)
- 실업률 = (실업자 수/경제활동인구) × 100
  = (50/500) × 100 = 10 (%) ∴ 실업률은 10 (%)이다.

확장해 보기

경제 인구

1) 경제인구의 구성
   15세이상 인구 수 - - - ㉠ 경제활동인구 수 = 취업자 수 + 실업자 수
   (=생산가능인구 수) - - ㉡ 비경제활동인구 수
2) 경제활동참가율(%) = (경제활동인구 수/15세이상 인구 수) × 100
3) 실업률(%) = (실업자 수/경제활동인구 수) × 100
4) 취업률(%) = (취업자 수/경제활동인구 수) × 100
5) 고용률(%) = (취업자 수/15세이상 인구 수) × 100

003

'21(2), '16(3), '15(12), '12(3), '11(1)

적응행동증진기법에 대해 3가지 방법을 쓰고 설명하시오. [6점]

적응행동증진기법(학습촉진기법)

1) 강화 : 내담자의 행동에 대해 적절하게 긍정적 부정적 반응을 보임으로써 내담자의 바람직한 행동을 강화시킨다.
2) 변별학습 : 자신의 직업결정 능력 등을 검사도구를 사용하여 변별하고 비교해보도록 하는 것이다.
3) 사회적 모델링과 대리학습 : 타인의 행동에 대한 관찰과 모방을 통해 내담자의 학습을 촉진한다.
4) 행동조성 : 행동을 단계별로 세분화하여 단계마다 강화를 제공함으로써 학습을 촉진한다.
5) 상표제도(토큰경제) : 내담자의 바람직한 행동이 이루어질 때마다 그에 상응하는 보상을 하는 것이다.

확장해 보기

부적응행동감소기법(불안감소기법)

1) 체계적둔감법 : 내담자의 불안반응을 체계적으로 증대시켜 둔감화한다.
2) 금지조건형성(내적 금지) : 내담자에게 불안요소를 지속적으로 제시함으로써 불안반응을 감소시킨다.
3) 반조건형성 : 조건 자극과 새로운 자극을 함께 제시해서 불안을 감소시킨다.
4) 혐오치료 : 바람직하지 못한 행동에 혐오자극을 제시함으로써 부적응적 행동을 제거한다.
5) 주장훈련 : 내담자에게 불안이외의 감정을 표현하게 해서 대인관계에 있어서의 불안을 해소시킨다.
6) 자기표현훈련 : 자기표현을 통해 타인과 상호작용함으로써 대인관계에서 비롯되는 불안요인을 제거한다.

004

'23(3), '20(1), '16(1), '15(1·3), '9(3), '7(3), '6(1)

로저스의 내담자중심 상담기법에서 상담자의 태도 3가지를 쓰시오. [6점]

족집게 답안

내담자중심 상담기법에서 상담자의 태도

1) 일치성과 진실성 : 상담자는 진실하고 개방적이어야 한다.
2) 공감적 이해 : 상담자는 내담자의 내면세계를 마치 자신의 것처럼 이해하고 느껴야 한다.
3) 무조건적인 수용 : 상담자는 내담자를 무조건적이고 긍정적으로 존중해야 한다.

확장해 보기

내담자중심 상담에서 '완전히 기능하는 사람'

1) 경험에 대해 개방적이다.
2) 내적 기준에서 평가할 수 있다.
3) 자신을 신뢰한다.
4) 지속적인 성장을 추구한다.

005

'23(2), '21(3), '20(2), '18(1), '13(1)

검사-재검사 신뢰도, 동형검사 신뢰도, 문항내 적합치도에 대해 설명하시오. [6점]

족집게 답안

신뢰도를 추정하는 방법

1) 검사-재검사 신뢰도 : 동일한 수검자에게 동일한 검사를 일정 시간간격을 두고 두 번 실시하여 얻은 두 점수 간의 상관계수를 토대로 신뢰도를 추정한다.
2) 동형검사 신뢰도 : 동일한 수검자에게 첫번째 시행한 검사와 동등한 유형의 검사를 실시하여 얻은 두 점수 간의 상관계수를 토대로 신뢰도를 추정한다.
3) 반분 신뢰도 : 어떤 집단에게 한 검사를 실시하고 그 검사의 문항을 동형이 되도록 두개의 검사로 나눈 다음, 두 점수 간의 상관계수를 토대로 신뢰도를 추정한다.
4) 문항내적합치도 : 한 검사 내 개개의 문항들을 독립된 검사로 보고 문항들 간의 일관성이나 합치성을 신뢰도로 규정한다.

확장해 보기 암기비법 **개문 문검신**

심리검사의 신뢰도에 영향을 주는 요인

1) 개인차 : 검사대상의 개인차가 클수록 신뢰도 계수도 커진다.
2) 문항 수 : 문항 수가 많으면 신뢰도는 어느 정도 높아지나, 문항 수를 무조건 늘린다고 해서 신뢰도가 정비례하여 커지는 것은 아니다.
3) 문항반응 수 : 문항반응 수는 적정 크기를 유지하는 것이 바람직하며, 이를 초과할 경우 신뢰도는 향상되지 않는다.
4) 검사유형 : 속도검사의 경우, 전후절반법으로 신뢰도를 추정하게 되면 후반부로 갈수록 시간이 부족하기 때문에 신뢰도는 낮아진다.
5) 신뢰도 추정방법 : 서로 다른 신뢰도 추정방법에 따른 신뢰도 계수는 각기 다를 수밖에 없다.

006

'20(1), '18(3), '13(2), '10(2),

한국표준산업분류에서 산업, 산업활동의 정의를 기술하시오. [4점]

족집게 답안

산업과 산업활동

1) 산업 : 유사한 성질을 갖는 산업활동에 주로 종사하는 생산단위의 집합을 말한다.
2) 산업활동 : 각 생산단위가 노동, 자본, 원료 등 자원을 투입하여 재화 또는 서비스를 생산 또는 제공하는 일련의 활동과정이다.

확장해 보기

산업활동의 범위/산업분류/산업분류 기준/생산단위의 활동형태

1) 산업활동의 범위 : 영리적 비영리적 활동이 모두 포함되나, 가정 내의 가사활동은 제외된다.
2) 산업분류 : 생산단위가 주로 수행하는 산업활동을 그 유사성에 따라 체계적으로 유형화한 것이다.
3) 산업분류 기준
   ① 산출물의 특성
   ② 투입물의 특성
   ③ 생산활동의 일반적인 결합형태
4) 생산단위의 활동형태
   ① 주된 산업활동 : 생산된 재화나 제공된 서비스 중에서 부가가치가 가장 큰 활동이다.
   ② 부차적 산업활동 : 주된 활동 이외의 재화 생산 및 서비스 제공 활동을 말한다.
   ③ 보조적 활동 : 주된 활동과 부차적 활동을 지원하며 회계, 운송, 구매, 창고, 수리 서비스 등이 포함된다.

007

22(2-확장)

직업으로 성립되기 위한 요건을 5가지 쓰시오. [5점]

족집게 답안

암기비법 **계경 윤사비**

직업으로 성립되기 위한 요건

1) 일의 계속성 : 계속해서 하는 일이어야 한다.
2) 경제성 : 노동의 대가에 따른 수입이 있어야 한다.
3) 윤리성 : 비윤리적인 일이 아니어야 한다.
4) 사회성 : 사회적으로 가치 있는 일이어야 한다.
5) 비속박성 : 속박된 상태의 활동이 아니어야 한다.

확장해 보기

직업으로 보지 않는 활동

1) 이자, 주식배당, 임대료 등 자산 수입이 있는 경우
2) 연금법, 국민기초생활보장법, 국민연금법 및 고용보험법 등 사회보장이나 민간보험에 의한 수입이 있는 경우
3) 경마, 경륜, 경정, 복권 등에 의한 배당금이나 주식투자에 의한 시세 차익이 있는 경우
4) 예·적금 인출, 보험금 수취, 차용 또는 토지나 금융자산을 매각하여 수입이 있는 경우
5) 자기 집의 가사활동에 전념하는 경우
6) 교육기관에 재학하며 학습에만 전념하는 경우
7) 시민봉사활동 등 무급 봉사적인 일에 종사하는 경우
8) 사회복지시설 수용자의 시설 내 경제활동
9) 수형자의 활동과 같이 법률에 의한 강제노동을 하는 경우
10) 도박, 강도, 절도, 사기, 매춘, 밀수 등 불법적인 활동의 경우

008

'22(2), '19(3), '16(3), '10(2)

심리검사 사용의 윤리적 문제와 관련하여 지켜야 할 사항을 6가지 쓰시오. [6점]

족집게 답안

심리검사 사용의 윤리적 문제

1) 평가기법을 이용할 때는 수검자가 이해하기 쉬운 용어로 설명해야 한다.
2) 새로운 기법을 표준화할 때는 기존의 과학적 절차를 충분히 지켜야 한다.
3) 심리검사는 신뢰도와 타당도가 높은 검사를 사용해야 한다.
4) 심리검사의 결과는 사용목적에 맞게 제한적으로 사용되어야 한다.
5) 평가결과가 시대에 뒤떨어질 수 있음을 인정해야 한다.
6) 적절한 훈련이나 교습을 받은 사람들이 심리검사를 실시해야 한다.

확장해 보기

심리검사의 사용목적

1) 개인적 측면: 개인으로 하여금 심리검사를 통해 자신의 개성과 적성을 발견하도록 한다.
2) 진단적 측면: 심리검사를 통해 개인의 장 단점과 직업문제를 진단할 수 있다.
3) 조사 및 연구적 측면: 특정집단의 행동적 심리적 상황에 대한 조사 및 연구를 통해 해당집단의 특징을 규명할 수 있다.
4) 예측적 측면: 심리검사를 통해 개인의 특성을 파악하여 개인의 수행행동을 예측할 수 있다.

009

'22(3), '21(2), '19(2), '17(1), '14(3), '09(3), '06(3), '02(1)

투사적 검사와 비교하여 객관적 검사가 가지는 장점을 3가지 쓰시오. [6점]

족집게 답안

객관적검사의 장점

1) 검사의 실시가 간편하다.
2) 시간과 노력이 절감된다.
3) 검사의 신뢰도와 타당도가 검증되어 있다.
4) 검사의 객관성이 보장되어 있다.
5) 부적합한 응답을 최소화할 수 있다.
6) 비용적 측면에서 경제적이다.

확장해 보기

투사적 검사의 장점과 단점

1) 장점
   ① 내담자의 독특한 반응을 통해 내담자 개인을 더 잘 이해하게 한다.
   ② 내담자의 의도적 방어 반응을 방지한다.
   ③ 내담자의 다양한 표현을 유도하며, 풍부한 심리적 특성을 반영한다.

2) 단점
   ① 검사의 신뢰도가 전반적으로 부족하다.
   ② 검사 결과의 해석에 대한 타당도 검증이 빈약하다.
   ③ 여러 상황적 요인들이 검사반응에 강한 영향을 미친다.

010

'22(3), '20(2), '18(3), '16(3), '15(2), '11(3), '10(1)

모집단에서 규준집단을 구성하기 위한 확률표집방법 3가지를 쓰고 각각에 대해 설명하시오. [6점]

암기비법 **단층집계**

확률표집방법

1) 단순무선표집: 모집단의 구성원들이 표본에 속할 확률이 동일하도록 무작위로 표집하는 방법이다.
2) 층화표집: 모집단이 규모가 다른 몇 개의 이질적인 하위집단으로 구성되어 있을 때 사용하는 방법이다.
3) 집락표집: 모집단을 서로 동질적인 하위집단으로 구분하여 집단 자체를 표집하는 방법이다.
4) 계층표집: 모집단의 구성요소에 대해 일정한 순서에 따라, 매 K번째 요소를 추출하는 방법이다.

확장해 보기

비확률표집방법

1) 편의 표본추출: 연구자가 자신의 편의에 따라 임의로 표본을 추출하는 방법이다.
2) 유의 표본추출: 연구목적에 적합한 특정 집단만을 대상으로 표본을 추출하는 방법이다.
3) 지원자 표본추출: 연구를 광고한 뒤 참가 희망자들을 대상으로 표본을 추출하는 방법이다.
4) 눈덩이 표본추출: 소수 참여 대상자로부터 다수의 참여 대상자를 계속 소개받는 식으로 표본을 추출하는 방법이다.
5) 할당 표본추출: 모집단의 속성을 미리 파악할 수 있을 때, 각 속성의 구성 비율을 고려하여 표본을 추출하는 방법이다.

011

'23(3)

직업적응이론(TWA)에서 중요하게 다루는 직업가치 5가지를 쓰시오. [5점]

족집게 답안

미네소타 중요도 질문지(MIQ)의 6가지 가치관

1) 성취 : 자신의 능력을 발휘해서 성취감을 얻으려는 욕구이다.
2) 이타심 : 타인을 돕고 그들과 함께 일하고자 하는 욕구이다.
3) 자율성 : 자신의 의사대로 자유롭게 생각하고 결정하고자 하는 욕구이다.
4) 안락함 : 직무에 대해 편안한 작업환경을 바라는 욕구이다.
5) 안정성 : 혼란스러운 환경을 피하고 정돈되고 예측가능한 환경에서 일하고자 하는 욕구이다.
6) 지위 : 타인이 자신을 어떻게 인식하는지와 사회적 명성에 대한 욕구이다.

확장해 보기

검사도구

직업적응이론(TWA)에 기초한 검사도구

1) MIQ (미네소타 중요성 질문지)
2) MJDQ (미네소타 직무기술 질문지)
3) MSQ (미네소타 만족 질문지)

홀랜드 이론이 적용된 검사도구

1) 직업선호도검사(VPI ; Vocation Preference Inventory)
2) 자기방향탐색검사(SDS ; Self Directd Search)
3) 직업탐색검사(VEIK ; Vocational Exploration and Insigt Kit)
4) 자기직업상황검사(MVS ; My Vocational Situation)
5) 경력의사결정검사(CDM ; Career Decision Making)
6) 스트롱 - 캠벨 흥미검사(SCII ; Strong - Campbell Interest Inventory)

012

'21(1), '18(1), '13(2), '10(1), '09(1), '07(3)

한국직업사전에 수록된 부가 직업정보를 5가지만 쓰시오. [5점]

부가 직업정보

1) 정규교육 : 해당 직업의 직무를 수행하는 데 필요한 일반적인 정규교육수준을 의미하는 것으로, 해당 직업 종사자의 평균 학력을 나타내는 것은 아니다.
2) 육체활동 : 해당 직업의 직무를 수행하기 위해 필요한 신체적 능력을 나타낸다.
3) 숙련기간 : 해당 직업의 직무를 평균적으로 수행하는 데 필요한 각종 교육, 훈련, 숙련기간을 의미한다. 단, 향상훈련은 포함되지 않는다.
4) 직무기능 : 해당 직업 종사자가 직무를 수행하는 과정에서 자료, 사람, 사물과 맺는 관련된 특성을 나타낸다.
5) 작업장소 : 해당 직업의 직무가 주로 수행되는 장소를 나타낸다.
6) 작업환경 : 해당 직업의 직무를 수행하는 작업자에게 직접적으로 물리적·신체적 영향을 미치는 작업장의 환경요인을 나타낸 것이다.
7) 작업강도 : 해당 직업의 직무를 수행하는데 필요한 육체적 힘의 강도를 나타낸 것으로, 심리적·정신적 노동강도는 고려하지 않았다.
8) 자격·면허 : 해당 직업에 취업 시 소지할 경우 유리한 자격증 또는 면허를 나타내는 것으로, 민간에서 발급한 자격증은 제외한다.
9) 유사명칭 : 현장에서 본직업명을 명칭만 다르게 부르는 것으로 본직업명과 사실상 동일하므로, 직업 수 집계에서 제외된다.
10) 관련직업 : 본직업명과 기본적인 직무에 있어서 공통점이 있으나 직무의 범위, 대상 등에 따라 나누어지는 직업이며, 직업 수 집계에 포함된다.
11) 조사연도 : 해당 직업의 직무조사가 실시된 연도를 나타낸다.
12) 표준산업분류코드 : 해당 직업을 조사한 산업을 나타내는 것으로 한국표준산업분류의 소분류 산업을 기준으로 하였다.
13) 표준직업분류코드 : 해당 직업의 한국고용직업분류 세분류 코드에 해당하는 한국표준직업분류의 세분류 코드를 표기한다.

확장해 보기

부가직업정보 중 작업강도

1) 아주 가벼운 작업 : 최고 4kg의 물건을 들어올리고, 때때로 장부 대장 소도구 등을 들어올리거나 운반한다.
2) 가벼운 작업 : 최고 8kg의 물건을 들어올리고, 4kg 정도의 물건을 빈번히 들어올리거나 운반한다.
3) 보통 작업 : 최고 20kg의 물건을 들어올리고, 10kg 정도의 물건을 빈번히 들어올리거나 운반한다.
4) 힘든 작업 : 최고 40kg의 물건을 들어올리고, 20kg 정도의 물건을 빈번히 들어올리거나 운반한다.
5) 아주 힘든 작업 : 40kg 이상의 물건을 들어올리고, 20kg 이상의 물건을 빈번히 들어올리거나 운반한다.

013

'21(2-확장), '20(3), '16(2), '14(1), '13(3), '10(2), '09(2)

수퍼의 흥미사정 기법 3가지를 쓰고, 각각에 대해 설명하시오. [6점]

표조조

수퍼의 흥미사정기법

1) 표현된 흥미 : 내담자에게 직업에 대해 좋고 싫음을 묻는 질문을 한다.
2) 조작된 흥미 : 활동에 대해 질문을 하거나 활동에 참여한 사람들이 어떻게 시간을 보내는지 관찰한다.
3) 조사된 흥미 : 다양한 활동에 대해 좋고 싫음을 묻는 표준화된 검사를 통해 흥미를 파악한다.

확장해 보기

암기비법 **흥직직작**

일반 흥미사정기법

1) 흥미평가기법 : 종이에 쓰여진 알파벳에 따라 흥밋거리를 기입하게 해서 내담자의 흥미를 사정하는 기법이다.
2) 직업선호도검사 : 홀랜드의 흥미유형과 연관지어 내담자의 흥미를 사정한다.
3) 직업카드분류법 : 직업선택의 동기를 알아보기 위해 직업카드를 선호군, 혐오군, 미결정 중성군으로 분류하도록 한다.
4) 작업경험 분석 : 내담자가 과거에 경험했던 작업들을 분석하여 직업 관련 선호도를 찾아내는 기법이다.

014

'21(2), '19(1)

노만(Norman)이 제안한 성격 5요인(Big-5)의 구성요인을 쓰고 설명하시오. [10점]

암기비법 외호 성정경

성격 5요인(Big-5)의 구성요인

1) 외향성: 타인과의 상호작용을 원하고 타인의 관심을 끌고자 하는 정도를 측정한다.
2) 호감성: 타인과 편안하고 조화로운 관계를 유지하려는 정도를 측정한다.
3) 성실성: 사회적 규범이나 원칙 등을 기꺼이 지키려는 정도를 측정한다.
4) 정서적 불안정성: 정서적으로 얼마나 안정되어 있는 지의 정도를 측정한다.
5) 경험에 대한 개방성: 세계에 대한 관심 및 호기심, 다양한 경험에 대한 포용력 정도를 측정한다.

내담자의 정보 및 행동에 대한 이해

1) 가정 사용하기
2) 의미 있는 질문 및 지시 사용하기
3) 전이된 오류 정정하기
4) 분류 및 재구성하기
5) 저항감 재인식하기 및 다루기
6) 근거 없는 믿음 확인하기
7) 왜곡된 사고 확인하기
8) 반성의 장 마련하기
9) 변명에 초점 맞추기

015

'21(3), '19(2)

생애진로사정(LCA)의 구조 중 진로사정의 3가지 부분을 각각 설명하시오. [6점]

생애진로사정(LCA)의 구조 중 진로사정

1) 일의 경험 : 내담자의 일의 경험과 관련하여 좋았던 점과 싫었던 점에 대해 사정한다.
2) 교육 또는 훈련과정 : 내담자의 교육 또는 훈련과정과 관련하여 좋았던 점과 싫었던 점에 대해 사정한다.
3) 여가시간 : 내담자의 여가시간 활용에 대해 사정한다.

확장해 보기

진전강요

생애진로사정(LCA)의 구조

1) 진로사정 : 내담자의 직업경험, 교육 또는 훈련과정과 관련된 문제들, 여가활동 등에 대해 사정한다.
2) 전형적인 하루 : 내담자가 의존적인지 또는 독립적인지, 자발적인지 또는 체계적인지 자신의 성격차원을 파악하도록 돕는다.
3) 강점과 장애 : 내담자가 스스로 생각하는 자신의 주요 강점과 장애에 대해 질문한다.
4) 요약 : 내담자 스스로 자신에 대해 알게 된 내용을 요약해 보도록 함으로써 자기인식을 증진시킨다.

016

'20(4), 18(1), '17(3), '15(2·3), '14(2), '11(3), '10(1·2·3), '09(2)

특정 시기의 고용동향이 다음과 같을 때 임금근로자는 몇 명인지 계산하시오. (단, 계산 과정을 제시하시오). [3점]

(1) 만 15세 이상 인구 수: 35,986

(2) 비경제활동 인구 수: 14,716

(3) 취업자 수: 20,149 (자영업자: 5,646 무급가족종사자: 1,684 상용근로자: 6,113 임시근로자: 4,481 일용근로자: 2,225)

족집게 답안

임금근로자

답1) 임금근로자 수 = 취업자 수 - 비임금근로자 수(자영업주 + 무급가족종사자)
= 20,149천 명 - (5,646천 명 + 1,684천 명)
= 12,819(천 명) ∴ 임금근로자 수는 12,819천 명이다.

답2) 임금근로자 수 = 상용근로자 + 임시근로자 + 일용근로자
= 6,113천 명 + 4,481천 명 + 2,225천 명
= 12,819(천명) ∴ 임금근로자 수는 12,819천 명이다

017

'19(3), '16(3), '12(3), '11(1), '10(3)

'자기보고식 가치사정하기'에서 가치사정법 6가지를 쓰시오. [6점]

암기비법 체과절 자백존

가치사정법

1) 체크목록 가치에 순위 매기기
2) 과거의 선택 회상하기
3) 절정경험 조사하기
4) 자유시간과 금전의 사용
5) 백일몽 말하기
6) 존경하는 사람 기술하기

확장해 보기

상호역할관계 사정의 기법

1) 질문을 통해 사정하기
   ① 내담자가 개입하고 있는 생애역할들을 나열하기
   ② 개개 역할에 소요되는 시간의 양 추정하기
   ③ 내담자의 가치들을 이용해서 순위 정하기
   ④ 상충적 보상적 보완적 역할들 찾아내기
2) 동그라미로 역할관계 그리기 : 내담자의 삶에서 여러 가지 역할을 내담자의 가치순위에 따라 크기를 달리하여 동그라미를 그려 보게 한다.
3) 생애-계획연습으로 전환하기 : 각 생애단계마다 생애역할목록을 작성해서 역할들 간의 관계를 파악하고, 미래에 충족시킬 것으로 기대되는 역할 등을 탐색한다.

018

新

일반적으로 경력단계는 초기, 중기, 말기 경력으로 구분된다. 경력 단계별로 경력개발 프로그램의 예를 1가지씩 제시하시오. [3점]

족집게 답안

경력개발 프로그램

1) 경력 초기 : 경력 워크숍
2) 경력 중기 : 직무순환제도
3) 경력 말기 : 은퇴 전 프로그램

확장해 보기

암기비법 **자개 정종종**

경력개발 프로그램 유형

1) 자기평가 도구 : 경력워크숍, 경력연습책자 등
2) 개인상담
3) 정보제공 : 사내공모제, 기술목록, 경력자원기관 등
4) 종업원 평가 : 평가기관, 심리검사, 조기발탁제 등
5) 종업원 개발 : 훈련 프로그램, 후견인 프로그램, 직무순환 프로그램 등기

2024년 2회

001

'19(1), '16(3), '03(3)

던롭(Dunlop)의 노사관계 시스템이론에서 노사관계를 규제하는 3가지 여건을 쓰고 설명하시오. [6점]

족집게 답안

암기비법 **기시주**

던롭(Dunlop)의 시스템이론

1) 노사관계 규제여건
   ① 기술적 특성 : 근로자의 질이나 양, 생산과정 및 생산방법 등이 노사관계에 영향을 미친다.
   ② 시장 또는 예산제약 : 제품시장의 형태와 기업경영에 필요한 비용과 이윤 등이 노사관계에 영향을 미친다.
   ③ 주체들의 세력관계 : 노사관계를 포함한 사회 내 주체들 간의 세력관계가 노사관계에 영향을 미친다.

2) 노사관계의 3주체
   ① 근로자 및 근로자 단체(노동조합)
   ② 경영자 및 경영자 단체
   ③ 노동문제와 관련된 정부기구

확장해 보기

내부노동시장의 형성요인(도린저와 피오르)

1) 숙련의 특수성 : 기업이 숙련의 특수성을 보존하기 위해 내부 노동력을 유지하려고 노력함으로써 내부노동시장이 형성된다.
2) 현장훈련 : 실제 직무수행에 사용되는 선임자의 기술 및 숙련이 현장훈련을 통해 후임자에게로 전수됨으로써 내부노동시장이 형성된다.
3) 기업내 관습 : 고용의 안정성에서 형성된 기업내 관습은 노동관계의 각종 사항을 규율함으로써 내부노동시장을 형성하는 요인이 된다.
4) 기업의 규모와 장기근속 : 기업의 규모와 장기근속은 조직 내 업무분담과 인원을 관리하기 위한 조직을 형성시킴으로써 내부노동시장을 형성하게 된다.

002

'23(2), '19(3), '18(2), '15(3), '13(2), '12(1), '11(1), '10(4)

게슈탈트 상담기법 중 3가지를 쓰고, 각각에 대해 설명하시오. [6점]

족집게 답안

게슈탈트 상담기법

1) 꿈작업: 내담자로 하여금 꿈을 현실로 재현하도록 하여 꿈의 각 부분을 연기하게 한다.
2) 빈의자 기법: 내담자가 빈 의자를 앞에 놓고 어떤 사람이 실제 앉아 있는 것처럼 상상하면서 이야기를 한다.
3) 과장하기: 내담자로 하여금 행동이나 언어를 과장하여 표현하게 함으로써 자신의 감정을 명확히 자각하도록 한다.
4) 자기 부분들과의 대화: 내담자에게 자신의 내재되어 있는 상반된 자아와 대화를 시도하게 함으로써 자기 부분들을 통합시킨다.
5) 숙제의 사용: 내담자에게 상담 상황에서 학습한 사실들을 실생활에 적용시킬 수 있는 기회를 제공한다.
6) 역할연기: 과거나 미래의 한 장면을 현재의 장면으로 상상하게 하여 실제 행동으로 연기해 보도록 한다.

확장해 보기

형태주의 상담의 주요 목표

1) 자각에 의한 성숙과 통합의 성취를 이루도록 도와준다.
2) 자신에 대한 책임감을 갖도록 도와준다.
3) 잠재력의 실현에 따른 변화와 성장을 이루도록 도와준다.
4) 내담자가 자신의 욕구와 감정을 알아차려 환경과의 접촉을 통해 해소할 수 있도록 도와준다.
5) 내담자가 실존적 상황에 열려 있는 자세를 갖도록 도와준다.
6) 내담자가 자신의 부정적인 부분을 인정하고 수용할 수 있도록 도와준다.

003

'20(2), '16(1-2), '12(1), '06(1)

직업심리검사에서 측정의 기본 단위인 척도(Scale)의 4가지 유형을 쓰고 설명하시오. [8점]

척도(Scale)

1) 명명척도 : 가장 낮은 수준의 척도로 숫자의 차이가 측정한 속성의 차이만을 나타내는 척도이다.
2) 서열척도 : 차이정보는 물론 순위관계에 대한 정보도 포함하는 척도이다.
3) 등간척도 : 차이정보와 순위정보는 물론 등간관계에 대한 정보도 포함하는 척도이다.
4) 비율척도 : 차이정보, 순위정보, 등간정보는 물론 수의 비율에 대한 정보도 포함하는 척도이다.

확장해 보기

표집자료의 오류 해결방법

1) 완곡화 : 수집된 자료가 정규분포의 모양을 갖추도록 점수를 가감한다.
2) 절미법 : 검사 점수가 한쪽으로 치우친 경우 편포의 꼬리를 잘라낸다.
3) 면적환산법 : 각 검사들의 백분위에 해당하는 Z점수를 찾는다.

004

'19(3), '17(1), '12(3)

반분신뢰도 추정을 위해 사용하는 방법 3가지를 쓰고, 각각에 대해 설명하시오. [6점]

족집게 답안

반분신뢰도(split-half reliability) 추정방법

1) 전후절반법(전후반분법): 전체검사를 문항순서에 따라 전반부와 후반부로 반분하여 두 점수 간의 상관계수를 추정한다.
2) 기우절반법(기우반분법): 전체검사를 문항번호에 따라 홀수와 짝수로 반분하여 두 점수 간의 상관계수를 추정한다.
3) 짝진 임의배치법: 전체검사를 문항의 난이도와 문항과 총점 간의 상관계수를 토대로 가까운 두 문항끼리 짝을 지은 후 반분한다.

확장해 보기

신뢰도 추정방법

1) 검사-재검사 신뢰도 : 동일한 수검자에게 동일한 검사를 일정 시간간격을 두고 두 번 실시하여 얻은 두 점수 간의 상관계수를 토대로 신뢰도를 추정한다.
2) 동형검사 신뢰도 : 동일한 수검자에게 첫번째 시행한 검사와 동등한 유형의 검사를 실시하여 얻은 두 점수 간의 상관계수를 토대로 신뢰도를 추정한다.
3) 반분 신뢰도 : 어떤 집단에게 한 검사를 실시하고 그 검사의 문항을 동형이 되도록 두개의 검사로 나눈 다음, 두 점수 간의 상관계수를 토대로 신뢰도를 추정한다.
4) 문항내적합치도 : 한 검사 내 개개의 문항들을 독립된 검사로 보고 문항들 간의 일관성이나 합치성을 신뢰도로 규정한다.

005

'19(1), '14(3)

로(Roe)의 2차원 직업분류체계에서 6가지 수직차원을 쓰시오. [6점]

로(Roe)의 6가지 수직차원

1) 고급 전문관리
2) 중급 전문관리
3) 준 전문관리
4) 숙련
5) 반숙련
6) 비숙련

로(Roe)의 욕구이론 5가지 가설

1) 개인의 잠재적 특성의 발달에는 한계가 있다.
2) 개인의 유전적 특성의 발달정도는 개인의 경험과 사회적·문화적 배경에 의해 영향을 받는다.
3) 개인의 흥미와 태도는 개인의 경험에 따라 발달유형이 결정된다.
4) 심리적 에너지는 흥미를 결정하는 중요한 요소이다.
5) 개인의 욕구와 만족은 성취동기의 유발 정도에 따라 결정된다.

006

'23(1·2·3), '20(1), '18(3), '17(3), '15(1), '14(3), '12(2·3), '10(4), '09(2·3)

표준화된 심리검사에는 집단내 규준이 포함되어 있다. 집단내 규준의 3가지 종류를 쓰고 설명하시오. [6점]

암기비법 백표표

집단 내 규준

1) 백분위 점수 : 표준화된 집단의 점수분포에서 한 개인의 상대적 위치를 나타내는 점수이다.
2) 표준점수 : 표준편차를 사용하여 개인의 점수가 평균으로부터 떨어져 있는 거리를 표시한 것이다.
3) 표준등급 : 원점수를 1 ~ 9까지의 구간으로 구분하여 각 구간마다 일정한 점수나 등급을 부여한 것이다.

확장해 보기

중심경향치로써의 대푯값

1) 평균값 : 어떤 분포에서 모든 점수의 합을 전체 사례수로 나누어 얻은 값이다.
   예 4과목 점수가 90, 100, 80, 90 인 경우, 모든 점수를 합하여 이것을 사례수(4과목)으로 나누면 평균값이 '90'이 된다.
2) 중앙값 : 모든 점수를 크기 순서대로 배열했을 때 가장 중앙에 위치한 값이다.
   예 사례가 홀수인 경우 '5, 6, 8, 9, 10'일 때 중앙값은 '8'이다.
   사례가 짝수인 경우 '5, 6, 7, 8, 9, 10'일 때 중앙값은 (7 + 8)/2 = 7.5이다.
3) 최빈값 : 빈도분포에서 빈도가 가장 높은 점수 또는 급간의 중간 점수이다.
   예 사례값이 '1, 2, 2, 2, 3, 3, 4'인 경우 최빈값은 '2'이나,
   사례값이 '1, 1, 1, 1, 1, 1, 1'처럼 값이 모두 같으면 최빈값은 없다.

007

'19(3)

수퍼(Super)의 발달적 직업상담 6단계를 순서대로 쓰시오. [6점]

수퍼(Super)의 발달적 직업상담 과정

1) 문제탐색 및 자아개념 묘사(제1단계) : 비지시적 방법으로 문제를 탐색하고 자아개념을 묘사한다.
2) 심층적 탐색(제2단계) : 지시적 방법으로 심층적 탐색을 위한 문제를 설정한다.
3) 자아수용 및 자아통찰(제3단계) : 비지시적 방법으로 사고와 느낌을 명료화 하여 자아수용 및 자아통찰을 얻는다.
4) 현실검증(제4단계) : 지시적 방법으로 심리검사, 직업정보, 과외활동 등을 통해서 얻어진 객관적 자료들을 탐색하여 현실을 검증한다.
5) 태도와 감정의 탐색과 처리(제5단계) : 비지시적 방법으로 현실검증에서 얻어진 태도와 감정을 탐색하고 처리한다.
6) 의사결정(제6단계) : 비지시적 방법으로 대안적 행위에 대한 검토를 통해 의사를 결정한다.

확장해 보기

수퍼(Super)의 경력개발 5단계

1) 성장기: 자아개념을 발달시키는 시기이며, 욕구와 환상이 지배적이나 점차 흥미와 능력을 중시하게 된다.
2) 탐색기: 미래에 대한 계획을 세우고 적합한 직업을 탐색하는 시기이다.
3) 확립기: 자신에게 적합한 분야를 발견해서 생활의 기반을 확립하는 시기이다.
4) 유지기: 자신의 자리를 유지하려고 노력하며 안정된 삶을 살아가는 시기이다.
5) 쇠퇴기: 직업에서 은퇴한 후 새로운 역할과 활동을 찾게 되는 시기이다.

008

'24(1-확장), '22(2), '20(1), '19(3), '15(1), '14(2), '10(1·2·4), '09(2)

한국표준직업분류(KSCO)에서 직업으로 보지 않는 활동 6가지를 쓰시오. [6점]

족집게 답안

직업으로 보지 않는 활동

1) 이자, 주식배당, 임대료 등 자산 수입이 있는 경우
2) 연금법, 국민기초생활 보장법, 국민연금법 및 고용보험법 등 사회보장이나 민간보험에 의한 수입이 있는 경우
3) 경마, 경륜, 경정, 복권 등에 의한 배당금이나 주식투자에 의한 시세차익이 있는 경우
4) 예·적금 인출, 보험금 수취, 차용 또는 토지나 금융자산을 매각하여 수입이 있는 경우
5) 자기 집의 가사활동에 전념하는 경우
6) 교육기관에 재학하며 학습에만 전념하는 경우
7) 시민봉사활동 등 무급 봉사적인 일에 종사하는 경우
8) 사회복지시설 수용자의 시설 내 경제활동
9) 수형자의 활동과 같이 법률에 의한 강제노동을 하는 경우
10) 도박, 강도, 절도, 사기, 매춘, 밀수 등 불법적인 활동의 경우

확장해 보기

직업으로 규명되기 위한 요건

1) 일의 계속성: 계속해서 하는 일이어야 한다.
2) 경제성: 노동의 대가에 따른 수입이 있어야 한다.
3) 윤리성: 비윤리적인 직업이 아니어야 한다.
4) 사회성: 사회적으로 가치 있는 일이어야 한다.
5) 비속박성: 속박된 상태의 활동이 아니어야 한다.

009

'24(1-확장)

규준집단 표집방법에는 확률표집방법과 비확률표집방법이 있다. 비확률표집방법 3가지를 쓰시오. [6점]

비확률표집방법

1) 편의 표본추출 : 연구자가 자신의 편의에 따라 임의로 표본을 추출하는 방법이다.
2) 유의 표본추출 : 연구목적에 적합한 특정 집단만을 대상으로 표본을 추출하는 방법이다.
3) 지원자 표본추출 : 연구를 광고한 뒤 참가 희망자들을 대상으로 표본을 추출하는 방법이다.
4) 눈덩이 표본추출 : 소수 참여 대상자로부터 다수의 참여 대상자를 계속 소개받는 식으로 표본을 추출하는 방법이다.
5) 할당 표본추출 : 모집단의 속성을 미리 파악할 수 있을 때, 각 속성의 구성 비율을 고려하여 표본을 추출하는 방법이다.

확률표집방법

1) 단순무선표집 : 모집단의 구성원들이 표본에 속할 확률이 동일하도록 무작위로 표집하는 방법이다.
2) 층화표집 : 모집단이 규모가 다른 이질적인 하위집단으로 구성되어 있을 때 사용하는 방법이다.
3) 집락표집 : 모집단을 서로 동질적인 하위집단으로 구분하여 집단 자체를 표집하는 방법이다.
4) 계층표집 : 모집단의 구성요소에 대해 일정한 순서에 따라, 매 K번째 요소를 추출하는 방법이다.

010

'21(1), '15(1)

초기면담 시 상담자가 내담자에게 좋은 영향을 줄 수 있는 언어적 행동을 4가지 쓰시오. [4점]

족집게 답안

상담자가 내담자에게 좋은 영향을 미치는 언어적 행동

① 내담자에게 명료하고 이해 가능한 언어를 사용한다.
② 내담자의 기본적인 신호에 적절히 반응한다.
③ 긴장을 줄이기 위해 가끔 유머를 사용한다.
④ 내담자에게 개방적 질문과 언어적 강화를 사용한다.

확장해 보기

초기면담 수행 시 상담자가 유의해야 할 사항

1) 내담자와 촉진적 관계 형성하기
2) 내담자와 상담목표 및 전략 수립하기
3) 상담과정과 역할에 대해 명확히 하기
4) 상담과정에 필요한 과제물 부여하기
5) 내담자의 심리적 문제 파악하기
6) 비밀유지에 대해 설명하기

011

'22(2), '21(1), '20(1), '20(2), '18(3), '13(2), '10(2), '07(3) + 新

한국표준산업분류(KSIC)에서 산업활동의 범위와 통계단위의 의미를 각각 설명하시오. [4점]

족집게 답안

산업활동의 범위/통계단위

1) 산업활동의 범위 : 영리적·비영리적 활동이 모두 포함되나, 가정 내의 가사활동은 제외된다.
2) 통계단위 : 생산단위의 활동에 관한 통계작성을 위하여 필요한 정보를 수집 또는 분석할 대상이 되는 관찰 단위를 말한다. 사업체 단위와 기업체 단위 등이 있다.

확장해 보기

산업/산업활동/산업분류/산업분류 기준/생산단위의 활동형태

1) 산업 : 유사한 성질을 갖는 산업활동에 주로 종사하는 생산단위의 집합이다.
2) 산업활동 : 각 생산단위가 자원을 투입하여 재화나 서비스를 생산 또는 제공하는 일련의 활동과정이다.
3) 산업분류 : 생산단위가 주로 수행하는 산업활동을 그 유사성에 따라 체계적으로 유형화한 것이다.
4) 산업분류 기준
   ① 산출물의 특성
   ② 투입물의 특성
   ③ 생산활동의 일반적인 결합형태
5) 생산단위의 활동형태
   ① 주된 산업활동 : 생산된 재화나 제공된 서비스 중에서 부가가치가 가장 큰 활동이다.
   ② 부차적 산업활동 : 주된 활동 이외의 재화 생산 및 서비스 제공 활동을 말한다.
   ③ 보조적 활동 : 주된 활동과 부차적 활동을 지원하며 회계, 운송, 구매, 창고, 수리 서비스 등이 포함된다.

012

'17(1), '15(3), '12(3), '10(4), '08(3)

윌리암슨(Williamson)의 특성-요인이론에서 검사의 해석단계에서 사용하는 상담기법 3가지를 쓰고, 각각에 대해 설명하시오. [6점]

족집게 답안

윌리암슨의 검사 해석 시 상담기법

1) 직접 충고 : 검사결과를 토대로 상담자가 내담자에게 자신의 견해를 직접적으로 솔직하게 표현하는 것이다.
2) 설득 : 상담자가 내담자에게 검사 자료를 제시하며 합리적인 의사결정을 하도록 설득하는 것이다.
3) 설명 : 상담자가 검사자료 및 정보를 내담자가 이해할 수 있도록 설명하여 내담자의 진로선택을 돕는 것이다.

확장해 보기

윌리암슨(Williamson)의 직업상담 문제유형

1) 직업 무선택 또는 미선택 : 직접 직업을 결정한 경험이 없거나, 선호하는 몇 가지의 직업이 있음에도 어느 것을 선택할지를 결정하지 못하는 경우
2) 직업선택의 확신부족 : 직업을 선택했지만 자신의 선택에 자신이 없어 타인에게서 성공하리라는 위안을 받고자 하는 경우
3) 흥미와 적성의 불일치 : 흥미를 느끼는 직업에 대해서 수행능력이 부족하거나, 적성에 맞는 직업에 대해서 흥미를 느끼지 못하는 경우
4) 어리석은 선택 : 자신의 능력보다 훨씬 낮은 능력이 요구되는 직업을 선택하거나 안정된 직업만을 추구하는 경우

013

'22(3), '20(4), '17(3), '16(3), '12(3)

직무분석 방법 중 최초분석법에 해당하는 방법을 4가지 쓰고 설명하시오. [4점]

최초분석법

1) 면접법 : 직무분석자가 특정직무에 대해 오랜 경험과 전문지식 등을 갖고 있는 직무담당자와의 면접을 통해 분석한다.
2) 관찰법 : 직무분석가가 사업장에서 작업자가 수행하는 직무활동을 관찰하고 그 결과를 기술한다.
3) 체험법 : 직무분석자가 직무활동을 직접 체험함으로써 생생한 자료를 얻는다.
4) 설문지법 : 현장의 작업자 등에게 설문지를 배부하여 직무내용을 기술하게 한다.
5) 녹화법 : 단순하고 반복적이며, 장시간 관찰이 불가능할 때 사용된다.
6) 중요사건기법(결정적 사건법) : 직무수행에 결정적 역할을 한 사건을 중심으로 직무요건을 추론한다.

확장해 보기

직무분석 정보의 용도

1) 모집 및 선발
2) 교육 및 훈련
3) 배치 및 경력개발
4) 직무평가 및 직무수행평가
5) 직무재설계 및 작업환경 개선
6) 인력수급계획의 수립

014

'21(1), '17(3), '16(2), '15(1), '13(2), '10(3), '08(1), '04(3)

불안감소를 위한 체계적 둔감법의 의미와 표준절차 3단계를 쓰고 설명하시오. [5점]

체계적 둔감법의 의미와 3단계

1) 의미: 내담자의 불안반응을 체계적으로 증대시켜 둔감화한다.
2) 단계
   ① 근육이완훈련: 근육이완훈련을 통해 몸의 긴장을 풀도록 한다.
   ② 불안위계목록작성: 낮은 수준의 자극에서 높은 수준의 자극으로 불안위계 목록을 작성한다.
   ③ 불안위계목록에 따른 둔감화: 불안유발상황을 단계적으로 상상하도록 해서 불안반응을 점진적으로 경감 또는 제거시킨다.

체금반 혐주자 강변 사행상

불안감소기법(부적응행동 감소기법)

1) 체계적둔감법: 내담자의 불안반응을 체계적으로 증대시켜 둔감화한다.
2) 금지조건형성(내적금지): 내담자에게 불안요소를 지속적으로 제시함으로써 불안반응을 감소시킨다.
3) 반조건형성(역조건형성): 조건 자극과 새로운 자극을 함께 제시해서 불안을 감소시킨다.
4) 혐오치료: 바람직하지 못한 행동에 혐오자극을 제시함으로써 부적응적 행동을 제거한다.
5) 주장훈련: 내담자에게 불안이외의 감정을 표현하게 해서 대인관계에 있어서의 불안을 해소시킨다.
6) 자기표현훈련: 자기표현을 통해 타인과 상호작용함으로써 대인관계에서 비롯되는 불안요인을 제거한다.

학습촉진기법(적응행동 증진기법)

1) 강화: 내담자의 행동에 대해 적절하게 긍정적·부정적 반응을 보임으로써 내담자의 바람직한 행동을 강화시킨다.
2) 변별학습: 자신의 직업결정 능력 등을 검사도구를 사용하여 변별하고 비교해보도록 하는 것이다.
3) 사회적 모델링과 대리학습: 타인의 행동에 대한 관찰과 모방을 통해 내담자의 학습을 촉진한다.
4) 행동조성: 행동을 단계별로 세분화하여 단계마다 강화를 제공함으로써 학습을 촉진한다.
5) 상표제도(토큰경제): 내담자의 바람직한 행동이 이루어질 때마다 그에 상응하는 보상을 하는 것이다.

015

기출변형

한국직업사전에서 제공하는 부가직업정보 중 직무기능은 해당 직업 종사자가 직무를 수행하는 과정에서 자료(D), 사람(P), 사물(T)과 맺는 관련된 특성을 나타낸다. 아래의 (   ) 안을 채우시오. [6점]

- 자료(Data) : 종합, (   ), 분석, 수집, 계산, (   ), 비교 등의 활동이다.
- 사람(People) : 자문, (   ), 교육, (   ), 오락제공, 설득, 말하기-신호, 서비스 제공 등의 활동이다.
- 사물(Thing) : 설치, 정밀작업, (   ), 조작운전, (   ), 유지, 투입-인출, 단순작업 등의 활동이다.

족집게 답안

직무기능

1) 자료(Data) : 종합, (조정), 분석, 수집, 계산, (기록), 비교 등의 활동이며, 계산에서 수를 세는 것은 포함되지 않는다.
2) 사람(People) : 자문, (협의), 교육, (감독), 오락제공, 설득, 말하기-신호, 서비스 제공 등의 활동이며, 인간과 인간처럼 취급되는 동물을 다루는 것을 포함한다.
3) 사물(Thing) : 설치, 정밀작업, (제어조작), 조작운전, (수동조작), 유지, 투입-인출, 단순작업 등의 활동이며, 물질, 재료, 기계, 공구, 설비 등을 다루는 것을 포함한다.

확장해 보기

DPT 상세내용

(조정) : 데이터의 분석에 기초해 시간, 장소, 작업순서, 활동 등을 결정한다.
결정을 실행하거나 상황을 보고한다.
(기록) : 데이터를 옮겨 적거나 입력하거나 표시한다.
(협의) : 정책을 수립하거나 의사결정을 하기 위해 생각이나 정보, 의견 등을 교환한다.
(감독) : 작업절차를 결정하거나 작업자들에게 개별 업무를 적절하게 부여하여 작업의 효율성을 높인다.
(제어조작) : 기계 또는 설비를 시동, 정지, 제어하고 작업이 진행되고 있는 기계나 설비를 조정한다.
(수동조작) : 기계 또는 재료를 가공, 조정, 이동할 수 있도록 공구 또는 특수 장치를 사용한다. 어느 정도의 판단력이 요구된다.

016

'23(1), '20(4) '19(1), '17(3), '15(1), '13(3), '11(3)

집단직업상담의 장점을 5가지 쓰시오. [5점]

집단상담의 장점

1) 내담자들이 개인상담보다 더 쉽게 받아들이는 경향이 있다.
2) 시간과 경제적인 측면에서 효율적이다.
3) 타인과 상호교류를 할 수 있는 능력이 개발된다.
4) 타인을 통한 대리학습의 기회가 부여된다.
5) 집단 구성원들 간의 피드백을 통해 자기탐색을 돕는다.
6) 구체적인 실천경험과 현실검증의 기회를 가진다.

확장해 보기

집단상담의 단점

1) 개인의 문제가 심층적으로 다루어지지 않을 수 있다.
2) 적합한 집단을 구성하기가 어렵다.
3) 비밀을 유지하기가 힘들다.
4) 개인의 특성이 발휘되기 어렵다.
5) 집단상담에 대한 경험이 부족한 지도자는 집단의 운영을 어렵게 한다.

017

'21(2), '17(2), '12(2)

경기적실업, 마찰적실업, 구조적실업의 의미를 각각 설명하시오. [6점]

족집게 답안

실업의 유형

1) 경기적 실업 : 불경기 때 발생하는 대표적인 수요부족 실업이므로 총수요(유효수요)를 증대시켜야 한다.
2) 마찰적 실업 : 신규 또는 전직자가 직업을 찾는 과정에서 직업정보 부족으로 인해 일시적으로 발생하는 비수요부족 실업이므로 고용실태 및 전망에 관한 자료 등을 제공한다.
3) 구조적 실업 : 경제구조 자체의 변화 또는 지역간 노동력 수급의 불균형 때문에 발생하는 비수요부족 실업이며, 비자발적인 실업이므로 근로자의 전직 관련 직업훈련 등이 필요하다.
4) 계절적 실업 : 기후나 계절의 변화에 따라 노동수요의 변화가 심한 부문에서 발생하는 비수요부족 실업이며, 일시적 실업이다.

확장해 보기

실업에 대한 대책

1) 경기적 실업 : 불경기 때 발생하는 대표적인 수요부족 실업이다.
   재정지출 확대, 조세감면, 금리 인하, 통화량 증대 총수요(유효수요)의 증대
2) 마찰적 실업 : 구인 구직에 대한 전산망 연결, 직업알선기관의 활성화, 고용실태 및 전망에 관한 자료제공, 퇴직예고제 등
3) 구조적 실업 : 경제(산업)구조 변화 예측에 따른 인력수급정책, 근로자의 전직 관련 직업훈련, 지역이주금 보조 등
4) 계절적 실업 : 비수기때의 근로대책, 구인처 확보 등

018

新

실존주의 철학에서의 인간에 대한 가정 4가지를 쓰시오. [4점]

실존주의 인간관

1) 인간은 자유와 책임을 갖는다.
2) 인간은 언젠가는 죽는다는 것을 아는 유일한 존재이다.
3) 인간은 완성을 향해 나아가는 존재이다.
4) 인간은 과거에서 벗어나 자신을 초월할 수 있는 능력을 가진 존재이다.

확장해 보기

실존주의 학자들의 궁극적 관심사 [답안 I]

1) 자유와 책임: 인간은 자기결정적인 존재로서, 자신의 삶을 선택할 자유와 책임이 있다.
2) 삶의 의미성: 인간은 자신의 삶의 의미를 찾기 위해 노력한다.
3) 죽음과 비존재: 인간은 자신이 죽는다는 것을 스스로 자각한다.
4) 진실성: 인간은 자신의 실존을 회복하기 위한 진실성 있는 노력을 해야 한다.

얄롬(Yalom)의 궁극적 관심사 [답안 II]

1) 죽음: 죽음의 불가피성은 삶을 더욱 가치 있게 만든다.
2) 자유: 인간은 자기결정적인 존재로서, 자신의 삶을 선택할 자유와 책임이 있다.
3) 고립: 인간은 자신의 실존적 고립에 대해 인정하고 직면함으로써 타인과 보다성숙한 관계를 맺을 수 있다.
4) 무의미성: 인간은 자신의 삶에서 끊임없이 어떤 의미를 추구한다.

2024년 3회

001

'22(2), '21(3), '19(2)

생애진로사정(LCA)의 4가지 구조를 쓰시오. [4점]

생애진로사정(LCA)의 구조

1) 진로사정 : 내담자의 직업경험, 교육 또는 훈련과정과 관련된 문제들, 여가활동 등에 대해 사정한다.
2) 전형적인 하루 : 내담자가 의존적인지 또는 독립적인지, 자발적인지 또는 체계적인지 자신의 성격차원을 파악하도록 돕는다.
3) 강점과 장애 : 내담자가 스스로 생각하는 자신의 주요 강점 및 장애에 대해 질문한다.
4) 요약 : 내담자로 하여금 자신에 대해 알게 된 내용을 요약해 보도록 함으로써 자기인식을 증진시킨다.

확장해 보기

생애진로사정(LCA)의 구조 중 진로사정

1) 일의 경험 : 내담자의 일의 경험과 관련하여 좋았던 점과 싫었던 점에 대해 사정한다.
2) 교육 또는 훈련과정 : 내담자의 교육 또는 훈련과정과 관련하여 좋았던 점과 싫었던 점에 대해 사정한다.
3) 여가시간 : 내담자의 여가시간 활용에 대해 사정한다.

002

'22(2), '17(3), '13(2)

직업상담에서 내담자 이해를 위한 질적 측정도구 3가지를 쓰고 설명하시오. [6점]

질적 측정도구

1) 자기효능감 척도 : 어떤 과제를 어느정도 수준으로 수행할 수 있는 능력을 갖추었다고 스스로 판단하는지의 정도를 측정한다.
2) 카드분류 : 내담자의 가치관, 흥미, 직무기술, 라이프 스타일 등의 선호형태를 측정하는 데 유용하다.
3) 제노그램 : 내담자의 가족이나 선조들의 직업특징에 대한 시각적 표상을 얻기 위해 도표를 만드는 것이다.
4) 역할놀이 : 내담자의 수행행동을 나타낼 수 있는 업무상황을 제시해 준다.

확장해 보기

내담자의 정보 및 행동에 대한 이해

1) 가정 사용하기
2) 의미 있는 질문 및 지시 사용하기
3) 전이된 오류 정정하기
4) 분류 및 재구성하기
5) 저항감 재인식하기 및 다루기
6) 근거 없는 믿음 확인하기
7) 왜곡된 사고 확인하기
8) 반성의 장 마련하기
9) 변명에 초점 맞추기

003

'23(1), '20(3), '18(2), '17(3), '12(3), '11(3), '10(2), '09(1)

임금의 하방경직성의 의미를 설명하고, 임금의 하방경직성의 원인 5가지를 쓰시오. [6점]

족집게 답안 암기비법 최강 노화장 효

임금의 하방경직성의 의미와 원인

1) 의미 : 한번 오른 임금이 경제여건의 변화에도 떨어지지 않은 채 그 수준을 유지하려는 경향을 말한다.

2) 이유

① 최저임금제 실시

② 강력한 노동조합의 존재

③ 노동자의 역선택 발생 가능성

④ 화폐환상

⑤ 장기 근로계약

⑥ 효율성 임금제

확장해 보기

효율성 임금제

1) 개념 : 근로자의 생산성을 높이기 위해 시장임금보다 더 높은 임금을 지급하는 것이다.

2) 장점 :

① 우수한 근로자 채용 및 노동의 질 향상

② 근로자의 사직 감소에 따른 신규채용 및 훈련에 드는 비용 감소

③ 대규모 사업장에서의 통제 상실 방지

④ 기업에 대한 충성심과 귀속감의 증대

3) 단점 :

① 기업 간 임금격차

② 이중노동시장의 형성

③ 지역 또는 산업 간 노동력 수급의 불균형으로 구조적 실업 초래

004

'22(3), '21(2), '19(2), '17(1), '14(3), '09(3), '06(3), '02(1)

투사적 검사가 가지는 장점을 3가지 쓰시오. [6점]

투사적 검사의 장점

1) 내담자의 독특한 반응을 통해 내담자 개인을 더 잘 이해하게 한다.
2) 내담자의 의도적 방어 반응을 방지한다.
3) 내담자의 다양한 표현을 유도하며, 풍부한 심리적 특성을 반영한다.

확장해 보기

객관적 검사의 장점

1) 검사의 실시가 간편하다
2) 시간과 노력이 절감된다.
3) 검사의 신뢰도와 타당도가 검증되어 있다.
4) 검사의 객관성이 보장되어 있다.
5) 부적합한 응답을 최소화할 수 있다.
6) 비용적 측면에서 경제적이다.

005

'22(3), '21(1·3), '20(2), '17(1·2), '15(2·3), '14(1), '13(3), '12(2), '10(3)

부처(Btcher)의 집단직업상담의 3단계 모델을 쓰고 설명하시오. [6점]

(부) 탐전행

부처(Butcher)의 집단직업상담의 3단계 모델

1) 탐색단계 : 자기개방, 흥미와 적성에 대한 측정, 측정결과에 대한 피드백, 불일치에 대한 해결 등이 이루어진다.
2) 전환단계 : 자기 지식을 직업세계와 연결하며, 일과 삶의 가치에 대한 조사, 자신의 가치에 대한 피드백 등이 이루어진다.
3) 행동단계 : 목표설정 및 목표달성을 위한 자원의 탐색과 정보수집, 즉각적이고 장기적인 의사결정 등이 이루어진다.

확장해 보기

집단상담의 장점

1) 내담자들이 개인상담에 비해 받아들이기가 더 쉽다.
2) 시간과 경제적인 측면에서 효율적이다.
3) 집단 구성원들 간의 피드백을 통해 자기탐색을 돕는다.
4) 타인과 상호교류를 할 수 있는 능력이 개발된다.
5) 타인을 통한 대리학습의 기회가 부여된다.
6) 구체적인 실천경험과 현실검증의 기회를 가진다.

006

'22(2), '18(1·3), '17(2), '12(3), '11(1)

심리검사에서 준거타당도 계수의 크기에 영향을 미치는 요인을 3가지 쓰고 설명하시오. [6점]

족집게 답안

준거타당도 계수의 크기에 영향을 미치는 요인

1) 표집오차 : 모집단 조사를 위한 표본의 표집오차가 검사의 준거타당도 계수에 영향을 미친다.
2) 준거측정치의 신뢰도 : 준거타당도 계산을 위한 준거측정치의 신뢰도가 검사의 준거타당도 계수에 영향을 미친다.
3) 준거측정치 타당도 : 준거왜곡으로 인한 준거측정치의 타당도가 검사의 준거타당도 계수에 영향을 미친다.
4) 범위제한 : 준거타당도 계산을 위해 수집한 자료들이 전체 범위를 포괄하지 못하는 경우 상관계수의 크기는 작아진다.

확장해 보기

준거타당도

- 의미 : 검사와 준거 간의 상관관계를 분석해서 검사의 타당도를 평가하는 방법이다.
- 종류

1) 동시타당도(공인타당도) : 현재 행위에 초점을 맞춘 것으로, 새로운 검사와 준거를 동시에 측정해서 두 결과 간의 상관계수를 추정한다.
   예 근무성적이 좋은 재직자가 검사점수도 높았다면, 해당검사는 준거타당도를 갖췄다고 볼 수 있다.
2) 예언타당도(예측타당도) : 미래 행위에 초점을 맞춘 것으로, 검사점수와 미래행위 측정치 간의 상관계수를 추정한다.
   예 입사시험 성적이 높은 사람이 이후 근무성적에서도 높은 점수를 받았다면, 해당 입사시험은 예언타당도가 높다고 할 수 있다.

007

'22(2), '21(1·2·3), '20(2·3), '18(1·3), '16(2), '15(1)

인지·정서·행동적 상담의 기본개념으로써 A-B-C-D-E-F 모델의 의미를 쓰시오. [6점]

족집게 답안

인지적, 정서적, 행동적 상담의 기본개념

1) A (선행사건): 내담자의 감정이나 행동에 영향을 미치는 사건이다.
2) B (비합리적 신념체계): 선행 사건에 대한 비합리적 신념체계이다.
3) C (결과): 비합리적 신념으로 인한 부적응적인 정서적·행동적 결과이다.
4) D (논박): 비합리적 신념을 논리적으로 반박하는 것이다.
5) E (효과): 논박으로 인해 비합리적 신념이 합리적 신념으로 전환된다.
6) F (감정): 합리적 신념에서 비롯된 긍정적이고 수용적인 감정이다.

확장해 보기

암기비법 **인역정 유행인**

인지 · 정서 · 행동적 상담(REBT)의 기본원리

1) **인**지는 인간의 정서를 결정하는 가장 중요한 요소이다.
2) **역**기능적 사고는 정서장애의 중요한 결정 요인이다.
3) **정**서적인 문제의 해결은 사고 분석에서 시작하는 것이 효과적이다.
4) **유**전과 환경 등 다양한 요인들이 불합리한 사고를 초래한다.
5) **행**동에 대한 과거의 영향보다는 현재에 초점을 둔다.
6) **인**간이 갖고 있는 신념은 변한다고 믿는다.

008

'22(3), '20(3), '17(3), '15(2)

진로성숙도검사(CMI)의 태도척도 3가지를 쓰시오.

족집게 답안

진로성숙도검사(CMI)의 태도척도

1) 결정성: 선호하는 진로의 방향에 대한 확신의 정도이다.
2) 참여도(관여도): 진로선택 과정에 능동적으로 참여하는 정도이다.
3) 독립성: 진로선택을 독립적으로 할 수 있는 정도이다.
4) 지향성(성향): 진로결정에 필요한 사전 이해와 준비의 정도이다.
5) 타협성: 진로선택 시 욕구와 현실에 타협하는 정도이다.

확장해 보기

암기비법 자직 목계문

진로성숙도검사(CMI)의 능력척도

1) 자기평가: 자신의 성격, 흥미 등을 명확히 지각하고 이해하는 능력이다.
2) 직업정보: 직업에 관한 정보 등을 획득하고 분석하는 능력이다.
3) 목표선정: 자아와 직업세계에 대한 지식을 토대로 직업목표를 선정하는 능력이다.
4) 계획: 직업목표를 달성하기 위해 계획을 수립하는 능력이다.
5) 문제해결: 진로결정 과정에서 장애가 되는 문제들을 해결하는 능력이다.

009

'24(1), '20(3), '18(1) '14(3) '13(2)

직무분석은 직무기술서나 작업자명세서를 만들고 이로부터 얻어진 정보를 여러모로 활용하는 것을 목적으로 한다. 이와 같은 직무분석으로 얻어진 정보의 용도를 4가지 쓰시오. [4점]

족집게 답안

직무분석 정보의 용도

1) 모집 및 선발
2) 교육 및 훈련
3) 배치 및 경력개발
4) 직무평가 및 직무수행평가
5) 직무재설계 및 작업환경 개선
6) 인력수급계획의 수립

확장해 보기

직무분석의 유형

1) 과제 중심 직무분석 : 직무에서 수행하는 과제나 활동이 어떤 것들인지 파악하는 데 초점을 둔다.
   예 기능적 직무분석(FJA ; Functional Job Analysis) : 직무정보를 자료(Data), 사람(People), 사물(Thing) 기능으로 분석한다.
2) 작업자 중심 직무분석 : 직무를 수행하는 데 요구되는 지식, 기술, 능력, 경험 등 작업자의 재능에 초점을 둔다.
   예) 직위분석질문지(PAQ ; Position Analysis Questionaire) : 직무수행에 요구되는 지식, 기술, 능력 등의 인간적 요건들을 밝히는 데 목적을 둔 표준화된 분석도구이다.

010

'18(2), '14(1), '12(3), '10(2)

긴즈버그(Ginzberg)의 진로발달 단계 중 현실기의 3가지 하위단계를 쓰고, 각각에 대해 설명하시오. [6점]

족집게 답안

암기비법 탐구특

긴즈버그(Ginzberg)의 현실기 하위단계

1) 탐색단계 : 직업선택에 필요한 교육과 경험을 갖기 위해 다양한 직업을 탐색한다.
2) 구체화 단계 : 자신의 여러 특성을 고려하여 직업목표를 구체화시킨다.
3) 특수화(정교화) 단계 : 자신의 직업결정에 대해 정교한 계획을 세우고 전문화된 의사결정을 한다.

확장해 보기

암기비법 환잠현

긴즈버그(Ginzberg)의 진로(직업)발달 단계

1) 환상기 : 직업선택에 있어 자신의 능력이나 현실여건 등을 고려하지 않고 환상 속에서 비현실적인 선택을 한다.
2) 잠정기 : 자신의 흥미를 중시하지만, 점차 현실적 여건 등을 고려하게 된다.
3) 현실기 : 자신의 요구 및 능력을 직업에서 요구하는 조건과 부합시킴으로써 현실적 선택을 하게 된다.

011

'22(2), '20(4), '14(3), '13(2)

직업상담사가 갖추어야 할 일반적인 자질 5가지를 쓰시오 [5점]

직업상담사의 자질

1) 내담자에 대해 존중하는 자세를 지녀야 한다.
2) 진로발달과 의사결정에 관한 지식을 갖추어야 한다.
3) 직업정보에 대해 과학적인 분석력을 지녀야 한다.
4) 직업문제에 대한 전문성이 있어야 한다.
5) 내담자가 믿고 따를 수 있는 매력이 있어야 한다.

전신매

상담사의 특성(스트롱과 슈미트)

1) 전문성 : 상담사는 개인에 대한 분석과 직업세계에 대한 이해에 있어서 전문가여야 한다.
2) 신뢰성 : 상담사는 내담자에게 신뢰감을 줄 수 있어야 한다.
3) 매력 : 상담사는 내담자가 믿고 따를 수 있는 매력이 있어야 한다.

012

'23(1), '21(3), '20(4), '20(3), '16(2), '12(1), '08(3)

한국표준산업분류에서 통계단위의 산업을 결정하는 방법 3가지를 쓰시오. [6점]

암기비법 생종 계휴단

통계단위의 산업을 결정하는 방법

1) 생산단위의 산업활동은 그 생산단위가 수행하는 주된 산업활동의 종류에 따라 결정된다.
2) 해당 활동의 종업원 수 및 노동시간, 임금 또는 설비의 정도에 의하여 결정한다.
3) 계절에 따라 정기적으로 산업을 달리하는 사업체는 조사대상기간 중 산출액이 많았던 활동에 의하여 분류된다.
4) 휴업 중 또는 자산을 청산 중인 사업체의 산업은 영업 중 또는 청산을 시작하기 이전의 산업활동에 의하여 결정한다.
5) 단일사업체의 보조단위는 그 사업체의 일개 부서로 포함한다.

확장해 보기

암기비법 생복 산수공

한국표준산업분류(KSIC)의 적용원칙

1) 생산단위는 산출물뿐만 아니라 투입물과 생산공정 등을 함께 고려하여 그들의 활동을 가장 정확하게 설명된 항목에 분류해야 한다.
2) 복합적인 활동단위는 우선적으로 최상급 분류단계(대분류)를 정확히 결정하고, 순차적으로 중, 소, 세, 세세분류 단계 항목을 결정하여야 한다.
3) 산업활동이 결합되어 있는 경우에는 그 활동단위의 주된 활동에 따라서 분류하여야 한다.
4) 수수료 또는 계약에 의하여 활동을 수행하는 단위는 동일한 산업활동을 자기계정과 자기책임하에서 생산하는 단위와 같은 항목에 분류하여야 한다.
5) 공식적 생산물과 비공식적 생산물, 합법적 생산물과 불법적인 생산물을 달리 분류하지 않는다.

013

'20(4), '18(1), '12(1)

심리검사의 측정내용에 따른 분류 중 성능검사의 종류 6가지를 쓰시오. [6점]

족집게 답안

성능검사(인지적 검사, 극대수행검사)의 종류

1) 한국판 웩슬러 성인용 지능검사 (K-WAIS)
2) 스탠포드-비네 지능검사
3) 일반적성검사 (GATB)
4) 적성분류검사 (DAT)
5) 학업성취도 검사 (교과시험)
6) 표준학력검사

확장해 보기

성향검사(정서적 검사, 습관적 수행검사)

일상생활에서의 습관적인 행동을 검토하는 비인지적 검사로써, 습관적 수행검사이다.

① 성격검사 : MBTI(마이어스-브릭스 성격유형검사), MMPI(미네소타 다면적인성검사), CPI(캘리포니아 성격검사), 로샤검사 등
② 흥미검사 : VPI(직업선호도검사), KOIS(쿠더직업흥미검사), SCII(스트롱-캠벨 흥미검사) 등
③ 태도검사 : 직무만족도검사(JSS) 등

014

'21(2), '20(1), '07(1)

다음은 한국직업사전의 작업강도에 대한 내용이다. 빈칸을 채우시오. [6점]

- 보통 작업 : 최고 (㉠)kg의 물건을 들어올리고, (㉡)kg 정도의 물건을 빈번히 들어올리거나 운반한다.
- 힘든 작업 : 최고 (㉢)kg의 물건을 들어올리고, (㉣)kg 정도의 물건을 빈번히 들어올리거나 운반한다.
- 아주 힘든 작업 : (㉤)kg 이상의 물건을 들어올리고, (㉥)kg 이상의 물건을 빈번히 들어올리거나 운반한다.

족집게 답안

작업강도

1) ㉠: 20 ㉡: 10, ㉢: 40 ㉣: 20, ㉤: 40 ㉥: 20

2) 분류

① 아주 가벼운 작업 : 최고 4kg의 물건을 들어올리고, 때때로 장부 대장 소도구 등을 들어올리거나 운반한다.
② 가벼운 작업 : 최고 8kg의 물건을 들어올리고, 4kg 정도의 물건을 빈번히 들어올리거나 운반한다.
③ 보통 작업 : 최고 20kg의 물건을 들어올리고, 10kg 정도의 물건을 빈번히 들어올리거나 운반한다.
④ 힘든 작업 : 최고 40kg의 물건을 들어올리고, 20kg 정도의 물건을 빈번히 들어올리거나 운반한다.
⑤ 아주 힘든 작업 : 40kg 이상의 물건을 들어올리고, 20kg 이상의 물건을 빈번히 들어올리거나 운반한다.

확장해 보기

부가 직업정보 중 숙련기간

1) 개념 : 해당 직업의 직무를 평균적으로 수행하는 데 필요한 각종 교육, 훈련, 숙련기간을 의미한다. 단, 향상훈련은 포함되지 않는다.

2) 수준

수준	숙련기간
1	약간의 시범정도
2	시범 후 30일 이하
3	1개월 초과~3개월 이하
4	3개월 초과~6개월 이하
5	개월 초과~1년 이하
6	1년 초과~2년 이하
7	2년 초과~4년 이하
8	4년 초과~10년 이하
9	10년 초과

015

'19(3), '09(3)

발달적 직업상담에서 직업상담사가 사용할 수 있는 기법 중 '진로자서전'과 '의사결정일기'를 각각 설명하시오.

[4점]

족집게 답안

진로자서전과 의사결정일기

1) 진로자서전 : 내담자가 과거에 학과선택, 일 경험 등 어떤 의사결정 방식을 했는지 알아보기 위해 과거의 일상적 결정들을 자유롭게 기술하게 한다.
2) 의사결정일기 : 내담자가 매일 어떤 의사결정 방식을 하는지 알아보기 위해 현재의 일상적인 결정들을 자유롭게 기술하게 한다.

확장해 보기

암기비법 **문심자 현태의**

수퍼(Super)의 발달적 직업상담 과정

1) 문제탐색 및 자아개념 묘사(제1단계) : 비지시적 방법으로 문제를 탐색하고 자아개념을 묘사한다.
2) 심층적 탐색(제2단계) : 지시적 방법으로 심층적 탐색을 위한 문제를 설정한다.
3) 자아수용 및 자아통찰(제3단계) : 비지시적 방법으로 사고와 느낌을 명료화 하여 자아수용 및 자아통찰을 얻는다.
4) 현실검증(제4단계) : 지시적 방법으로 심리검사, 직업정보, 과외활동 등을 통해서 얻어진 객관적 자료들을 탐색하여 현실을 검증한다.
5) 태도와 감정의 탐색과 처리(제5단계) : 비지시적 방법으로 현실검증에서 얻어진 태도와 감정을 탐색하고 처리한다.
6) 의사결정(제6단계) : 비지시적 방법으로 대안적 행위에 대한 검토를 통해 의사를 결정한다.

016

'22(1), '21(3), '19(2), '12(2), '11(1·3), '10(3), '08(3)

한국표준직업분류에서 다수직업 종사자의 분류원칙을 순서대로 쓰고, 각각에 대해 설명하시오. [6점]

 다취수조

다수직업 종사자

1) 의미 : 한 사람이 전혀 상관성이 없는 두가지 이상의 직업에 종사하는 경우를 말한다.
2) 분류원칙
   ① 취업시간 우선의 원칙 : 더 긴 시간을 투자하는 직업으로 결정한다.
   ② 수입 우선의 원칙 : 수입이 더 많은 직업으로 결정한다.
   ③ 조사시 최근의 직업 원칙 : 조사시점을 기준으로 최근에 종사한 직업으로 결정한다.

확장해 보기

암기비법 포주최생

포괄적 업무의 분류 원칙

1) 의미 : 한 사람이 2개 이상의 직무를 수행하는 경우를 의미한다.
2) 분류 원칙
   ① 주된 직무 우선원칙 : 수행되는 직무내용과 분류항목의 직무내용을 비교하여 상관성이 가장 많은 항목에 분류한다.
   예 교육과 진료를 겸하는 의대교수는 강의·연구 등(교육)과 진료·처치 등 (의료)의 직무내용을 파악하여 관련 항목이 많은 분야로 분류한다.
   ② 최상급 직능수준 우선원칙 : 수행된 직무가 상이한 수준의 훈련과 경험을 필요로 한다면, 가장 높은 수준의 직무를 필요로 하는 일에 분류한다.
   예 조리와 배달의 직무비중이 같을 경우에는, 조리의 직능수준이 높으므로 조리사로 분류한다.
   ③ 생산업무 우선원칙 : 재화의 생산과 공급이 같이 이뤄지는 경우, 생산단계에 관련된 업무를 우선적으로 분류한다.
   예 한 사람이 빵을 생산하고 판매도 하는 경우, 제빵사로 분류한다.

017

'22(2), '19(3), '16(2), '13(1), '11(2)

표준화를 위해 수집한 자료가 정규분포에서 벗어나는 것을 해결하기 위한 방법 3가지를 쓰고, 각각에 대해 설명하시오. [6점]

족집게 답안

표집자료의 오류 해결방법

1) 완곡화 : 수집된 자료가 정규분포의 모양을 갖추도록 점수를 가감한다.
2) 절미법 : 검사 점수가 한쪽으로 치우친 경우 편포의 꼬리를 잘라낸다.
3) 면적환산법 : 각 검사들의 백분위에 해당하는 Z점수를 찾는다.

확률표집방법

1) 단순무선표집 : 모집단의 구성원들이 표본에 속할 확률이 동일하도록 무작위로 표집하는 방법이다.
2) 층화표집 : 모집단이 규모가 다른 이질적인 하위집단으로 구성되어 있을 때 사용하는 방법이다.
3) 집락표집 : 모집단을 서로 동질적인 하위집단으로 구분하여 집단 자체를 표집하는 방법이다.
4) 계층표집 : 모집단의 구성요소에 대해 일정한 순서에 따라, 매 K번째 요소를 추출하는 방법이다.

018

'22(1), '18(2), '15(3), '13(1)

완전경쟁시장에서 A 제품(단가 100원)을 생산하는 어떤 기업의 단기생산함수가 다음과 같다고 할 때, 이 기업의 이윤 극대화를 위한 최적고용량을 도출하고 그 근거를 설명하시오. [4점]

노동투입량(단위)	0	1	2	3	4	5	6
총생산량(개)	0	2	4	7	8.5	9	9

족집게 답안

이윤극대화를 위한 최적고용량

- 노동의 한계생산량(MPL) = 총생산량의 증가분(ΔTP) /노동투입량의 증가분(ΔL) 이고, 노동의 한계생산물가치(VMPL)
  = P(가격) X MPL (노동의 한계생산량)이다.

  이에 따라 표를 작성해보면 아래와 같다 (P = 100, 임금 = 150)

노동투입량	0	1	2	3	4	5	6
총생산량	0	2	4	7	8.5	9	9
한계생산량	0	2	2	3	1.5	0.5	0
한계생산물가치	0	200	200	300	150	50	0

- 기업의 이윤극대화는,
  노동의 한계생산물가치(VMPL) = 임금률(W) = 150에서 이루어지므로 최적고용량은 4단위이다.
  ∴ 이 기업의 이윤극대화를 위한 최적고용량은 4단위이다.

확장해 보기

한계생산/한계수입생산/이윤극대화

- 아래의 표를 보고 물음에 답하시오.

종업원 수	0	1	2	3	4
케이크 생산량	0	10	18	23	27

(단, 케이크 가격은 10,000원)

1) 종업원 수가 2명일 때, 노동의 한계생산은?

- 노동의 한계생산량(MPL) = 총 생산량의 증가분(ΔTP)/노동투입량의 증가분(ΔL)

MPL = (18 - 10)/(2 - 1) = 8

∴ 노동의 한계생산(MPL)은 8개이다.

2) 종업원 수가 3명일 때, 노동의 한계수입생산은?

- 노동의 한계수입생산물(MRPL) = MPL X MR(한계수입 = P)

MRPL = {(23- 18)/(3- 2)} X 10,000 = 50,000

∴ 노동의 한계수입생산물(MRPL)은 50,000원이다.

3) 종업원 1인당 임금이 80,000원일 때, 이윤극대화가 이루어지는 제과점의 종업원 수와 케이크 생산량은?

- 노동의 한계생산물가치(VMPL = P · MPL) = W(임금률)에서 이윤극대화가 이루어진다.

10,000 X MPL = 80,000 ∴ MPL = 8개

즉, MPL이 8개일 때 이윤극대화가 이루어지는데 이 때의 종업원 수는 2명, 케 생산량은 18개이다.

∴ 종업원 수 : 2명, 케 생산량 : 18개

VOCATIONAL
COUNSELOR

2023

직업상담사 2급
1차 실기 기출문제&해설

문제달인 신의손 유튜브 바로가기

2023년 1회

001

'21(3), '19(2·3), '16(2), '13(2), '09(3), '07(3), '06(1), '05(1)

노동수요의 탄력성을 구하는 공식을 쓰고, 노동수요의 탄력성에 영향을 주는 4가지 요인을 쓰시오.

[5점]

노동수요의 탄력성

1) 노동수요의 탄력성 공식: $\frac{\text{노동수요량의 변화율(\%)}}{\text{임금의 변화율(\%)}}$

2) 노동수요의 탄력성 결정요인

① 생산물 수요의 탄력성 : 생산물 수요의 탄력성이 클수록 노동수요는 탄력적이다.

② 총생산비에 대한 노동비용의 비중 : 총생산비에 대한 노동비용의 비중이 클수록 노동수요는 탄력적이다.

③ 노동의 대체 가능성 : 노동의 대체 가능성이 클수록 노동수요는 탄력적이다.

④ 노동 이외 생산요소의 공급 탄력성 : 노동 이외 생산요소의 공급 탄력성이 클수록 노동수요는 탄력적이다.

확장해 보기

암기비법 **임상 타노생**

노동수요의 결정요인

1) **임**금
2) **상**품에 대한 소비자의 수요
3) **타** 생산요소의 가격변화
4) **노**동생산성의 변화
5) **생**산기술의 변화

002

新

면접법의 장점 2가지와 단점 2가지를 각각 쓰시오 [4점]

족집게 답안

면접법(직무분석방법)

1) 장점

① 언어소통이 가능한 모든 사람들을 대상으로 적용할 수 있다.
② 조사 환경을 통제하고 표준화할 수 있다.
③ 복잡한 질문의 사용 가능과 정확한 응답을 얻어낼 수 있다.
④ 개별적 상황에 따라 적절한 대응이 가능하다.
⑤ 제3자의 영향을 배제할 수 있다.
⑥ 질문지법보다 더욱 공정한 표본을 얻을 수 있다.
⑦ 표준화 면접에는 개방형 및 폐쇄형 질문을 모두 사용할 수 있다.

2) 단점

① 시간과 비용, 노력이 많이 소요되고 절차가 복잡하다.
② 면접자에 따라서 면접내용에 대한 편향성이 나타날 수 있다.
③ 응답자가 불편한 상황에서 응답함으로써 부정적 영향이 미칠 수 있다.
④ 응답 범주에 대한 표준화가 어렵다.

최초분석법

1) 면접법 : 직무분석자가 특정직무에 대해 오랜 경험과 전문지식 등을 갖고 있는 직무담당자와의 면접을 통해 분석한다.

2) 관찰법 : 직무분석자가 직접 현장을 방문하여 작업자의 작업활동을 관찰하고 결과를 기술한다.
   - ① 장점 : 단순하고 반복적 직무분석에 적합하고, 정확한 결과를 얻을 수 있다.
   - ② 단점 : 정신적 활동의 직무분석에 적합하지 않고, 분석자의 주관이 개입될 수 있다.

3) 체험법 : 직무분석자가 직무활동을 직접 체험함으로써 생생한 자료를 얻는다.
   - ① 장점 : 직무의 심층적 내용까지 파악이 가능하다.
   - ② 단점 : 분석자의 일시적 체험을 확대 해석할 수 있으며, 정확성과 객관성을 보장하기 어렵다.

4) 설문지법 : 작업자들에게 설문지를 배부하고 이들에게 직무에 대해 기술하도록 하는 것이다.
   - ① 장점 : 모든 직무에 사용 가능하며, 비용이 저렴하고 짧은 시간 내 많은 정보를 얻을 수 있다.
   - ② 단점 : 질문내용 외의 정보를 얻기가 힘들고, 응답자의 응답 태도와 낮은 회수율이 문제이다.

5) 녹화법 : 단순하고 반복적이며, 장시간 관찰이 불가능할 때 사용된다.
   - ① 장점 : 열악한 작업환경에 대한 직무분석이 가능하다.
   - ② 단점 : 녹화 및 촬영 등의 전문 기술이 요구된다.

6) 중요사건기법(결정적 사건법) : 직무수행에 결정적 역할을 한 사건을 중심으로 직무요건을 추론한다.
   - ① 장점 : 직무수행과 관련된 중요한 지식, 기술, 능력 등을 사례별로 분석할 수 있다.
   - ② 단점 : - 일상적 수행과 관련된 지식, 기술, 능력이 배제될 수 있다.
     - 과거의 결정적 사건들이 왜곡되어 기술될 수 있다.
     - 추론과정에서 직무분석가의 주관이 개입될 수 있다.
     - 정확한 조사를 위해서 특별히 훈련받은 사람이 필요하다.

003

'21(3)

보기의 설명을 보고 한국직업사전에서 제공하는 부가직업정보 중 직무기능(DPT)에서 '자료(Data)'의 세부 사항에 대한 괄호를 채우시오. [6점]

종합 : 사실을 발견하고 지식개념 또는 해석을 개발하기 위해 자료를 종합적으로 분석한다.
(1) : 데이터의 분석에 기초하여 시간, 장소, 작업순서, 활동 등을 결정한다. 결정을 실행하거나 상황을 보고한다.
(2) : 조사하고 평가한다. 평가와 관련된 대안적 행위의 제시가 빈번하게 포함된다.
(3) : 자료, 사람, 사물에 관한 정보를 수집, 대조, 분류한다. 정보와 관련한 규정된 활동의 활동의 수행 및 보고가 자주 포함된다.
(4) : 사칙연산을 실시하고 사칙연산과 관련하여 규정된 활동을 수행하거나 보고한다. 수를 세는 것은 포함되지 않는다.
(5) : 데이터를 옮겨 적거나 입력하거나 표시한다.
(6) : 자료, 사람, 사물의 쉽게 관찰되는 기능적·구조적·조합적 특성(유사한지 또는 명백한 표준과 현격히 차이가 있는지)을 판단한다.

족집게 답안

'자료(Data)'의 세부 사항

0 종합(synthesizing) : 사실을 발견하고 지식개념 또는 해석을 개발하기 위해 자료를 종합적으로 분석한다.
1 조정(coordinating) : 데이터의 분석에 기초하여 시간, 장소, 작업순서, 활동 등을 결정한다.
결정을 실행하거나 상황을 보고한다.
2 분석(analyzing) : 조사하고 평가한다. 평가와 관련된 대안적 행위의 제시가 빈번하게 포함된다.
3 수집(compiling) : 자료, 사람, 사물에 관한 정보를 수집, 대조, 분류한다.
정보와 관련한 규정된 활동의 활동의 수행 및 보고가 자주 포함된다.
4 계산(computing) : 사칙연산을 실시하고 사칙연산과 관련하여 규정된 활동을 수행하거나 보고한다.
수를 세는 것은 포함되지 않는다.
5 기록(copying) : 데이터를 옮겨 적거나 입력하거나 표시한다.
6 비교(comparing) : 자료, 사람, 사물의 쉽게 관찰되는 기능적·구조적·조합적 특성을(유사한지 또는 명백한 표준과 현격히 차이가 있는지) 판단한다.

확장해 보기

한국직업사전의 직무기능

1) 자료(Data) : 종합, 조정, 분석, 수집, 계산, 기록, 비교 등의 활동이며, 계산에서 수를 세는 것은 포함되지 않는다.
2) 사람(People) : 자문, 협의, 교육, 감독, 오락제공, 설득, 말하기-신호, 서비스 제공 등의 활동이며, 인간과 인간처럼 취급되는 동물을 다루는 것을 포함한다.
3) 사물(Thing) : 설치, 정밀작업, 제어조작, 조작운전, 수동조작, 유지, 투입-인출, 단순작업 등의 활동이며, 물질, 재료, 기계, 공구, 설비 등을 다루는 것을 포함한다.

004

'18(3), 14(3), '10(4)

로저스(Rogers)의 인간중심 상담의 철학적 가정을 4가지 쓰시오. [4점]

족집게 답안

암기비법 가성선 유의주

인간중심 상담의 철학적 가정(Rogers)

1) 개인은 가치를 지닌 유일한 존재이다.
2) 개인은 적극적인 성장력을 지닌 존재이다.
3) 개인은 선하고 이성적이며, 믿을 수 있는 존재이다.
4) 개인은 훌륭한 사람이 되는데 유용한 자원을 가지고 있다.
5) 개인은 의사결정과 장래선택의 권리를 가지고 있다.
6) 개인은 주관적 생활에 초점을 두어야 한다.

확장해 보기

암기비법 일공무

내담자중심상담에서 상담자의 기본태도(로저스와 패터슨)

1) 일치성과 진실성 : 상담자는 진실하고 개방적이어야 한다.
2) 공감적 이해 : 상담자는 내담자의 내면세계를 마치 자신의 내면세계인 것처럼 느껴야 한다.
3) 무조건적 수용 : 상담자는 내담자를 무조건적이고 긍정적으로 존중해야 한다.

005

'23(2), '20(2), '17(2), '12(3), '10(2), '09(3)

실존주의 상담자들이 내담자의 궁극적 관심사와 관련하여 중요하게 생각하는 주제 3가지를 쓰시오. [6점]

족집게 답안

실존주의 학자들의 궁극적 관심사(답안 I)

1) 자유와 책임 : 인간은 자기결정적인 존재로서, 자신의 삶을 선택할 자유와 책임이 있다.
2) 삶의 의미성 : 인간은 자신의 삶의 의미를 찾기 위해 노력한다.
3) 죽음과 비존재 : 인간은 자신이 죽는다는 것을 스스로 자각한다.
4) 진실성 : 인간은 자신의 실존을 회복하기 위한 진실성 있는 노력을 해야 한다.

확장해 보기

얄롬(Yalom)의 궁극적 관심사(답안 II)

1) 죽음 : 죽음의 불가피성은 삶을 더욱 가치 있게 만든다.
2) 자유 : 인간은 자기결정적인 존재로서, 자신의 삶을 선택할 자유와 책임이 있다.
3) 고립 : 인간은 자신의 실존적 고립에 대해 인정하고 직면함으로써 타인과 보다 성숙한 관계를 맺을 수 있다.
4) 무의미성 : 인간은 자신의 삶에서 끊임없이 어떤 의미를 추구한다.

006

'22(1·3), '21(3), 20(2·3·4), '19(2), '12(2), '11(1·3), '10(3), '08(3)

한국표준직업분류(KSCO)에서 포괄적 업무의 분류 원칙 3가지를 각각 순서대로 쓰시오. [6점]

포괄적 업무의 분류 원칙

1) 의미 : 한 사람이 2개 이상의 직무를 수행하는 경우를 의미한다.

2) 분류 원칙

① 주된 직무 우선원칙 : 수행되는 직무내용과 분류항목의 직무내용을 비교하여 상관성이 가장 많은 항목에 분류한다.
예 교육과 진료를 겸하는 의대교수는 강의·연구 등(교육)과 진료·처치 등(의료)의 직무내용을 파악하여 관련 항목이 많은 분야로 분류한다.

② 최상급 직능수준 우선원칙 : 수행된 직무가 상이한 수준의 훈련과 경험을 필요로 한다면, 가장 높은 수준의 직무를 필요로 하는 일에 분류한다.
예 조리와 배달의 직무비중이 같을 경우에는, 조리의 직능수준이 높으므로 조리사로 분류한다.

③ 생산업무 우선원칙 : 재화의 생산과 공급이 같이 이뤄지는 경우, 생산단계에 관련된 업무를 우선적으로 분류한다.
예 한 사람이 빵을 생산하고 판매도 하는 경우, 제빵사로 분류한다.

확장해 보기

다수직업 종사자의 분류원칙

1) 취업시간 우선의 원칙 : 더 긴 시간을 투자하는 직업으로 결정한다.
2) 수입 우선의 원칙 : 수입이 더 많은 직업으로 결정한다.
3) 조사시 최근의 직업 원칙 : 조사시점을 기준으로 최근에 종사한 직업으로 결정한다.

007

'20(4), '19(1), '17(3), '15(1), '13(3), '11(3)

집단직업상담의 장점을 6가지 쓰시오. [6점]

집단상담의 장점

1) 내담자들이 개인상담보다 더 쉽게 받아들이는 경향이 있다.
2) 시간과 경제적인 측면에서 효율적이다.
3) 타인과 상호교류를 할 수 있는 능력이 개발된다.
4) 타인을 통한 대리학습의 기회가 부여된다.
5) 집단 구성원들 간의 피드백을 통해 자기탐색을 돕는다.
6) 구체적인 실천경험과 현실검증의 기회를 가진다.

확장해 보기

집단상담의 단점

1) 개인의 문제가 심층적으로 다루어지지 않을 수 있다.
2) 적합한 집단을 구성하기가 어렵다.
3) 비밀을 유지하기가 힘들다.
4) 개인의 특성이 발휘되기 어렵다.
5) 집단상담에 대한 경험이 부족한 지도자는 집단의 운영을 어렵게 한다.

008

'23(3), '22(1), '21(2), '16(3), '15(1·2), '12(3), '11(1)

행동주의직업상담의 상담기법을 크게 불안감소기법과 학습촉진 기법의 유형으로 구분할 수 있다. 각 유형별 대표적 방법을 각각 3가지 쓰시오. [6점]

암기비법 **체금반 혐주자**

불안감소기법

1) 체계적둔감법 : 내담자의 불안반응을 체계적으로 증대시켜 둔감화한다.
2) 금지조건형성(내적금지) : 내담자에게 불안요소를 지속적으로 제시함으로써 불안반응을 감소시킨다.
3) 반조건형성(역조건형성) : 조건 자극과 새로운 자극을 함께 제시해서 불안을 감소시킨다.
4) 혐오치료 : 바람직하지 못한 행동에 혐오자극을 제시함으로써 부적응적 행동을 제거한다.
5) 주장훈련 : 내담자에게 불안 이외의 감정을 표현하게 해서 대인관계에 있어서의 불안을 해소시킨다.
6) 자기표현훈련 : 자기표현을 통해 타인과 상호작용함으로써 대인관계에서 비롯되는 불안요인을 제거한다.

암기비법 **강변 사행상**

적응행동증진기법(학습촉진기법)

1) 강화 : 내담자의 행동에 대해 적절하게 긍정적·부정적 반응을 보임으로써 내담자의 바람직한 행동을 강화시킨다.
2) 변별학습 : 자신의 직업결정 능력 등을 검사도구를 사용하여 변별하고 비교해보도록 하는 것이다.
3) 사회적 모델링과 대리학습 : 타인의 행동에 대한 관찰과 모방을 통해 내담자의 학습을 촉진한다.
4) 행동조성 : 행동을 단계별로 세분화하여 단계마다 강화를 제공함으로써 학습을 촉진한다.
5) 상표제도(토큰경제) : 내담자의 바람직한 행동이 이루어질 때마다 그에 상응하는 보상을 하는 것이다.

009

'23(3), '20(1)

진로상담 과정에서 관계수립을 위한 기본상담기법 6가지를 쓰시오. [6점]

상담 기법

1) 공감 : 내담자가 전달하려는 내용에서 더 나아가 내면적 감정까지도 반영하는 것이다.
2) 수용 : 상담자가 내담자의 얘기에 집중하고 있으며, 내담자를 인격적으로 존중하고 있음을 보여주는 것이다.
3) 경청 : 내담자의 언어적, 비언어적 표현에 주목하면서 내담자의 생각과 감정을 이해하려고 노력하는 것이다.
4) 반영 : 내담자의 생각과 말을 상담자가 다른 참신한 말로 부연하는 것이다.
5) 명료화 : 어떤 문제의 혼란스러운 감정과 갈등을 가려내어 분명히 해주는 것이다.
6) 해석 : 내담자가 진술하지 않은 내용이나 개념을 그의 과거 경험이나 진술을 토대로 추론해서 말하는 것이다.
7) 직면 : 내담자가 모르고 있거나 인정하기를 거부하는 생각에 대해 스스로 모순점을 파악하도록 하는 기법이다.

010

'23(2·3), '22(1), '21(1), '20(1·3·4), '19(2), '18(2), '16(1), '14(3), '09(1), '08(1), '07(1), '04(1)

홀랜드의 6가지 흥미유형을 쓰시오. [6점]

족집게 답안

암기비법 **현탐예 사진관**

홀랜드(Holland)의 인성이론에 관한 6가지 유형

1) 현실형(R) : 실제적이며 현장에서 하는 일을 선호하나, 사회성이 부족하다.
2) 탐구형(I) : 과학적이며 탐구활동을 선호하나, 지도력이 부족하다.
3) 예술형(A) : 심미적이며 창조적인 활동을 선호하나, 규범적 성향이 부족하다.
4) 사회형(S) : 이타적이며 봉사활동을 선호하나, 기계적 활동능력이 부족하다.
5) 진취형(E) : 진취적이며 적극적인 활동을 선호하나, 체계적 활동능력이 부족하다.
6) 관습형(C) : 꼼꼼하며 질서정연한 일을 선호하나, 융통성이 부족하다.

확장해 보기

암기비법 **일변 일정계**

홀랜드의 육각형 모델과 해석 차원

1) 일관성 : 어떤 쌍들은 다른 유형의 쌍들보다 더 많은 공통점을 가지고 있다.
2) 변별성(차별성) : 개인의 흥미유형은 특정 흥미유형과 매우 유사한 반면, 다른 흥미유형과는 차별적이다.
3) 일치성
   ① 개인의 흥미유형과 개인이 소속되고자 하는 환경의 유형이 서로 부합하는 정도를 말한다.
   ② 개인이 자신의 인성유형과 동일하거나 유사한 환경에서 일하고 생활할 때를 의미한다.
4) 정체성 : 성격적 측면에서는 개인의 목표, 흥미, 재능에 대한 명확성을 말하고, 환경적 측면에서는 조직의 투명성 및 안정성 등을 말한다.
5) 계측성(타산성)
   ① 육각형 모델에서 유형들 간의 거리는 가까울수록 서로 유사한 성향을 보이며, 멀어질수록 대조적 성향을 보인다.
   ② 육각형 모델에서 유형들 간의 거리는 그 이론적인 관계에 반비례한다.

011

'23(3), '21(1), '18(2), '17(2), '10(4), '06(3)

예언타당도와 동시타당도를 예를 들어 설명하시오. [6점]

족집게 답안

예언타당도와 동시타당도

1) 예언타당도(예측타당도) : 미래 행위에 초점을 맞춘 것으로, 검사점수와 미래행위 측정치 간의 상관계수를 추정한다.
   예 입사시험 성적이 높은 사람이 이후 근무성적에서도 높은 점수를 받았다면, 해당 입사시험은 예언타당도가 높다고 할 수 있다.
2) 동시타당도(공인타당도) : 현재 행위에 초점을 맞춘 것으로, 새로운 검사와 준거를 동시에 측정해서 두 결과 간의 상관계수를 추정한다.
   예 근무성적이 좋은 재직자가 검사점수도 높았다면, 해당검사는 준거타당도를 갖췄다고 볼 수 있다.

확장해 보기

암기비법 **수변요**

구성 타당도

측정하고자 하는 개념들이 실제 측정도구에 의해 얼마나 제대로 측정되었는지의 정도를 말한다.

종류

1) 수렴타당도 : 검사결과가 해당 속성과 관련 있는 변수들과 높은 상관관계를 가지고 있을수록 수렴타당도가 높다.
   예 지능검사 결과가 지능과 관련 있는 학교성적과 높은 상관관계를 가지고 있다면 그 지능검사의 수렴타당도는 높다.
2) 변별타당도 : 검사결과가 해당 속성과 관련 없는 변수들과 낮은 상관관계를 가지고 있을수록 변별타당도가 높다.
   예 지능검사 결과가 지능과 관련 없는 외모와 낮은 상관관계를 가지고 있다면 그 지능검사의 변별타당도는 높다.
3) 요인분석 : 검사문항들 간의 상관관계를 분석하여 상관성이 높은 문항들을 묶어주는 통계적 방법이다.
   예 수학과 과학 문항이 혼재된 시험을 치렀을 때, 수학과 학생은 수학을, 과학과 학생은 과학을 보통 잘 볼 것이므로 해당 문항들은 두개의 군집, 즉 요인으로 추출될 것이다.

012

'23(2·3), '21(1), '20(1), '19(1), '18(3), '17(3), '15(1), '14(3), '12(2·3), '10(4), '09(2·3), '08(1), '07(1)

표준화된 심리검사에는 집단내 규준이 포함되어 있다. 집단내 규준의 3가지 종류를 쓰고 설명하시오. [6점]

족집게 답안 암기비법 **백표표**

집단 내 규준

1) 백분위 점수 : 표준화된 집단의 점수분포에서 한 개인의 상대적 위치를 나타내는 점수이다.
2) 표준점수 : 표준편차를 사용하여 개인의 점수가 평균으로부터 떨어져 있는 거리를 표시한 것이다.
3) 표준등급 : 원점수를 1 ~ 9까지의 구간으로 구분하여 각 구간마다 일정한 점수나 등급을 부여한 것이다.

확장해 보기 암기비법 **범분표사**

분산 정도의 판단 기준

1) 범위 : 점수분포에 있어서 최고점수에서 최저점수까지의 거리이다.
   범위 = 최고점수 - 최저점수 + 1
   예 '2, 4, 5, 7'의 범위는 7 - 2 + 1 = 6 이다.
2) 분산 : 변수분포의 모든 변숫값들을 통해 흩어진 정도를 추정한다.
3) 표준편차 : 평균에서 각 점수들이 평균적으로 이탈된 정도를 말한다.
4) 사분위편차 : 자료를 일렬로 늘어놓고 가장 작은 지점에서 1/4 지점, 3/4 지점에 있는 자료 두개를 택하여 그 차이를 2로 나눈 값이다.

013

'20(3), '18(2), '12(2), '09(1·3)

검사 - 재검사 신뢰도에 영향을 미치는 요인 4가지를 쓰시오. [4점]

족집게 답안

검사 – 재검사에 영향을 미치는 요인

1) 두 검사 시행 사이의 시간 간격
2) 응답자 속성의 변화
3) 앞서 치른 검사 경험
4) 두 검사 시행 시 환경적 차이

확장해 보기

검사 – 재검사법의 단점

1) 성숙효과 : 두 검사 사이의 시간 간격이 너무 클 경우 측정대상의 속성이 변할 수 있다.
2) 이월효과(기억효과) : 두 검사 사이의 시간 간격이 너무 짧을 경우 앞에서 답한 것을 기억해 뒤의 응답 시 활용할 수 있다.
3) 반응민감성 : 검사를 치른 경험이 후속 반응에 영향을 줄 수 있다.
4) 시간 및 비용 소요 : 동일 검사를 두 번 실시함에 따라 시간과 비용이 많이 소요된다.

014

'20(3), '15(2)

내담자와의 상담목표 설정 시 유의사항 5가지를 쓰시오. [5점]

족집게 답안

상담목표 설정 시 유의사항

1) 내담자와 함께 상담목표를 설정한다.
2) 내담자의 기대나 가치가 반영된 것을 상담목표로 설정한다.
3) 현실적으로 실현가능한 것을 상담목표로 설정한다.
4) 구체적인 것을 상담목표로 설정한다.
5) 상담자의 기술과 양립 가능한 것을 상담목표로 설정한다.
6) 구체적인 기한설정이 있어야 한다.

확장해 보기

예처결

기즈버스(Gysbers)의 직업상담 목표

1) 예언과 발달 : 생애진로발달상에서 내담자의 적성과 흥미를 탐색하고 확대하도록 돕는다.
2) 처치와 자극 : 내담자가 자신의 진로발달이나 직업문제에 대한 처치와 해결을 할 수 있도록 돕는다.
3) 결함과 유능 : 내담자가 자신의 결함보다는 유능에 초점을 두도록 돕는다.

015

'20(1·2), '13(2)

직업상담을 위한 심리검사 선정 시 3가지 고려사항을 쓰시오. [6점]

족집게 답안

심리검사 선정 시 고려사항

1) 심리검사의 목적을 명확히 파악해야 한다.
2) 신뢰도와 타당도가 높은 검사방법을 사용해야 한다.
3) 내담자의 문제점을 정확히 파악해야 한다.
4) 시행상의 간편성, 경제성 등 실용적 측면을 고려해야 한다.
5) 검사선택에 있어서 내담자를 포함해야 한다.

확장해 보기

암기비법 **신타 만표실**

직무분석 설문지 선택 시 평가준거

1) 신뢰성 : 설문지를 통해 얻어지는 결과는 일관성이 있어야 한다.
2) 타당성 : 설문지를 통해 얻어지는 결과는 정확해야 한다.
3) 만능성 : 다양한 목적을 충족시킬 수 있어야 한다.
4) 표준성 : 다른 직무와 비교 가능하도록 표준화되어야 한다.
5) 실용성 : 시간과 비용이 적게 들어야 한다.

016

'23(3), '21(3), '20(4), '20(3), '16(2), '12(1), '08(3)

한국표준산업분류에서 통계단위의 산업을 결정하는 방법 2가지를 쓰시오. [4점]

통계단위의 산업을 결정하는 방법

1) 생산단위의 산업활동은 그 생산단위가 수행하는 주된 산업활동의 종류에 따라 결정된다.
2) 해당 활동의 종업원 수 및 노동시간, 임금 또는 설비의 정도에 의하여 결정한다.
3) 계절에 따라 정기적으로 산업을 달리하는 사업체는 조사대상기간 중 산출액이 많았던 활동에 의하여 분류된다.
4) 휴업 중 또는 자산을 청산 중인 사업체의 산업은 영업 중 또는 청산을 시작하기 이전의 산업활동에 의하여 결정한다.
5) 단일사업체의 보조단위는 그 사업체의 일개 부서로 포함한다.

확장해 보기

한국표준산업분류(KSIC)의 적용원칙

1) 생산단위는 산출물뿐만 아니라 투입물과 생산공정 등을 함께 고려하여 그들의 활동을 가장 정확하게 설명된 항목에 분류해야 한다.
2) 복합적인 활동단위는 우선적으로 최상급 분류단계(대분류)를 정확히 결정하고, 순차적으로 중, 소, 세, 세세분류 단계 항목을 결정하여야 한다.
3) 산업활동이 결합되어 있는 경우에는 그 활동단위의 주된 활동에 따라서 분류하여야 한다.
4) 수수료 또는 계약에 의하여 활동을 수행하는 단위는 동일한 산업활동을 자기계정과 자기책임하에서 생산하는 단위와 같은 항목에 분류하여야 한다.
5) 공식적 생산물과 비공식적 생산물, 합법적 생산물과 불법적인 생산물을 달리 분류하지 않는다.

017

'20(3), '18(2), '17(3), '12(3), '11(3), '10(2), '09(1)

임금의 하방경직성의 의미를 설명하고, 임금의 하방경직성의 원인 5가지를 쓰시오 [6점]

족집게 답안

임금의 하방경직성의 의미와 원인

1) 의미 : 한번 오른 임금이 경제여건의 변화에도 떨어지지 않은 채 그 수준을 유지하려는 경향을 말한다.

2) 이유

① 최저임금제 실시

② 강력한 노동조합의 존재

③ 노동자의 역선택 발생 가능성

④ 화폐환상

⑤ 장기 근로계약

⑥ 효율성 임금제

확장해 보기

효율성임금제

1) 개념 : 근로자의 생산성을 높이기 위해 시장임금보다 더 높은 임금을 지급하는 것이다.

2) 장점

① 우수한 근로자 채용 및 노동의 질 향상

② 근로자의 사직 감소에 따른 신규채용 및 훈련에 드는 비용 감소

③ 대규모 사업장에서의 통제 상실 방지

④ 기업에 대한 충성심과 귀속감의 증대

3) 단점

① 기업 간 임금격차

② 이중노동시장의 형성

③ 지역 또는 산업 간 노동력 수급의 불균형으로 구조적 실업 초래

018

'21(1·2), '17(1·3), '14(3), '10(2), '07(3)

신뢰도 검사의 종류와 영향을 주는 요인을 각각 3가지씩 쓰시오. [6점]

신뢰도 검사 종류와 영향 끼치는 요인

1) 신뢰도 검사(신뢰도 추정방법) 종류
   ① 검사-재검사 신뢰도 : 동일한 수검자에게 동일한 검사를 일정 시간간격을 두고 두 번 실시하여 얻은 두 점수 간의 상관계수를 토대로 신뢰도를 추정한다.
   ② 동형검사 신뢰도 : 동일한 수검자에게 첫번째 시행한 검사와 동등한 유형의 검사를 실시하여 얻은 두 점수 간의 상관계수를 토대로 신뢰도를 추정한다.
   ③ 반분 신뢰도 : 어떤 집단에게 한 검사를 실시하고 그 검사의 문항을 동형이 되도록 두개의 검사로 나눈 다음, 두 점수 간의 상관계수를 토대로 신뢰도를 추정한다.
   ④ 문항 내적 합치도 : 한 검사 내 개개의 문항들을 독립된 검사로 보고 문항들 간의 일관성이나 합치성을 신뢰도로 규정한다.

2) 신뢰도에 영향을 주는 요인
   ① 개인차 : 검사대상의 개인차가 클수록 신뢰도 계수도 커진다.
   ② 문항 수 : 문항 수가 많으면 신뢰도는 어느 정도 높아지나, 문항 수를 무조건 늘린다고 해서 신뢰도가 정비례하여 커지는 것은 아니다.
   ③ 문항반응 수 : 문항반응 수는 적정 크기를 유지하는 것이 바람직하며, 이를 초과할 경우 신뢰도는 향상되지 않는다.
   ④ 검사유형 : 속도검사의 경우, 전후절반법으로 신뢰도를 추정하게 되면 후반부로 갈수록 시간이 부족하기 때문에 신뢰도는 낮아진다.
   ⑤ 신뢰도 추정방법 : 서로 다른 신뢰도 추정방법에 따른 신뢰도 계수는 각기 다를 수밖에 없다.

2023년 2회

001

'22(3), '18(1), '16(2), '15(2), '10(3), '09(3)

내부노동시장의 형성요인을 3가지 쓰고 설명하시오. [6점]

족집게 답안

내부노동시장의 형성요인

1) 숙련의 특수성 : 기업이 숙련의 특수성을 보존하기 위해 내부 노동력을 유지하려고 노력함으로써 내부노동시장이 형성된다.
2) 현장훈련 : 실제 직무수행에 사용되는 선임자의 기술 및 숙련이 현장훈련을 통해 후임자에게로 전수됨으로써 내부노동시장이 형성된다.
3) 기업내 관습 : 고용의 안정성에서 형성된 기업내 관습은 노동관계의 각종 사항을 규율함으로써 내부노동시장을 형성하는 요인이 된다.
4) 기업의 규모와 장기근속 : 기업의 규모와 장기근속은 조직 내 업무분담과 인원을 관리하기 위한 조직을 형성시킴으로써 내부노동시장을 형성하게 된다.

확장해 보기

내부노동시장의 의미와 장·단점

1) 의미 : 기업 내의 규칙이나 관리가 노동시장의 기능을 대신하여 지배하는 시장을 말한다.
2) 장점
   ① 우수한 인적자원의 확보 및 유지
   ② 승진 및 배치전환을 통한 동기유발 효과
   ③ 생산성 향상과 경쟁력의 제고
3) 단점
   ① 인력의 경직성 ② 관리비용의 증가 ③ 높은 노동비용 ④ 기술변화로 인한 재훈련비용의 증가

002

'21(1), '19(2), '18(3), '15(3), '14(1·3), '13(3), '11(1), '10(2), '09(2)

보딘(Bordin)은 정신역동적상담을 체계화하면서 직업문제의 진단에 관한 새로운 관점을 제시하였다. 그가 제시한 직업문제의 심리적 원인 5가지를 쓰고 설명하시오. [10점]

족집게 답안

암기비법 의정 자직확

보딘(Bordin)의 진로문제 심리적 원인

1) 의존성 : 진로문제를 스스로 해결하지 못하고 타인에게 의존하는 경우이다.
2) 정보부족 : 진로관련에 대한 정보의 부족으로 어려움을 겪는 경우이다.
3) 자아갈등 : 자아개념들 사이에서 내적갈등으로 인해 혼란을 겪는 경우이다.
4) 직업선택에 대한 불안 : 자신의 선택과 중요한 타인의 요구 간의 충돌에서 비롯되는 불안이다.
5) 확신부족 : 진로선택 이후에 자신의 선택에 대한 확신이 부족한 경우이다.

확장해 보기

암기비법 (보) 탐핵변

보딘(Bordin)의 직업상담 과정

1) 탐색과 계약설정(제1단계) : 내담자의 정신역동적 상태에 대한 탐색 및 상담전략에 대한 계약설정이 이루어진다.
2) 핵심결정(제2단계) : 내담자는 핵심결정을 통해 자신의 목표를 성격 변화 등으로 확대할 것인지 고민한다.
3) 변화를 위한 노력(제3단계) : 내담자는 자아인식 및 자아이해를 확대해 나가며 지속적으로 변화를 모색한다.

003

'19(1)

롭퀴스트(Lofquist)와 데이비스(Dawis)의 직업적응이론에서 직업적응방식 차원의 3가지 요소를 쓰고 설명하시오. [6점]

족집게 답안

암기비법 **융끈적반**

직업적응방식 차원

1) 융통성 : 개인이 작업환경과 개인환경 간의 부조화를 참아내는 정도이다.
2) 끈기 : 환경이 자신에게 맞지 않아도 개인이 얼마나 오랫동안 견뎌낼 수 있는지의 정도이다.
3) 적극성 : 개인이 작업환경을 개인적 방식과 좀더 조화롭게 만들어가려고 노력하는 정도이다.
4) 반응성 : 개인이 작업성격의 변화로 인해 작업환경에 반응하는 정도이다.

확장해 보기

암기비법 **민역리지**

직업성격 차원 요소

1) 민첩성 : 정확성보다 속도를 중시한다.
2) 역량 : 근로자의 평균활동 수준을 의미한다.
3) 리듬 : 활동에 대한 다양성을 의미한다.
4) 지구력 : 다양한 활동수준의 기간을 의미한다.

004

'20(4)

틴슬레이와 브래들리(Tinsley & Bradley)가 제시한 검사해석의 4단계를 설명하시오. [4점]

족집게 답안

틴슬레이와 브래들리의 검사해석 단계

1) 해석 준비단계 : 상담자는 검사결과와 내담자의 정보가 통합되어 어떻게 해석되는지를 검토한다.
2) 내담자 준비시키는 단계 : 상담자는 내담자가 검사결과에 대한 해석을 받아들일 수 있도록 준비시킨다.
3) 결과 전달단계 : 상담자는 내담자에게 이해하기 쉬운 용어를 사용하여 검사결과의 의미를 전달한다.
4) 추후활동단계 : 상담자는 검사결과에 대해 내담자가 어떻게 이해했는지를 확인한다.

확장해 보기

심리검사 해석 시 주의사항

1) 내담자가 이해하기 쉬운 언어를 사용한다.
2) 해석에 대한 내담자의 반응을 고려한다.
3) 주관적 판단을 배제한다.
4) 중립적이고 무비판적 자세를 견지한다.
5) 진점수의 범위를 말해주는 것이 좋다.
6) 내담자와 함께 해석하며 내담자 스스로 진로를 결정하도록 도와주어야 한다.

005

'16(3)

고트프레드슨(Gottfredson)의 직업포부발달 4단계를 쓰시오. [4점]

직업포부발달단계(Gottfredson)

1) 힘과 크기 지향성(3~5세): 사고과정이 구체화되며, 어른이 된다는 것의 의미를 알게 된다.
2) 성역할 지향성(6~8세): 자아개념이 성의 발달에 의해서 영향을 받게 된다.
3) 사회적 가치 지향성(9~13세): 사회적 가치를 인지하면서 상황 속 자아를 인식하게 된다.
4) 내적, 고유한 자아 지향성(14세 이후): 자아성찰과 사회적 가치의 인식에 따라 직업적 포부가 발달한다.

확장해 보기

반두라가 제시한 진로발달의 개인적 결정요인

1) 자기효능감: 목표과업을 계획하고 수행할 수 있다는 자신의 능력에 대한 신념이다.
2) 결과기대(성과기대): 특정과업을 수행했을 때 일어날 결과에 대한 평가를 말한다.
3) 개인적 목표: 특정목표를 실행하고 성취하기 위한 개인의 의도를 말한다.

006

'19(3), '18(2), '15(3), '13(2), '12(1), '11(1), '10(4)

형태주의 상담에서 내담자가 미해결된 감정을 해결하도록 돕는 상담기법 중 4가지를 쓰시오. [4점]

게슈탈트 상담기법

1) 꿈작업 : 내담자로 하여금 꿈을 현실로 재현하도록 하여 꿈의 각 부분을 연기하게 한다.
2) 빈의자 기법 : 내담자가 빈 의자를 앞에 놓고 어떤 사람이 실제 앉아 있는 것처럼 상상하면서 이야기를 한다.
3) 과장하기 : 내담자로 하여금 행동이나 언어를 과장하여 표현하게 함으로써 자신의 감정을 명확히 자각하도록 한다.
4) 자기 부분들과의 대화 : 내담자에게 자신의 내재되어 있는 상반된 자아와 대화를 시도하게 함으로써 자기 부분들을 통합시킨다.
5) 숙제의 사용 : 내담자에게 상담 상황에서 학습한 사실들을 실생활에 적용시킬 수 있는 기회를 제공한다.
6) 역할연기 : 과거나 미래의 한 장면을 현재의 장면으로 상상하게 하여 실제 행동으로 연기해 보도록 한다.

형태주의 상담의 주요 목표

1) 자각에 의한 성숙과 통합의 성취를 이루도록 도와준다.
2) 자신에 대한 책임감을 갖도록 도와준다.
3) 잠재력의 실현에 따른 변화와 성장을 이루도록 도와준다.
4) 내담자가 자신의 욕구와 감정을 알아차려 환경과의 접촉을 통해 해소할 수 있도록 도와준다.
5) 내담자가 실존적 상황에 열려 있는 자세를 갖도록 도와준다.
6) 내담자가 자신의 부정적인 부분을 인정하고 수용할 수 있도록 도와준다.

007

'20(4), '17(1), '09(2), '03(3)

수퍼(Super)의 경력개발 5단계를 쓰고 설명하시오. [5점]

암기비법 성탐 확유쇠

수퍼(Super)의 직업발달 5단계

1) 성장기 : 자아개념을 발달시키는 시기이며, 욕구와 환상이 지배적이나 점차 흥미와 능력을 중시하게 된다.
2) 탐색기 : 미래에 대한 계획을 세우고 적합한 직업을 탐색하는 시기이다.
3) 확립기 : 자신에게 적합한 분야를 발견해서 생활의 기반을 확립하는 시기이다.
4) 유지기 : 자신의 자리를 유지하려고 노력하며 안정된 삶을 살아가는 시기이다.
5) 쇠퇴기 : 직업에서 은퇴한 후 새로운 역할과 활동을 찾게 되는 시기이다.

확장해 보기

암기비법 환흥능 잠전시

수퍼(Super)의 진로발달단계의 하위단계

1) 성장기의 하위단계
  ① 환상기 : 욕구가 지배적이며, 환상적인 역할수행이 중시된다.
  ② 흥미기 : 진로의 목표를 결정하는 데 흥미가 중요 요인이 된다.
  ③ 능력기 : 직업에서 요구하는 조건을 고려하며 능력을 중시하게 된다.
2) 탐색기의 하위단계
  ① 잠정기 : 자신의 욕구, 흥미, 능력, 가치 등이 잠정적인 진로의 기초가 된다.
  ② 전환기 : 현실적 요인들이 점차 직업의식과 직업활동의 기초가 된다.
  ③ 시행기 : 자신이 적합하다고 본 직업을 최초로 가지게 된다.

008

'17(2), '12(2), '05(3)

실업과 관련된 야호다(Jahoda)의 박탈이론에 따르면, 일반적으로 고용상태에 있게 되면 실직상태에 있는 것보다 여러 가지 잠재적 효과가 있다고 한다. 고용으로 인한 잠재효과를 5가지 쓰시오. [5점]

족집게 답안

Jahoda의 박탈이론에 따른 고용으로 인한 잠재효과

1) 공동의 목표 : 조직의 공동목표에 참여함으로써 자신의 가치를 느낀다.
2) 시간의 구조화 : 시간을 구조화함으로써 계획성 있게 활용한다.
3) 사회적 접촉 : 가족 외의 타인과 접촉함으로써 사회적 경험을 공유한다.
4) 사회적 정체감과 지위 확보 : 직업을 통해 사회적 정체감과 지위를 확보한다.
5) 활동성 : 의미있는 활동을 수행하도록 해 준다.

009

'21(1), '18(3), '14(2), '12(1), '11(3), '10(3), '07(1)

기혼여성의 경제활동참가율을 낮추는 요인을 6가지 쓰시오. [6점]

암기비법 **시법 남자가 고여**

기혼여성의 경제활동참가율 저하요인

1) 시장임금의 감소
2) 법적·제도적 장치의 미비
3) 남편소득의 증가
4) 자녀수 증가
5) 가계생산기술의 미발달
6) 고용시장의 미발달
7) 여성의 교육 수준의 저하

암기비법 **소노공 경기산**

최저임금제의 기대효과

1) 소득분배 개선
2) 노동력의 질적 향상
3) 공정경쟁의 확보
4) 경기 활성화에 기여
5) 기업의 근대화 및 산업구조 고도화 촉진
6) 산업평화 유지
7) 복지국가의 실현

010

'20(3·4), '19(3), '16(1), '15(1·2), '10(1·4), '09(3), '08(1), '06(3), '03(1·3)

구성타당도의 유형에 속하는 타당도 2가지를 쓰고 설명하시오. [4점]

암기비법 수변요

구성타당도

1) 수렴타당도 : 검사결과가 해당속성과 관련 있는 변수들과 높은 상관관계를 가지고 있을 때 수렴타당도는 높다.
2) 변별타당도 : 검사결과가 해당속성과 관련 없는 변수들과 낮은 상관관계를 가지고 있을 때 변별타당도는 높다.
3) 요인분석 : 검사문항들의 상관관계를 분석하여 상관이 높은 문항들을 요인으로 묶어주는 통계적 방법이다.

확장해 보기

준거타당도

의미

검사와 준거 간의 상관관계를 분석해서 검사의 타당도를 평가하는 방법이다.

종류

1) 동시타당도(공인타당도) : 현재 행위에 초점을 맞춘 것으로, 새로운 검사와 준거를 동시에 측정해서 두 결과 간의 상관계수를 추정한다.
   예 근무성적이 좋은 재직자가 검사점수도 높았다면, 해당검사는 준거타당도를 갖췄다고 볼 수 있다.
2) 예언타당도(예측타당도) : 미래 행위에 초점을 맞춘 것으로, 검사점수와 미래행위 측정치 간의 상관계수를 추정한다.
   예 입사시험 성적이 높은 사람이 이후 근무성적에서도 높은 점수를 받았다면, 해당 입사시험은 예언타당도가 높다고 할 수 있다.

011

'21(3)

직무가 어떤 가치를 가지고 있는지 결정하는 직무평가방법을 3가지 쓰고 설명하시오. [6점]

족집게 답안

직무평가의 방법

1) 질적 평가방법
   ① 서열법 : 직무의 상대적 가치에 기초를 두고 각 직무의 중요도에 따라 순위를 정한다.
   ② 분류법 : 직무를 여러 수준이나 등급으로 사전에 분류하여 각 직무를 맞추어 넣는다.
2) 양적 평가 방법
   ① 점수법 : 직무 상호 간의 여러 요소들을 중요도에 따라 점수를 산정하여 직무를 평가하는 방법이다.
   ② 요소비교법 : 조직의 대표직무를 선정하여 요소별로 직무평가를 한 후 다른 직무들을 대표직무의 평가요소와 비교하여 상대적 가치를 결정한다.

확장해 보기

직무분석/직무평가/직무수행평가

1) 직무분석 : 직무 관련 정보를 수집하는 절차이다.
2) 직무평가 : 직무의 내용과 성질을 고려하여 직무들 간의 상대적 가치를 결정하는 절차이다.
3) 직무수행평가 : 작업자의 직무수행 수준을 평가하는 절차이다.

012

'23(1·3), '22(1), '21(1), '20(1·3·4), '19(2), '18(2), '16(1), '14(3), '09(1), '08(1), '07(1), '04(1)

홀랜드(Holland)의 흥미에 관한 6가지 유형을 쓰시오. [6점]

족집게 답안

암기비법 현탐예 사진관

홀랜드(Holland)의 흥미에 관한 유형

1) 현실형(R) : 실제적이며 현장에서 하는 일을 선호하나, 사회성이 부족하다.
2) 탐구형(I) : 과학적이며 탐구활동을 선호하나, 지도력이 부족하다.
3) 예술형(A) : 심미적이며 창조적인 활동을 선호하나, 규범적 성향이 부족하다.
4) 사회형(S) : 이타적이며 봉사활동을 선호하나, 기계적 활동능력이 부족하다.
5) 진취형(E) : 진취적이며 적극적인 활동을 선호하나, 체계적 활동능력이 부족하다.
6) 관습형(C) : 꼼꼼하며 질서정연한 일을 선호하나, 융통성이 부족하다.

확장해 보기

암기비법 일변 일정계

홀랜드의 육각형 모델과 해석 차원

1) 일관성 : 어떤 쌍들은 다른 유형의 쌍들보다 더 많은 공통점을 가지고 있다.
2) 변별성(차별성) : 개인의 흥미유형은 특정 흥미유형과 매우 유사한 반면, 다른 흥미유형과는 차별적이다.
3) 일치성 : 개인의 흥미유형과 개인이 소속되고자 하는 환경의 유형이 서로 부합하는 정도를 말한다.
   개인이 자기 자신의 인성유형과 동일하거나 유사한 환경에서 일하고 생활할 때를 의미한다.
4) 정체성 : 성격적 측면에서는 개인의 목표, 흥미, 재능에 대한 명확성을 말하고, 환경적 측면에서는 조직의 투명성 및 안정성 등을 말한다.
5) 계측성(타산성)
   ① 육각형 모델에서 유형들 간의 거리는 가까울수록 서로 유사한 성향을 보이며, 멀어질수록 대조적 성향을 보인다.
   ② 육각형 모델에서 유형들 간의 거리는 그 이론적인 관계에 반비례한다.

013

'20(4)

한국직업사전의 부가직업정보 중 육체활동의 구분 4가지를 쓰시오. [4점]

족집게 답안

육체활동의 구분

1) 균형감각 2) 웅크림 3) 손사용 4) 언어력 5) 청각 6) 시각

확장해 보기

육체활동의 구분

1) 균형감각 : 손, 발, 다리 등을 이용하여 사다리, 계단, 밧줄 등을 올라가거나 움직이는 물체 위를 걷거나 뛸 때 신체의 균형을 유지하는 것이다.
2) 웅크림 : 몸을 앞으로 굽히거나 뒤로 젖히는 동작, 무릎을 꿇거나 손과 발로 이동하는 동작 등을 하는 것이다.
3) 손사용 : 일정기간의 손사용 숙련기간을 거쳐 통상적인 손사용이 아닌, 정밀함과 숙련을 필요로 한다.
4) 언어력 : 말로 생각이나 의사를 교환하거나 표현하는 것으로 정보나 오락 제공을 목적으로 말을 하는 것이다.
5) 청각 : 단순히 일상적인 대화내용 청취여부가 아니라, 작동하는 기계의 소리를 듣고 이상 유무를 판단하거나 논리적인 결정을 내리는 청취활동을 하는 것이다.
6) 시각 : 일상적인 눈 사용이 아닌 시각적 인식을 통해 반복적인 판단을 하거나 물체의 길이나 넓이 및 재질과 형태 등을 알아내기 위한 거리와 공간관계를 판단하며, 색의 차이도 판단할 수 있어야 한다.

014

'21(1)

한국표준직업분류의 대분류와 직능수준을 연결하시오. [5점]

대분류	직능 수준
관리자	제 (가) 직능수준 필요 혹은 제 (나) 직능수준 필요
판매 종사자	제 (다) 직능수준 필요
장치·기계조작 및 조립종사자	제 (라) 직능수준 필요
군인	제 (마) 직능수준 이상 필요

(가)

(나)

(다)

(라)

(마)

족집게 답안

한국표준직업분류의 대분류와 직능수준

분류	대분류	직능 수준
1	관리자	제4직능수준 필요 혹은 제3직능수준 필요
2	전문가 및 관련 종사자	제4직능수준 필요 혹은 제3직능수준 필요
3	사무 종사자	제2직능수준 필요
4	서비스 종사자	제2직능수준 필요
5	판매 종사자	제2직능수준 필요
6	농림·어업 숙련 종사자	제2직능수준 필요
7	기능원 및 관련 기능 종사자	제2직능수준 필요
8	장치·기계조작 및 조립종사자	제2직능수준 필요
9	단순노무종사자	제1직능수준 필요
A	군인	제2직능수준 이상 필요

1) (가) : 4
2) (나) : 3
3) (다) : 2
4) (라) : 2
5) (마) : 2

확장해 보기

직능수준(Skill Level)

직능수준은 직무수행능력의 높낮이를 말하는 것으로 정규교육, 직업훈련, 직업경험, 선천적 능력과 사회 문화적 환경 등에 의해 결정된다.

1) 제1직능수준
   ① 일반적으로 단순·반복적이며 육체적인 힘을 요하는 업무를 수행하며, 간단한 수작업 공구나 진공청소기, 전기장비들을 이용하고, 과일을 따거나 채소를 뽑고 단순 조립 등의 작업을 수행한다.
   ② 최소한의 문자이해와 수리적 사고능력이 요구되는 간단한 직무교육으로 누구나 수행할 수 있다.
   ③ 초등교육이나 기초적인 교육을 필요로 한다.
   ④ 단순노무종사자가 이에 해당한다.

2) 제2직능수준 : 일반적으로 완벽하게 읽고 쓸 수 있는 능력과 정확한 계산능력, 그리고 상당한 정도의 의사소통 능력을 필요로 한다. 보통 중등 이상 교육과정의 정규교육이수 또는 이에 상응하는 직업훈련이나 직업경험을 필요로 한다.

3) 제3직능수준
   ① 복잡한 과업과 실제적인 업무를 수행할 정도의 전문적인 지식을 보유하고 수리계산이나 의사소통 능력이 상당히 높아야 한다.
   ② 보통 중등교육을 마치고 1~3년 정도의 추가적인 교육과정 정도의 정규교육 또는 직업훈련을 필요로 한다.

4) 제4직능수준
   ① 매우 높은 수준의 이해력과 창의력 및 의사소통 능력이 필요하다.
   ② 일반적으로 4년 이상의 학사, 석사나 그와 동등한 학위가 수여되는 교육수준의 정규교육 또는 훈련을 필요로 한다.

015

'23(1·3), '21(2), '20(1), '19(1), '18(3), '17(3), '15(1), '14(3), '12(2·3), '10(4), '09(2·3), '08(1), '07(1)

표준화된 심리검사에는 집단내 규준이 포함되어 있다. 집단내 규준의 3가지 종류를 쓰고 설명하시오. [6점]

족집게 답안

백표표

집단 내 규준

1) 백분위 점수 : 표준화된 집단의 점수분포에서 한 개인의 상대적 위치를 나타내는 점수이다.
2) 표준점수 : 표준편차를 사용하여 개인의 점수가 평균으로부터 떨어져 있는 거리를 표시한 것이다.
3) 표준등급 : 원점수를 1~9까지의 구간으로 구분하여 각 구간마다 일정한 점수나 등급을 부여한 것이다.

확장해 보기

중심경향치로써의 대푯값

1) 평균값 : 어떤 분포에서 모든 점수의 합을 전체 사례수로 나누어 얻은 값이다.
   예 4과목 점수가 90, 100, 80, 90 인 경우, 모든 점수를 합하여 이것을 사례수(4과목)으로 나누면 평균값이 '90'이 된다.
2) 중앙값 : 모든 점수를 크기 순서대로 배열했을 때 가장 중앙에 위치한 값이다.
   예 사례가 홀수인 경우 '5, 6, 8, 9, 10'일 때 중앙값은 '8'이다.
   사례가 짝수인 경우 '5, 6, 7, 8, 9, 10'일 때 중앙값은 $\frac{7+8}{2}$ = 7.5이다.
3) 최빈값 : 빈도분포에서 빈도가 가장 높은 점수 또는 급간의 중간 점수이다.
   예 사례값이 '1, 2, 2, 2, 3, 3, 4'인 경우 최빈값은 '2'이나, 사례값이 '1, 1, 1, 1, 1, 1, 1'처럼 값이 모두 같으면 최빈값은 없다.

016

'21(3), '20(2), '18(1), '13(1)

직업심리검사의 신뢰도를 추정하는 방법 3가지를 쓰고 설명하시오. [6점]

족집게 답안

신뢰도를 추정하는 방법

1) 검사 - 재검사 신뢰도 : 동일한 수검자에게 동일한 검사를 일정 시간간격을 두고 두 번 실시하여 얻은 두 점수 간의 상관계수를 토대로 신뢰도를 추정한다.
2) 동형검사 신뢰도 : 동일한 수검자에게 첫번째 시행한 검사와 동등한 유형의 검사를 실시하여 얻은 두 점수 간의 상관계수를 토대로 신뢰도를 추정한다.
3) 반분 신뢰도 : 어떤 집단에게 한 검사를 실시하고 그 검사의 문항을 동형이 되도록 두개의 검사로 나눈 다음, 두 점수 간의 상관계수를 토대로 신뢰도를 추정한다.
4) 문항내적합치도 : 한 검사 내 개개의 문항들을 독립된 검사로 보고 문항들 간의 일관성이나 합치성을 신뢰도로 규정한다.

확장해 보기 | 암기비법 **개문 문검신**

심리검사의 신뢰도에 영향을 주는 요인

1) **개**인차 : 검사대상의 개인차가 클수록 신뢰도 계수도 커진다.
2) **문**항 수 : 문항 수가 많으면 신뢰도는 어느 정도 높아지나, 문항 수를 무조건 늘린다고 해서 신뢰도가 정비례하여 커지는 것은 아니다.
3) **문**항반응 수 : 문항반응 수는 적정 크기를 유지하는 것이 바람직하며, 이를 초과할 경우 신뢰도는 향상되지 않는다.
4) **검**사유형 : 속도검사의 경우, 전후절반법으로 신뢰도를 추정하게 되면 후반부로 갈수록 시간이 부족하기 때문에 신뢰도는 낮아진다.
5) **신**뢰도 추정방법 : 서로 다른 신뢰도 추정방법에 따른 신뢰도 계수는 각기 다를 수밖에 없다.

017

'23(1), '20(2), '17(2), '12(3), '10(2), '09(3)

실존주의 상담자들이 내담자의 궁극적 관심사와 관련하여 중요하게 생각하는 주제 4가지를 쓰고 설명하시오. [8점]

족집게 답안

암기비법 **자삶죽진**

실존주의 학자들의 궁극적 관심사(답안 I)

1) 자유와 책임 : 인간은 자기결정적인 존재로서, 자신의 삶을 선택할 자유와 책임이 있다.
2) 삶의 의미성 : 인간은 자신의 삶의 의미를 찾기 위해 노력한다.
3) 죽음과 비존재 : 인간은 자신이 죽는다는 것을 스스로 자각한다.
4) 진실성 : 인간은 자신의 실존을 회복하기 위한 진실성 있는 노력을 해야 한다.

확장해 보기

암기비법 **죽자고무**

얄롬(Yalom)의 궁극적 관심사(답안 II)

1) 죽음 : 죽음의 불가피성은 삶을 더욱 가치 있게 만든다.
2) 자유 : 인간은 자기결정적인 존재로서, 자신의 삶을 선택할 자유와 책임이 있다.
3) 고립 : 인간은 자신의 실존적 고립에 대해 인정하고 직면함으로써 타인과 보다 성숙한 관계를 맺을 수 있다.
4) 무의미성 : 인간은 자신의 삶에서 끊임없이 어떤 의미를 추구한다.

018

'22(3), '21(2)

산업분류의 결정방법 중 생산단위의 활동형태에서 주된 산업활동과 보조적 활동에 대해 설명하시오. [4점]

족집게 답안

생산단위의 활동형태

1) 주된 산업활동 : 생산된 재화나 제공된 서비스 중에서 부가가치가 가장 큰 활동이다.
2) 부차적 산업활동 : 주된 활동 이외의 재화 생산 및 서비스 제공 활동을 말한다.
3) 보조적 활동 : 주된 활동과 부차적 활동을 지원하며 회계, 운송, 구매, 창고, 수리 서비스 등이 포함된다.

확장해 보기

산업/산업활동/산업활동의 범위/산업분류/산업분류 기준

1) 산업 : 유사한 성질을 갖는 산업활동에 주로 종사하는 생산단위의 집합을 말한다.
2) 산업활동 : 각 생산단위가 노동, 자본, 원료 등 자원을 투입하여 재화 또는 서비스를 생산 또는 제공하는 일련의 활동과정이다.
3) 산업활동의 범위 : 영리적·비영리적 활동이 모두 포함되나, 가정 내의 가사활동은 제외된다.
4) 산업분류 : 생산단위가 주로 수행하는 산업활동을 그 유사성에 따라 체계적으로 유형화한 것이다.
5) 산업분류 기준
   ① 산출물의 특성
   ② 투입물의 특성
   ③ 생산활동의 일반적인 결합형태

2023년 3회

001

'22(3)

한국직업사전에서 제공하는 부가직업정보 중 직무기능(DPT)에서 '사물(Thing)'의 세부 사항 설명이다. (　　) 에 해당하는 세부사항을 보기에서 골라 알맞은 기호를 쓰시오. [5점]

(①) : 설정된 표준치를 달성하기 위하여 재료를 가공, 조종, 이동, 안내하거나 정위치 시킨다.
(②) : 기계 또는 설비를 시동, 정지, 제어하고 작업이 진행되고 있는 기계나 설비를 조정한다.
(③) : 다양한 목적을 수행하고자 사물 또는 사람의 움직임을 통제하는 데 일정한 경로를 따라 기계 등을 제어한다.
(④) : 기계 또는 재료를 가공, 조정, 이동할 수 있도록 공구 또는 특수장치를 사용한다. 어느 정도의 판단력이 요구된다.
(⑤) : 기계 및 장비를 시동, 정지하고 그 기능을 관찰한다.

<보기>

㉠ 설치　㉡ 정밀작업　㉢ 제어조작　㉣ 조작운전　㉤ 수동조작　㉥ 유지　㉦ 투입-산출　㉧ 단순작업

족집게 답안　　암기비법 **설정제조 수유투단**

'사물(Thing)'의 세부 사항

1) 설치 : 기계의 성능이나 재료의 특성 등에 대한 지식을 적용하여 기계 및 설비의 준비, 위치조정, 제어장치 설정 등을 수행한다.
2) ① : ㉡
3) ② : ㉢
4) ③ : ㉣
5) ④ : ㉤
6) ⑤ : ㉥
7) 투입-산출 : 장비 안에 자재를 투척, 하역하거나 자재를 다른 곳으로 옮긴다.
8) 단순작업 : 신체나 장치를 사용하여 장비나 원료 등을 정리, 운반 처리한다. 작업 시 판단력은 요구되지 않는다.

확장해 보기

한국직업사전의 직무기능

1) 자료(Data) : 종합, 조정, 분석, 수집, 계산, 기록, 비교 등의 활동이며, 계산에서 수를 세는 것은 포함되지 않는다.
2) 사람(People) : 자문, 협의, 교육, 감독, 오락제공, 설득, 말하기-신호, 서비스 제공 등의 활동이며, 인간과 인간처럼 취급되는 동물을 다루는 것을 포함한다.
3) 사물(Thing) : 설치, 정밀작업, 제어조작, 조작운전, 수동조작, 유지, 투입-인출, 단순작업 등의 활동이며, 물질, 재료, 기계, 공구, 설비 등을 다루는 것을 포함한다.

002

'17(1), '15(1)

한국표준직업분류(KSCO)에서 직업분류의 일반원칙 2가지를 쓰시오. [4점]

직업분류의 일반원칙

1) 포괄성의 원칙 : 모든 직무는 어떤 수준에서든지 분류에 포괄되어야 한다.
2) 배타성의 원칙 : 동일하거나 유사한 직무는 같은 단위직업으로 분류되어야 한다.

포괄적 업무의 분류 원칙과 다수직업 종사자의 분류원칙

포괄적 업무의 분류 원칙

1) 주된 직무 우선원칙 : 수행되는 직무내용과 분류항목의 직무내용을 비교하여 상관성이 가장 많은 항목에 분류한다.
   예 교육과 진료를 겸하는 의대교수는 강의·연구 등(교육)과 진료·처치 등 (의료)의 직무내용을 파악하여 관련 항목이 많은 분야로 분류한다.
2) 최상급 직능수준 우선원칙 : 수행된 직무가 상이한 수준의 훈련과 경험을 필요로 한다면, 가장 높은 수준의 직무를 필요로 하는 일에 분류한다.
   예 조리와 배달의 직무비중이 같을 경우에는, 조리의 직능수준이 높으므로 조리사로 분류한다.
3) 생산업무 우선원칙 : 재화의 생산과 공급이 같이 이뤄지는 경우, 생산단계에 관련된 업무를 우선적으로 분류한다.
   예 한 사람이 빵을 생산하고 판매도 하는 경우, 제빵사로 분류한다.

다수직업 종사자의 분류원칙

1) 취업시간 우선의 원칙 : 더 긴 시간을 투자하는 직업으로 결정한다.
2) 수입 우선의 원칙 : 수입이 더 많은 직업으로 결정한다.
3) 조사시 최근의 직업 원칙 : 조사시점을 기준으로 최근에 종사한 직업으로 결정한다.

003

'20(4), '12(2)

현재 사용되고 있는 흥미검사의 종류 5가지를 쓰시오. [5점]

 족집게 답안

흥미검사의 종류

1) 직업선호도검사(VPI ; Vocational Preference Inventory)
2) 자기방향탐색(SDS ; Self Directed Search)
3) 스트롱-캠벨 흥미검사(SCII ; Strong-Campbell Interest Inventory)
4) 쿠더 직업흥미검사(KOIS ; Kuder Occupational Interest Survey)
5) 경력의사결정검사(CDM ; Career Decision Making System)

 확장해 보기

직업적응과 관련된 검사도구(Lofquist & Dawis)

1) 미네소타 중요도 질문지(MIQ) : 개인이 일의 환경에 대해 지니는 20가지 욕구와 6가지의 가치관을 측정하는 도구로, 190개의 문항으로 구성되어 있다.
2) 미네소타 직무기술 질문지(MJDQ) : 일의 환경이 20가지 욕구를 만족시켜 주는 정도를 측정한다.
3) 미네소타 직무만족 질문지(MSQ) : 능력의 사용, 성취, 승진, 활동 등 직무만족의 원인이 되는 일의 강화요인을 측정한다.

004

'23(1), '21(3), '20(3·4), '16(2), '12(1), '08(3)

한국표준산업분류에서 통계단위의 산업을 결정하는 방법 2가지를 쓰시오. [4점]

통계단위의 산업을 결정하는 방법

1) 생산단위의 산업활동은 그 생산단위가 수행하는 주된 산업활동의 종류에 따라 결정된다.
2) 해당 활동의 종업원 수 및 노동시간, 임금 또는 설비의 정도에 의하여 결정한다.
3) 계절에 따라 정기적으로 산업을 달리하는 사업체는 조사대상기간 중 산출액이 많았던 활동에 의하여 분류된다.
4) 휴업 중 또는 자산을 청산 중인 사업체의 산업은 영업 중 또는 청산을 시작하기 이전의 산업활동에 의하여 결정한다.
5) 단일사업체의 보조단위는 그 사업체의 일개 부서로 포함한다.

확장해 보기

한국표준산업분류(KSIC)의 적용원칙

1) 생산단위는 산출물뿐만 아니라 투입물과 생산공정 등을 함께 고려하여 그들의 활동을 가장 정확하게 설명된 항목에 분류해야 한다.
2) 복합적인 활동단위는 우선적으로 최상급 분류단계(대분류)를 정확히 결정하고, 순차적으로 중, 소, 세, 세세분류 단계 항목을 결정하여야 한다.
3) 산업활동이 결합되어 있는 경우에는 그 활동단위의 주된 활동에 따라서 분류하여야 한다.
4) 수수료 또는 계약에 의하여 활동을 수행하는 단위는 동일한 산업활동을 자기계정과 자기책임하에서 생산하는 단위와 같은 항목에 분류하여야 한다.
5) 공식적 생산물과 비공식적 생산물, 합법적 생산물과 불법적인 생산물을 달리 분류하지 않는다.

005

'23(1), '22(1), '21(2), '16(3), '15(1·2), '12(3), '11(1)

행동주의 직업상담의 상담기법을 크게 불안감소기법과 학습촉진 기법의 유형으로 구분할 수 있다. 각 유형별 대표적 방법을 각각 2가지씩 쓰고 설명하시오. [8점]

족집게 답안

암기비법 **체금반 혐주자**

불안감소기법

1) 체계적둔감법 : 내담자의 불안반응을 체계적으로 증대시켜 둔감화한다.
2) 금지조건형성(내적금지) : 내담자에게 불안요소를 지속적으로 제시함으로써 불안반응을 감소시킨다.
3) 반조건형성(역조건형성) : 조건 자극과 새로운 자극을 함께 제시해서 불안을 감소시킨다.
4) 혐오치료 : 바람직하지 못한 행동에 혐오자극을 제시함으로써 부적응적 행동을 제거한다.
5) 주장훈련 : 내담자에게 불안 이외의 감정을 표현하게 해서 대인관계에 있어서의 불안을 해소시킨다.
6) 자기표현훈련 : 자기표현을 통해 타인과 상호작용함으로써 대인관계에서 비롯되는 불안요인을 제거한다.

적응행동증진기법(학습촉진기법)

암기비법 **강변 사행상**

1) 강화 : 내담자의 행동에 대해 적절하게 긍정적·부정적 반응을 보임으로써 내담자의 바람직한 행동을 강화시킨다.
2) 변별학습 : 자신의 직업결정 능력 등을 검사도구를 사용하여 변별하고 비교해보도록 하는 것이다.
3) 사회적 모델링과 대리학습 : 타인의 행동에 대한 관찰과 모방을 통해 내담자의 학습을 촉진한다.
4) 행동조성 : 행동을 단계별로 세분화하여 단계마다 강화를 제공함으로써 학습을 촉진한다.
5) 상표제도(토큰경제) : 내담자의 바람직한 행동이 이루어질 때마다 그에 상응하는 보상을 하는 것이다.

006

'23(1), '20(1)

진로상담 과정에서 관계수립을 위한 기본상담기법 5가지를 쓰시오. [5점]

상담 기법

1) 공감 : 내담자가 전달하려는 내용에서 더 나아가 내면적 감정까지도 반영하는 것이다.
2) 수용 : 상담자가 내담자의 얘기에 집중하고 있으며, 내담자를 인격적으로 존중하고 있음을 보여주는 것이다.
3) 경청 : 내담자의 언어적, 비언어적 표현에 주목하면서 내담자의 생각과 감정을 이해하려고 노력하는 것이다.
4) 반영 : 내담자의 생각과 말을 상담자가 다른 참신한 말로 부연하는 것이다.
5) 명료화 : 어떤 문제의 혼란스러운 감정과 갈등을 가려내어 분명히 해주는 것이다.
6) 해석 : 내담자가 진술하지 않은 내용이나 개념을 그의 과거 경험이나 진술을 토대로 추론해서 말하는 것이다.
7) 직면 : 내담자가 모르고 있거나 인정하기를 거부하는 생각에 대해 스스로 모순점을 파악하도록 하는 기법이다.

007

'20(4), '18(1), '12(1)

심리검사의 측정내용에 따른 분류 중 성향검사의 종류 6가지를 쓰시오. [6점]

족집게 답안

성향검사

1) 성격검사 - MBTI, MMPI, CPI, 로샤검사 등
2) 흥미검사 - 직업선호도검사, 쿠더직업흥미검사, 스트롱-캠벨 흥미검사
3) 태도검사 - 직무만족도검사(JSS) 등

확장해 보기

심리검사의 분류

실시 방식에 따른 분류

1) 실시시간 기준
   - ① 속도검사 : 시간제한을 두고 쉬운 문제들로 구성되어 있으며, 문제해결력보다는 숙련도를 측정한다.
     - 예 웩슬러 지능검사의 소검사
   - ② 역량검사 : 시간제한이 없고 어려운 문제들로 구성되어 있으며, 숙련도보다는 문제해결력을 측정한다.
     - 예 수학 경시대회
2) 수검자 수 기준
   - ① 개인검사 : 검사자와 수검자의 일대일 방식으로 이루어지는 검사이며, 수검자의 심층적 분석에 유리하다.
     - 예 한국판 웩슬러 지능검사(K-WAIS), 일반직업적성검사(GATB), 주제통각검사(TAT), 로샤검사 등
   - ② 집단검사 : 여러 명의 수검자를 한번에 검사하는 방식이며, 시간과 비용면에서 효율적이다.
     - 예 미네소타 다면적인성검사(MMPI), 캘리포니아 성격검사(CPI) 마이어스-브릭스 성격유형검사(MBTI) 등
3) 검사도구 기준
   - ① 지필검사 : 종이에 인쇄된 문항에 응답하는 방식이다.
     - 예 각종 국가자격시험, MMPI, MBTI 등
   - ② 수행검사 : 수검자가 도구를 다루어야 하는 방식이다.
     - 예 운전면허 주행시험, 웩슬러 지능검사의 토막짜기 소검사, 일반 직업적성검사의 동작검사 등

사용목적에 따른 분류

1) 규준참조검사 : 개인의 점수를 다른 사람들의 점수와 비교하는 상대평가 검사이다.

예 심리검사, 선발검사 등

2) 준거참조검사 : 개인의 점수를 어떤 기준검사와 비교하는 절대평가 검사이다.

예 다수의 국가자격시험 등

측정내용에 따른 분류

1) 극대수행검사(최대수행검사) : 일정 시간 내 자신의 능력을 최대한 발휘하게 하는 인지적 검사이며, 성능검사이다.

① 지능검사 - 스탠포드 - 비네 지능검사, 한국판 웩슬러 성인용지능검사(K-WAIS) 등

② 적성검사 - 일반적성검사(GATB)

③ 성취도검사 - 학업성취도검사

2) 습관적 수행검사(정서적 검사) : 일상생활에서의 습관적인 행동을 검토하는 비인지적 검사로써, 성향검사이다.

① 성격검사 - MBTI, MMPI, CPI, 로샤검사 등

② 흥미검사 - 직업선호도검사, 쿠더직업흥미검사, 스트롱 - 캠벨 흥미검사

③ 태도검사 - 직무만족도검사(JSS) 등

검사장면에 따른 분류

1) 축소상황검사 : 실제 장면과 같지만 과제나 직무를 매우 축소시킨 검사이다.

2) 모의장면검사 : 실제 장면과 거의 유사한 장면을 인위적으로 만들어 놓은 검사이다.

3) 경쟁장면검사 : 작업장면과 같은 상황에서 실제 문제나 작업을 제시하고 경쟁적으로 문제해결을 요구하는 검사이다.

008

'20(1), '16(1), '15(1·3), '9(3), '7(3), '6(1)

로저스의 내담자중심 상담기법에서 상담자의 태도 3가지를 쓰시오. [6점]

내담자중심 상담기법에서 상담자의 태도

1) 일치성과 진실성 : 상담자는 진실하고 개방적이어야 한다.
2) 공감적 이해 : 상담자는 내담자의 내면세계를 마치 자신의 것처럼 이해하고 느껴야 한다.
3) 무조건적인 수용 : 상담자는 내담자를 무조건적이고 긍정적으로 존중해야 한다.

확장해 보기

내담자중심 상담에서 '완전히 기능하는 사람'

1) 경험에 대해 개방적이다.
2) 내적 기준에서 평가할 수 있다.
3) 자신을 신뢰한다.
4) 지속적인 성장을 추구한다.

009

'20(3), '16(3)

아래의 주어진 내용을 보고 물음에 답하시오. [6점]

노동공급	임금	한계수입생산
5	6	62
6	8	50
7	10	38
8	12	26
9	14	14
10	16	2

(1) 노동공급이 7단위일 때 한계노동비용을 구하시오(단, 계산과정을 제시하시오).

(2) 이윤극대화가 이루어지는 노동공급과 임금을 구하시오(단, 계산과정을 제시하시오).

족집게 답안

한계노동비용과 이윤극대화

1) 한계노동비용(MC_L) = $\frac{\text{총노동비용의 증가분}(\Delta C)}{\text{노동투입량의 증가분}(\Delta L)}$

노동공급	임금	총임금	한계노동비용	한계 수입생산
5	6	5×6=30	-	62
6	8	6×8=48	$\frac{48-30}{6-5}=18$	50
7	10	7×10=70	$\frac{70-48}{7-6}=22$	38
8	12	8×12=96	$\frac{96-70}{8-7}=26$	26
9	14	9×14=126	$\frac{126-96}{9-8}=30$	14
10	16	10×16=160	$\frac{160-126}{10-9}=34$	2

∴ 노동공급이 7단위일 때, 한계노동비용은 22이다.

2) 이 시장은 노동공급의 증가에 따라 단위당 임금이 상승하는 수요독점 노동시장이다.
수요독점 노동시장에서는, '한계노동비용 = 한계수입생산'에서 이윤의 극대화가 이루어진다.
한계노동비용(MC_L) = 한계수입생산(MRP_L) = 26이므로
이윤극대화가 이루어지는 노동공급과 임금은 노동공급이 8단위, 시간당 임금이 12일 때이다.
∴ 노동공급 : 8단위, 시간당 임금 : 12이다.

010

'23(1·2), '21(2), '20(1), '19(1), '18(3), '17(3), '15(1), '14(3), '12(2·3), '10(4), '09(2·3), '08(1), '07(1)

표준화된 심리검사에는 집단내 규준이 포함되어 있다. 집단내 규준의 3가지 종류를 쓰고 설명하시오. [6점]

족집게 답안

암기비법 백표표

집단 내 규준

1) 백분위 점수 : 표준화된 집단의 점수분포에서 한 개인의 상대적 위치를 나타내는 점수이다.
2) 표준점수 : 표준편차를 사용하여 개인의 점수가 평균으로부터 떨어져 있는 거리를 표시한 것이다.
3) 표준등급 : 원점수를 1 ~ 9까지의 구간으로 구분하여 각 구간마다 일정한 점수나 등급을 부여한 것이다.

확장해 보기

중심경향치로써의 대푯값

1) 평균값 : 어떤 분포에서 모든 점수의 합을 전체 사례수로 나누어 얻은 값이다.
   예 4과목 점수가 90, 100, 80, 90 인 경우, 모든 점수를 합하여 이것을 사례수(4과목)으로 나누면 평균값이 '90'이 된다.
2) 중앙값 : 모든 점수를 크기 순서대로 배열했을 때 가장 중앙에 위치한 값이다.
   예 사례가 홀수인 경우 '5, 6, 8, 9, 10'일 때 중앙값은 '8'이다.
   사례가 짝수인 경우 '5, 6, 7, 8, 9, 10'일 때 중앙값은 $\frac{7+8}{2}=7.5$이다.
3) 최빈값 : 빈도분포에서 빈도가 가장 높은 점수 또는 급간의 중간 점수이다.
   예 사례값이 '1, 2, 2, 2, 3, 3, 4'인 경우 최빈값은 '2'이나, 사례값이 '1, 1, 1, 1, 1, 1, 1'처럼 값이 모두 같으면 최빈값은 없다.

011

'23(1), '22(2·3), '21(1), '18(2), '17(2), '10(4), '06(3)

다음 물음에 답하시오. [7점]

1) 준거 타당도의 종류 2가지를 쓰고 설명하시오.

2) 직업상담이나 산업장면에서 준거타당도가 낮은 검사를 사용해서는 안되는 이유 2가지를 쓰시오.

3) 실증연구의 타당도 계수가 실제 타당도 계수보다 낮은 이유 3가지를 쓰시오.

족집게 답안

준거 타당도

1) 준거 타당도의 종류
   ① 예언타당도(예측타당도) : 미래 행위에 초점을 맞춘 것으로, 검사점수와 미래행위 측정치 간의 상관계수를 추정한다.
   ② 동시타당도(공인타당도) : 현재 행위에 초점을 맞춘 것으로, 새로운 검사와 준거를 동시에 측정해서 두 결과 간의 상관계수를 추정한다.

2) 준거타당도가 낮은 검사를 사용해서는 안되는 이유
   ① 선발이나 평가과정의 효율성을 떨어뜨린다.
   ② 인사관리에 관한 의사결정의 공정성을 저해한다.

3) 실제 타당도 계수보다 낮은 이유
   ① 표집오차 : 모집단 조사를 위한 표본의 표집오차가 검사의 준거타당도 계수에 영향을 미친다.
   ② 준거측정치의 신뢰도 : 준거타당도 계산을 위한 준거측정치의 신뢰도가 검사의 준거타당도 계수에 영향을 미친다.
   ③ 준거측정치 타당도 : 준거왜곡으로 인한 준거측정치의 타당도가 검사의 준거타당도 계수에 영향을 미친다.

확장해 보기

수변요

구성 타당도

측정하고자 하는 개념들이 실제 측정도구에 의해 얼마나 제대로 측정되었는지의 정도를 말한다.

종류

1) 수렴타당도 : 검사결과가 해당 속성과 관련 있는 변수들과 높은 상관관계를 가지고 있을수록 수렴타당도가 높다.
   예 지능검사 결과가 지능과 관련 있는 학교성적과 높은 상관관계를 가지고 있다면 그 지능검사의 수렴타당도는 높다.

2) 변별타당도 : 검사결과가 해당 속성과 관련 없는 변수들과 낮은 상관관계를 가지고 있을수록 변별타당도가 높다.
   예 지능검사 결과가 지능과 관련 없는 외모와 낮은 상관관계를 가지고 있다면 그 지능검사의 변별타당도는 높다.

3) 요인분석 : 검사문항들 간의 상관관계를 분석하여 상관성이 높은 문항들을 묶어주는 통계적 방법이다.
   예 수학과 과학 문항이 혼재된 시험을 치렀을 때, 수학과 학생은 수학을, 과학과 학생은 과학을 보통 잘 볼 것이므로 해당 문항들은 두개의 군집, 즉 요인으로 추출될 것이다.

012

新

실험실 연구의 장점 3가지를 쓰시오. [6점]

족집게 답안

실험실 연구의 장점

1) 연구대상의 변수에 대해 거의 완벽한 통제가 가능하다.
2) 변인들 사이의 인과관계를 설명하는데 유리하다.
3) 인과관계를 명확히 파악함으로써 내적타당성이 높다.

013

新

직무분석 방법 중 질문지법의 장점과 단점을 각각 2가지 쓰시오. [4점]

족집게 답안

질문지법의 장점과 단점

1) 장점 : ① 모든 직무에 사용이 가능하다.
② 비용이 저렴하고 짧은 시간 내 많은 정보를 얻을 수 있다.
2) 단점 : ① 질문내용 외의 정보를 얻기가 어렵다.
② 응답자의 응답 태도와 낮은 회수율이 문제이다.

최초분석법

1. 면접법 : 직무분석자가 특정직무에 대해 오랜 경험과 전문지식 등을 갖고 있는 직무담당자와의 면접을 통해 분석한다.
   1) 장점
      ① 언어소통이 가능한 모든 사람들을 대상으로 적용할 수 있다.
      ② 조사 환경을 통제하고 표준화할 수 있다.
      ③ 복잡한 질문의 사용 가능과 정확한 응답을 얻어낼 수 있다.
      ④ 개별적 상황에 따라 적절한 대응이 가능하다.
      ⑤ 제3자의 영향을 배제할 수 있다.
      ⑥ 질문지법보다 더욱 공정한 표본을 얻을 수 있다.
      ⑦ 표준화 면접에는 개방형 및 폐쇄형 질문을 모두 사용할 수 있다.
   2) 단점
      ① 시간과 비용, 노력이 많이 소요되고 절차가 복잡하다.
      ② 면접자에 따라서 면접내용에 대한 편향성이 나타날 수 있다.
      ③ 응답자가 불편한 상황에서 응답함으로써 부정적 영향이 미칠 수 있다.
      ④ 응답 범주에 대한 표준화가 어렵다.
2. 관찰법 : 직무분석자가 직접 현장을 방문하여 작업자의 작업활동을 관찰하고 결과를 기술한다.
   1) 장점 : 단순하고 반복적 직무분석에 적합하고, 정확한 결과를 얻을 수 있다.
   2) 단점 : 정신적 활동의 직무분석에 적합하지 않고, 분석자의 주관이 개입될 수 있다.
3. 체험법 : 직무분석자가 직무활동을 직접 체험함으로써 생생한 자료를 얻는다.
   1) 장점 : 직무의 심층적 내용까지 파악이 가능하다.
   2) 단점 : 분석자의 일시적 체험을 확대 해석할 수 있으며, 정확성과 객관성을 보장하기 어렵다.
4. 설문지법 : 작업자들에게 설문지를 배부하고 이들에게 직무에 대해 기술하도록 하는 것이다.
   1) 장점 : 모든 직무에 사용 가능하며, 비용이 저렴하고 짧은 시간 내 많은 정보를 얻을 수 있다.
   2) 단점 : 질문 내용 이외 정보를 얻기가 힘들고, 응답자의 응답 태도와 낮은 회수율이 문제이다.
5. 녹화법 : 단순하고 반복적이며, 장시간 관찰이 불가능할 때 사용된다.
   1) 장점 : 열악한 작업환경에 대한 직무분석이 가능하다.
   2) 단점 : 녹화 및 촬영 등의 전문 기술이 요구된다.
6. 중요사건기법(결정적 사건법) : 직무수행에 결정적 역할을 한 사건을 중심으로 직무요건을 추론한다.
   1) 장점 : 직무수행과 관련된 중요한 지식, 기술, 능력 등을 사례별로 분석할 수 있다.
   2) 단점
      ① 일상적 수행과 관련된 지식, 기술, 능력이 배제될 수 있다.
      ② 과거의 결정적 사건들이 왜곡되어 기술될 수 있다.
      ③ 추론과정에서 직무분석가의 주관이 개입될 수 있다.
      ④ 정확한 조사를 위해서 특별히 훈련받은 사람이 필요하다.

014

'23(1·2), '22(1), '21(1), '20(1·3·4), '19(2), '18(2), '16(1), '14(3), '09(1), '08(1), '07(1), '04(1)

홀랜드(Holland)의 흥미에 관한 6가지 유형을 쓰시오. [6점]

족집게 답안 암기비법 **현탐예 사진관**

홀랜드(Holland)의 인성이론에 관한 6가지 유형

1) 현실형(R) : 실제적이며 현장에서 하는 일을 선호하나, 사회성이 부족하다.
2) 탐구형(I) : 과학적이며 탐구활동을 선호하나, 지도력이 부족하다.
3) 예술형(A) : 심미적이며 창조적인 활동을 선호하나, 규범적 성향이 부족하다.
4) 사회형(S) : 이타적이며 봉사활동을 선호하나, 기계적 활동능력이 부족하다.
5) 진취형(E) : 진취적이며 적극적인 활동을 선호하나, 체계적 활동능력이 부족하다.
6) 관습형(C) : 꼼꼼하며 질서정연한 일을 선호하나, 융통성이 부족하다.

확장해 보기 암기비법 **일변 일정계**

홀랜드의 육각형 모델과 해석 차원

1) 일관성 : 어떤 쌍들은 다른 유형의 쌍들보다 더 많은 공통점을 가지고 있다.
2) 변별성(차별성) : 개인의 흥미유형은 특정 흥미유형과 매우 유사한 반면, 다른 흥미유형과는 차별적이다.
3) 일치성
   ① 개인의 흥미유형과 개인이 소속되고자 하는 환경의 유형이 서로 부합하는 정도를 말한다.
   ② 개인이 자신의 인성유형과 동일하거나 유사한 환경에서 일하고 생활할 때를 의미한다.
4) 정체성 : 성격적 측면에서는 개인의 목표, 흥미, 재능에 대한 명확성을 말하고, 환경적 측면에서는 조직의 투명성 및 안정성 등을 말한다.
5) 계측성(타산성)
   ① 육각형 모델에서 유형들 간의 거리는 가까울수록 서로 유사한 성향을 보이며, 멀어질수록 대조적 성향을 보인다.
   ② 육각형 모델에서 유형들 간의 거리는 그 이론적인 관계에 반비례한다.

015

'20(4), '12(2)

인지·정서 상담기법의 기본가정, 기본개념, 상담의 목표를 쓰시오. [6점]

족집게 답안

인지·정서 상담기법

1) 기본 가정 : 인간은 합리적·비합리적 사고가 동시에 가능한 존재이며, 인간의 정서적 문제는 비합리적 사고에서 비롯된다.
2) 기본 개념 : 문제해결을 위해 비합리적 사고를 합리적 사고로 전환하고자 A-B-C-D-E-F 모형을 적용한다.
3) 상담의 목표 : 자기수용과 자기존중 등을 통해 합리적인 신념으로의 변화를 모색한다.

확장해 보기

실직자의 심리적 특성과 지도방법

1) 심리적 특성
   ① 자신의 무능함과 무가치감을 느낄 수 있다.
   ② 실직에 대한 자괴감과 우울증에 빠질 수 있다.
2) 지도방법
   ① 자신이 무가치하다는 비합리적 신념을 논박을 통해서 합리적 신념으로 전환시켜야 한다.
   ② 실직이 새로운 전직의 기회가 될 수 있다는 자기수용적이고 긍정적 태도를 갖도록 한다.

016

'20(3), '18(2), '17(3), '15(3), '13(2), '12(1), '09(1)

정신역동적 직업상담 모형을 구체화시킨 보딘(Bordin)의 3단계 직업상담 과정을 쓰고, 각각에 대해 설명하시오. [6점]

족집게 답안

암기비법 (보) 탐핵변

보딘(Bordin)의 직업상담 과정

1) 탐색과 계약설정(제1단계) : 내담자의 정신역동적 상태에 대한 탐색 및 상담전략에 대한 계약설정이 이루어진다.
2) 핵심결정(제2단계) : 내담자는 핵심결정을 통해 자신의 목표를 성격 변화 등으로 확대할 것인지 고민한다.
3) 변화를 위한 노력(제3단계) : 내담자는 자아인식 및 자아이해를 확대해 나가며 지속적으로 변화를 모색한다.

확장해 보기

암기비법 의정 자직확

보딘(Bordin)의 진로문제 심리적 원인

1) 의존성 : 진로문제를 스스로 해결하지 못하고 타인에게 의존하는 경우이다.
2) 정보부족 : 진로관련에 대한 정보의 부족으로 어려움을 겪는 경우이다.
3) 자아갈등 : 자아개념들 사이에서 내적갈등으로 인한 혼란이다.
4) 직업선택에 대한 불안 : 자신의 선택과 중요한 타인의 요구 간의 충돌에서 비롯되는 불안이다.
5) 확신부족 : 진로선택 이후에 자신의 선택에 대한 확신이 부족한 경우이다.

017

'17(2), '10(4)

(　　) 안에 비정규직 근로자, 한시적근로자, 시간제근로자, 비전형근로자를 올바르게 연결하시오. [6점]

(①) : 근로기간이 정해져 있지 않은 상시 근로자와 달리 근로기간이 정해져 있는 계약직, 일용직 등의 근로자를 말한다.

(②) : 근로계약 기간과는 관계없이 비자발적 사유로 계속 근무를 기대할 수 없는 근로자이다.

(③) : 파트타임 근로자로 비교적 근로시간이 짧은 근로자이다.

(④) : 파견근로자·용역근로자·특수고용종사자·가정내근로자·일일근로자 등이 해당한다.

족집게 답안

근로자

① 비정규직 근로자
② 한시적근로자
③ 시간제근로자
④ 비전형근로자

018

'20(3), '07(1·2)

초기면담 수행 시 상담자가 유의해야 할 사항 4가지를 쓰시오. [4점]

족집게 답안

초기면담 수행 시 상담자가 유의해야 할 사항

1) 내담자와 촉진적 관계 형성하기
2) 내담자와 상담목표 및 전략 수립하기
3) 상담과정과 역할에 대해 명확히 하기
4) 상담과정에 필요한 과제물 부여하기
5) 내담자의 심리적 문제 파악하기
6) 비밀유지에 대해 설명하기

확장해 보기

상담자가 내담자에게 좋은 영향을 미치는 언어적·비언어적 행동

1) 언어적 행동

① 내담자에게 명료하고 이해 가능한 언어를 사용한다.
② 내담자의 기본적인 신호에 적절히 반응한다.
③ 긴장을 줄이기 위해 가끔 유머를 사용한다.
④ 내담자에게 개방적 질문과 언어적 강화를 사용한다.

2) 비언어적 행동

① 내담자와 기분 좋은 눈 맞춤을 유지한다.
② 내담자에게 가끔 미소를 지으며, 고개를 끄덕인다.
③ 내담자와 유사한 언어의 톤을 사용한다.
④ 내담자에게 몸을 가깝게 기울이며 상담한다.

VOCATIONAL
COUNSELOR

2022

직업상담사 2급 1차 실기 기출문제&해설

문제달인 신의손 유튜브 바로가기

2022년 1회

001

'20(4), '19(1), '17(3), '15(2·3), '14(2), '11(3), '10(1·2·3), '09(2)

다음의 예시를 참고하여 실업률을 구하시오.(단, 소수점 셋째 자리에서 반올림하고, 계산과정을 제시하시오) [4점]

- 만 15세 이상 인구 수 : 35,986천 명
- 비경제활동 인구 수 : 14,716천 명
- 취업자 수 : 20,149천 명

족집게 답안

실업률 = $\frac{\text{실업자 수}}{\text{경제활동인구 수}} \times 100$

- 경제활동인구 수 = 15세 이상 인구 수 - 비경제활동인구 수
  = 35,986 - 14,716 = 21,270(천 명)
- 실업자 수 = 경제활동인구 수 - 취업자 수
  = 21,270 - 20,149 = 1,121(천 명)
- 실업률(%) = $\frac{1,121\text{천명}}{21,270\text{천명}} \times 100$ = 5.27033(%)

∴ 실업률(%)은 5.27%(소수 셋째자리에서 반올림)이다.

002

'18(2), '15(3), '13(1)

완전경쟁시장에서 A 제품(단가 100원)을 생산하는 어떤 기업의 단기생산함수가 다음과 같다고 할 때, 이 기업의 이윤 극대화를 위한 최적고용량을 도출하고 그 근거를 설명하시오.(단위당 임금은 150원) [4점]

노동투입량(단위)	0	1	2	3	4	5	6
총생산량(개)	0	2	4	7	8.5	9	9

족집게 답안

이윤극대화를 위한 최적고용량

- 노동의 한계생산량(MP_L) = $\frac{\text{총생산량의 증가분}(\Delta TP)}{\text{노동투입량의 증가분}(\Delta L)}$
- 노동의 한계생산물가치(VMP_L) = P(가격) × MP_L(노동의 한계생산량)이다.
  이에 따라 표를 작성해보면 아래와 같다(P = 100, 임금 = 150)

노동투입량	0	1	2	3	4	5	6
총생산량	0	2	4	7	8.5	9	9
한계생산량	0	2	2	3	1.5	0.5	0
한계생산물가치	0	200	200	300	150	50	0

- 기업의 이윤극대화는, 노동의 한계생산물가치(VMP_L) = 임금률(W) = 150에서 이루어지므로 최적고용량은 4단위이다.
  ∴ 이 기업의 이윤극대화를 위한 최적고용량은 4단위이다.

확장해 보기

한계생산/한계수입생산/이윤극대화

종업원 수	0	1	2	3	4
케이크 생산량	0	10	18	23	27

(단, 케이크 가격은 10,000원)

1) 종업원 수가 2명일 때, 노동의 한계생산은?

노동의 한계생산량(MP_L) = $\frac{\text{총 생산량의 증가분}(\Delta TP)}{\text{노동투입량의 증가분}(\Delta L)}$

$$MP_L = \frac{18-10}{2-1} = 8$$

∴ 노동의 한계생산(MP_L)은 8개이다.

2) 종업원 수가 3명일 때, 노동의 한계수입생산은?

노동의 한계수입생산물(MRP_L) = $MP_L \times MR$(한계수입 = P)

$$MRP_L = \frac{23-18}{3-2} \times 10,000$$

$$= 50,000$$

∴ 노동의 한계수입생산물(MRPL)은 50,000원이다.

3) 종업원 1인당 임금이 80,000원일 때, 이윤극대화가 이루어지는 제과점의 종업원 수와 케이크 생산량은?

노동의 한계생산물가치($VMP_L = P \cdot MP_L$) = W(임금률)에서 이윤극대화가 이루어진다.

$$10,000 \times MP_L = 80,000$$

∴ MPL = 8개

즉, MP_L이 8개일 때 이윤극대화가 이루어지는데 이 때의 종업원 수는 2명, 케이크 생산량은 18개이다.

∴ 종업원 수 : 2명, 케이크생산량 : 18개

003

'18(1)

의사교류분석 상담의 제한점 3가지를 쓰시오. [6점]

족집게 답안

의사교류분석 상담(TA)의 제한점

1) 주요 개념들이 인지적이므로 지적능력이 낮은 내담자에게는 부적절하다.
2) 주요 개념들이 추상적이어서 실제 적용이 어렵다.
3) 주요 개념들에 대한 실증적 연구를 과학적인 증거로 채택하기 어렵다.
4) 내담자가 상담의 내용을 이해할 수는 있어도 실제로 느끼기는 어렵다.

확장해 보기

교류분석적 상담에서 자아의 형태

1) 부모자아 : 어릴 때 부모로부터 받은 영향을 그대로 재현하는 자아상태로써, 개인의 가치관이나 신념 등을 나타낸다.
2) 성인자아 : 현실을 합리적이고 객관적으로 판단하며, 문제에 대한 적절한 해결책을 찾는 자아상태이다.
3) 아동자아 : 어린 애처럼 행동하거나 어린 애 감정을 그대로 표현하는 자아상태이다.

004

'23(3), '23(2), '23(1), '21(1), '20(1·3·4), '19(2), '18(2), '16(1), '14(3), '09(1), '08(1), '07(1), '04(1)

홀랜드의 6가지 흥미유형을 쓰시오. [6점]

족집게 답안

홀랜드(Holland)의 인성이론에 관한 6가지 유형

1) 현실형(R) : 실제적이며 현장에서 하는 일을 선호하나, 사회성이 부족하다.
2) 탐구형(I) : 과학적이며 탐구활동을 선호하나, 지도력이 부족하다.
3) 예술형(A) : 심미적이며 창조적인 활동을 선호하나, 규범적 성향이 부족하다.
4) 사회형(S) : 이타적이며 봉사활동을 선호하나, 기계적 활동능력이 부족하다.
5) 진취형(E) : 진취적이며 적극적인 활동을 선호하나, 체계적 활동능력이 부족하다.
6) 관습형(C) : 꼼꼼하며 질서정연한 일을 선호하나, 융통성이 부족하다.

확장해 보기

홀랜드의 육각형 모델과 해석 차원

1) 일관성 : 어떤 쌍들은 다른 유형의 쌍들보다 더 많은 공통점을 가지고 있다.
2) 변별성(차별성) : 개인의 흥미유형은 특정 흥미유형과 매우 유사한 반면, 다른 흥미유형과는 차별적이다.
3) 일치성
   ① 개인의 흥미유형과 개인이 소속되고자 하는 환경의 유형이 서로 부합하는 정도를 말한다.
   ② 개인이 자신의 인성유형과 동일하거나 유사한 환경에서 일하고 생활할 때를 의미한다.
4) 정체성 : 성격적 측면에서는 개인의 목표, 흥미, 재능에 대한 명확성을 말하고, 환경적 측면에서는 조직의 투명성 및 안정성 등을 말한다.
5) 계측성(타산성)
   ① 육각형 모델에서 유형들 간의 거리는 가까울수록 서로 유사한 성향을 보이며, 멀어질수록 대조적 성향을 보인다.
   ② 육각형 모델에서 유형들 간의 거리는 그 이론적인 관계에 반비례한다.

005

'21(2), '18(2·3), '16(3), '15(2), '11(3), '07(1)

최저임금제의 기대효과 5가지를 쓰시오. [5점]

족집게 답안

암기비법 소노공 경기산

최저임금제의 기대효과(장점)

1) 소득 분배의 개선
2) 노동력의 질적 향상
3) 공정 경쟁의 확보
4) 경기 활성화에 기여
5) 기업의 근대화 및 산업구조의 고도화 촉진
6) 산업평화의 유지
7) 복지국가의 실현

확장해 보기

최저임금제의 부정적 효과와 노동시장 파급효과

1) 부정적 효과
   ① 고용 감소 및 실업 증가
   ② 경제활동 배분의 왜곡과 전체적인 생산량 감소
   ③ 소득분배의 역진성

2) 최저임금제의 노동시장 파급 효과
   ① 노동 공급량의 증가
   ② 노동 수요량의 감소
   ③ 실업의 발생
   ④ 숙련직의 임금 상승 유발
   ⑤ 부가급여의 축소 유발

006

'18(3)

검사-재검사 신뢰도의 단점을 4가지 쓰시오. [4점]

족집게 답안

검사-재검사법의 단점

1) 성숙효과 : 두 검사 사이의 시간 간격이 너무 클 경우 측정대상의 속성이 변할 수 있다.
2) 이월효과(기억효과) : 두 검사 사이의 시간 간격이 너무 짧을 경우 앞에서 답한 것을 기억해 뒤의 응답 시 활용할 수 있다.
3) 반응민감성 : 검사를 치른 경험이 후속반응에 영향을 줄 수 있다.
4) 시간 및 비용 소요 : 동일 검사를 두 번 실시함에 따라 시간과 비용이 많이 소요된다.

확장해 보기

검사-재검사에 영향을 미치는 요인

1) 두 검사 시행 사이의 시간 간격
2) 응답자 속성의 변화
3) 앞서 치른 검사 경험
4) 두 검사 시행 시 환경적 차이

007

직업상담의 목적 5가지를 쓰시오. [5점]

직업상담의 목적

1) 직업 목표를 탐색하고 결정하도록 한다.
2) 올바른 진로 계획을 수립하도록 한다.
3) 잠정적인 진로 계획을 발전시키고 확실하게 한다.
4) 의사결정 능력을 향상시킨다.
5) 능동적인 자세로 진로를 탐색하게 한다.

암기비법 **관상 문훈종**

일반직업상담의 과정

직업상담의 5단계 과정(답안 I)

1) 관계형성 : 상담자와 내담자 간의 상호존중을 바탕으로 신뢰감의 관계를 형성한다.
2) 진단 및 측정 : 표준화된 심리검사를 통해 내담자의 흥미, 적성 등을 진단하고 측정한다.
3) 목표설정 : 내담자가 원하는 목표를 설정하고 목표의 우선순위를 결정한다.
4) 개입 : 상담자는 처치나 중재 등의 개입을 통하여 내담자의 목표달성을 돕는다.
5) 평가 : 상담자와 내담자는 상담목표의 도달 정도와 개입이 얼마나 효과적이었는지를 평가한다.

직업상담 5단계 과정(답안 II)

1) 관계수립 및 문제의 평가 : 상담자는 내담자와 수용적 상담관계를 수립하여 내담자의 진로선택 시 발생하는 문제들을 평가한다.
2) 상담목표의 설정 : 상담자는 내담자와 함께 상담목표를 설정한다.
3) 문제해결을 위한 개입 : 상담자는 직업정보 수집과 의사결정 촉진 등의 방법을 동원하여 내담자의 문제해결을 위해 개입한다.
4) 훈습 : 상담자의 개입과정 연장으로써 내담자의 진로 준비과정을 재확인한다.
5) 종결 : 상담자는 내담자와 함께 합의한 목표에 충분히 도달했는지를 확인한다.

008

'20(4), '16(2), '12(1), '08(3)

한국표준산업분류의 적용원칙 4가지를 쓰시오. [8점]

한국표준산업분류(KSIC)의 적용원칙

1) 생산단위는 산출물뿐만 아니라 투입물과 생산공정 등을 함께 고려하여 그들의 활동을 가장 정확하게 설명된 항목에 분류해야 한다.
2) 복합적인 활동단위는 우선적으로 최상급 분류단계(대분류)를 정확히 결정하고, 순차적으로 중, 소, 세, 세세분류 단계 항목을 결정하여야 한다.
3) 산업활동이 결합되어 있는 경우에는 그 활동단위의 주된 활동에 따라서 분류하여야 한다.
4) 수수료 또는 계약에 의하여 활동을 수행하는 단위는 동일한 산업활동을 자기계정과 자기책임하에서 생산하는 단위와 같은 항목에 분류하여야 한다.
5) 공식적 생산물과 비공식적 생산물, 합법적 생산물과 불법적인 생산물을 달리 분류하지 않는다.

확장해 보기

암기비법 생종 계휴단

통계단위의 산업을 결정하는 방법

1) 생산단위의 산업활동은 그 생산단위가 수행하는 주된 산업활동의 종류에 따라 결정된다.
2) 해당 활동의 종업원 수 및 노동시간, 임금 또는 설비의 정도에 의하여 결정한다.
3) 계절에 따라 정기적으로 산업을 달리하는 사업체는 조사대상기간 중 산출액이 많았던 활동에 의하여 분류된다.
4) 휴업 중 또는 자산을 청산 중인 사업체의 산업은 영업 중 또는 청산을 시작하기 이전의 산업활동에 의하여 결정한다.
5) 단일사업체의 보조단위는 그 사업체의 일개 부서로 포함한다.

009

'21(3), '19(2), '12(2), '11(1·3), '10(3), '08(3)

한국표준직업분류에서 다수직업 종사자의 분류원칙을 순서대로 쓰고, 각각에 대해 설명하시오. [6점]

암기비법 다취수조

다수직업 종사자

1) 의미 : 한 사람이 전혀 상관성이 없는 두가지 이상의 직업에 종사하는 경우를 말한다.

2) 분류원칙

① 취업시간 우선의 원칙 : 더 긴 시간을 투자하는 직업으로 결정한다.

② 수입 우선의 원칙 : 수입이 더 많은 직업으로 결정한다.

③ 조사시 최근의 직업 원칙 : 조사시점을 기준으로 최근에 종사한 직업으로 결정한다.

확장해 보기

포괄적 업무의 분류 원칙

1) 의미 : 한 사람이 2개 이상의 직무를 수행하는 경우를 의미한다.

2) 분류 원칙

① 주된 직무 우선원칙 : 수행되는 직무내용과 분류항목의 직무내용을 비교하여 상관성이 가장 많은 항목에 분류한다.
예 교육과 진료를 겸하는 의대교수는 강의·연구 등(교육)과 진료·처치 등 (의료)의 직무내용을 파악하여 관련 항목이 많은 분야로 분류한다.

② 최상급 직능수준 우선원칙 : 수행된 직무가 상이한 수준의 훈련과 경험을 필요로 한다면, 가장 높은 수준의 직무를 필요로 하는 일에 분류한다.
예 조리와 배달의 직무비중이 같을 경우에는, 조리의 직능수준이 높으므로 조리사로 분류한다.

③ 생산업무 우선원칙 : 재화의 생산과 공급이 같이 이뤄지는 경우, 생산단계에 관련된 업무를 우선적으로 분류한다.
예 한 사람이 빵을 생산하고 판매도 하는 경우, 제빵사로 분류한다.

010

'22(2), '21(1·2·3), '20(2·3·4), '18(1·3), '16(2), '04(2)

다음 내용은 내담자의 짧은 호소문이다. 이 호소문 내용을 참고하여 아래의 각 물음에 답하시오. [10점]

> 저는 어렸을 때부터 모범생이었으며, 항상 부모님을 실망시키지 않았습니다. 대학교에서도 우수한 성적으로 졸업하였습니다. 그래서 부모님이나 친척들이 저에게 많은 기대를 하고 있지요. 좋은 직업을 갖고 내노라 하는 직장에 취업할 수 있다고 믿고 있습니다. 사실 제 형제들은 저보다 공부도 잘 하지 못했고, 좋은 대학도 나오지 못했습니다. 그래서 부모님들은 제가 항상 기쁘게 해드릴 수 있다고 생각합니다. 대학의 학과 선택도 부모님의 의견을 존중했습니다. 전 부모님을 실망시켜 드리고 싶지 않아 열심히 취업준비를 하였습니다. 그런데 어쩐 일인지 아무리 노력해도 취업하기가 힘듭니다. 이번에 Y회사에 이력서를 냈는데 그르칠까봐 걱정입니다. 더군다나 이번이 그럴듯한 회사의 채용공고가 거의 마지막이기 때문에 실패한다고 생각하면 숨이 막힐 것 같습니다. 어떻게 해서라도 좋은 회사에 취업을 해야만 한다고 생각하니 하루하루 생활이 힘듭니다.

(1) 어떤 상담기법을 사용해야 하는가?

(2) 상담단계(5단계)에 따른 가상적인 상담내용을 쓰시오.

(3)내담자가 호소하지는 않았지만 가상할 수 있는 문제에 대한 예측을 6가지 이상 쓰시오

족집게 답안

REBT 상담

1) 내담자는 좋은 회사에 꼭 취업해야 한다는 강박적인 생각 때문에 불안과 부적응이 나타나고 있다. 비합리적인 생각을 합리적으로 바꾸어줄 수 있도록 REBT 상담이론으로 접근하도록 한다.
2) A(선행사건): 내담자는 Y회사에 입사하려고 한다.
   B(비합리적인 신념): 반드시 Y회사에 들어가야 한다. 떨어지면 부모님의 실망이 클 것이다.
   C(결과): 불안, 초조, 긴장, 두려움
   D(논박): 원하는 회사에 떨어지는 것이 그렇게 끔찍한 일이 될까요?
   E(효과): 다른 회사에 가려고 차분하게 준비하는 인지, 정서, 행동적 효과
   F(새로운 감정): 차분하다, 정서적 안정을 가지고 온다.
3) 우울·불안 등의 정신 건강문제, 자아 존중감의 저하, 삶의 만족도 등 전반적인 심리적 부적응문제, 스트레스, 좌절, 분노 등의 병리 현상 등

확장해 보기

인지적, 정서적, 행동적 상담의 기본개념

1) A (선행사건): 내담자의 감정이나 행동에 영향을 미치는 사건이다.
2) B (비합리적 신념체계): 선행 사건에 대한 비합리적 신념체계이다.
3) C (결과): 비합리적 신념으로 인한 부적응적인 정서적·행동적 결과이다.
4) D (논박): 비합리적 신념을 논리적으로 반박하는 것이다.
5) E (효과): 논박으로 인해 비합리적 신념이 합리적 신념으로 전환된다.
6) F (감정): 합리적 신념에서 비롯된 긍정적이고 수용적인 감정이다.

011

'16(3)

스피어만(Spearman)의 지능에 관한 2요인설에서 2가지 요인을 쓰고 각각에 대해 설명하시오. [4점]

족집게 답안

스피어만(Spearman)의 지능에 관한 2요인설

1) 일반 요인 : 폭넓게 사용될 수 있도록 모든 지적 활동에 포함된 단일한 추론 능력을 말한다.
2) 특수 요인 : 특정 과제를 수행하는 데 포함된 여러 가지 구체적인 능력을 말한다.

확장해 보기

카텔(Cattel) 지능 구분

1) 유동성 지능 : 선천적인 지능이며, 뇌손상이나 노령화에 따라 감소한다.
익숙하지 않은 자극에 즉각적인 적응력과 융통성을 활용하여 문제를 해결하는 능력이다.
2) 결정성 지능 : 환경에 따라 40세 이후에도 발전 가능한 지능이며, 이전의 훈련, 교육, 문화적인 자극을 통해 개발된 후천적인 지적 능력이다.

012

'23(3), '23(1), '21(2), '16(3), '15(1·2), '12(3), '11(1)

행동주의직업상담의 상담기법을 크게 불안감소기법과 학습촉진 기법의 유형으로 구분할 수 있다. 각 유형별 대표적 방법을 각각 3가지 쓰시오. [6점]

족집게 답안

불안감소기법

1) 체계적둔감법 : 내담자의 불안반응을 체계적으로 증대시켜 둔감화한다.
2) 금지조건형성(내적금지) : 내담자에게 불안요소를 지속적으로 제시함으로써 불안반응을 감소시킨다.
3) 반조건형성(역조건형성) : 조건 자극과 새로운 자극을 함께 제시해서 불안을 감소시킨다.
4) 혐오치료 : 바람직하지 못한 행동에 혐오자극을 제시함으로써 부적응적 행동을 제거한다.
5) 주장훈련 : 내담자에게 불안 이외의 감정을 표현하게 해서 대인관계에 있어서의 불안을 해소시킨다.
6) 자기표현훈련 : 자기표현을 통해 타인과 상호작용함으로써 대인관계에서 비롯되는 불안요인을 제거한다.

확장해 보기

암기비법 강변 사행상

적응행동증진기법(학습촉진기법)

1) 강화 : 내담자의 행동에 대해 적절하게 긍정적·부정적 반응을 보임으로써 내담자의 바람직한 행동을 강화시킨다.
2) 변별학습 : 자신의 직업결정 능력 등을 검사도구를 사용하여 변별하고 비교해보도록 하는 것이다.
3) 사회적 모델링과 대리학습 : 타인의 행동에 대한 관찰과 모방을 통해 내담자의 학습을 촉진한다.
4) 행동조성 : 행동을 단계별로 세분화하여 단계마다 강화를 제공함으로써 학습을 촉진한다.
5) 상표제도(토큰경제) : 내담자의 바람직한 행동이 이루어질 때마다 그에 상응하는 보상을 하는 것이다.

013

'15(1)

일반직업적성검사(GATB)에서 측정하는 적성항목을 3가지만 쓰고 설명하시오. [6점]

일반직업적성검사(GATB)의 적성항목

1) 지능 : 일반적인 학습 능력이나 내용 및 원리를 이해하는 능력, 추론하는 능력 등을 말한다.
2) 언어 능력 : 언어의 뜻과 그에 관련된 개념을 이해하고 사용하는 능력 등을 말한다.
3) 수리능력 : 신속하고 정확하게 계산하는 능력을 말한다.
4) 손 재치 : 손을 마음대로 정교하게 조절하는 능력을 말한다.

지언수사 공형운손손

일반직업적성검사(GATB)의 측정영역

- 직업적성검사는 개인이 특정직무를 성공적으로 수행할 수 있는지를 측정하는 검사이다.
- 15개의 하위검사를 통해 9가지 적성요인을 검출한다.
- 11개는 지필검사이고, 4개는 기구검사(수행검사, 동작검사)이다.

측정방식	하위검사명	측정영역	측정방식	하위검사명	측정영역
지필	기구대조검사		지필	어휘검사	언어능력(V), 지능(G)
지필	형태대조검사	형태지각(P)	지필	산수추리검사	수리능력(N), 지능(G)
지필	명칭비교검사	사무지각(Q)	지필	계수검사	수리능력(N)
지필	타점속도검사	운동반응(K)	기구검사	환치검사	손의 재치(M)
지필	표식검사	운동반응(K)	기구검사	회전검사	손의 재치(M)
지필	종선기입검사	운동반응(K)	기구검사	조립검사	손가락 재치(F)
지필	평면도판단검사	공간판단력(S)	기구검사	분해검사	손가락 재치(F)
지필	입체공간검사	공간적성(S), 지능(G)			

014

'21(3), '19(2), '17(1), '09(1), '04(1)

정신분석적 상담의 방어기제 3가지를 쓰고, 설명하시오. [6점]

족집게 답안

정신분석적상담의 방어기제

1) 억압 : 의식에서 받아들이기 곤란한 죄의식이나 충동 등을 무의식으로 밀어내는 것이다.
2) 부인 : 고통이나 충동 등을 무의식적으로 부정하는 것이다.
3) 합리화 : 수용되기 어려운 자신의 언행을 정당화하는 것이다.
4) 반동형성 : 무의식적 소망이나 충동을 본래 의도와 달리 반대 방향으로 바꾸는 것이다.
5) 투사 : 자신의 행동과 생각을 다른 사람의 것처럼 생각하며 남을 탓하는 것이다.
6) 주지화 : 고통스러운 문제를 둔화시키기 위해 추론, 분석 등의 지적능력을 사용하는 것이다.

확장해 보기

정신분석 상담이론에서 정신의 3요소

1) 의식 : 어떤 순간에 우리가 알거나 느낄 수 있는 모든 감각과 경험을 말한다.
2) 전의식 : 의식과 무의식의 중간지대로써, 현재는 의식하지 못하지만 조금만 노력하면 의식으로 가져올 수 있는 정신세계이다.
3) 무의식 : 정신내용의 대부분이며 의식적 사고의 행동을 전적으로 통제하는 힘이다.

015

'20(1)

다음 (   )안에 알맞은 타당도의 종류를 쓰시오. [6점]

(A)는 검사의 각 문항을 주의 깊게 검토하여, 그 문항이 검사에서 측정하고자 하는 것을 재는지의 여부를 결정하는 것이다. 이것은 그 분야의 자격을 갖춘 사람들에 의해 판단된다.

(B)의 유형으로는 공인타당도와 예언타당도가 있다.

(C)는 조작적으로 정의되지 않은 인간의 심리적 특성이나 성질을 심리적 구인으로 분석하여 조작적 정의를 부여한 후, 검사점수가 이러한 심리적 구인으로 구성되어 있는가를 검증하는 방법이다.

타당도의 종류

A : 내용타당도 B : 준거타당도 C : 구성타당도

타당도의 종류

1) 안면타당도 : 일반인이 문항을 읽고 얼마나 타당해 보이는지를 평가한다.
2) 내용타당도 : 검사 문항들이 측정 내용을 얼마나 잘 반영하고 있는지를 전문가의 논리적 분석과정으로 판단하는 주관적인 타당도이다.
3) 구성타당도 : 측정하고자 하는 개념들이 실제 측정도구에 의해 얼마나 제대로 측정되었는지를 평가한다. 수렴타당도, 변별타당도, 요인분석으로 구분한다.
4) 준거타당도 : 어떤 심리검사가 특정 준거와 어느 정도 관련성이 있는지를 알아보는 것이다. 동시타당도(공인타당도)와 예언타당도(예측타당도)로 구분한다.

016

역전이의 의미와 해결책을 3가지 쓰시오. [4점]

족집게 답안

역전이

1) 의미 : 상담자가 과거에 중요한 타인에게서 느꼈던 감정이나 생각을 내담자에게 옮기는 것이다.

2) 해결 방안

① 상담자는 자기 분석, 교육 분석을 통해 역전이의 원인을 파악한다.

② 상담자가 자기 분석, 교육 분석을 받을 수 없는 경우 지도 감독을 받아야 한다.

③ 문제가 지속될 경우 상담을 중지하고 내담자를 다른 상담자에게 인계해야 한다.

017

공공 직업정보의 특성 4가지를 쓰시오. [4점]

족집게 답안

공공 직업정보의 특성

1) 전체 산업 및 직종을 대상으로 한다.
2) 공익적인 목적으로 공공적으로 생산, 제공된다.
3) 지속적으로 조사, 분석하여 제공되며, 장기적인 계획으로 제공된다.
4) 무료로 제공되며, 정부 및 공공기관 주도로 생산된다.

확장해 보기

공공직업정보와 민간직업정보의 특성

구분	민간 직업정보	공공 직업정보
정보제공 속성	한시적	지속적
직업분류·구분	생산자의 자의성	기준에 따른 객관성
조사 직업 범위	제한적	포괄적
정보의 구성	완결적 정보체계	기초적 정보체계
타 정보와의 관계	관련성 낮음	관련성 높음
비용	유료	무료

018

'19(2), '17(3), '15(1), '11(2), '08(3), '06(1)

특성-요인의 직업상담이론에서 브레이필드(Brayfield)가 제시한 직업정보의 기능을 3가지 쓰고 설명하시오. [6점]

족집게 답안

암기비법 정재동

브레이필드(Brayfield)의 직업정보 기능

1) 정보적 기능 : 직업정보 제공을 통해 내담자의 의사결정을 돕고 직업선택에 대한 지식을 증가시킨다.
2) 재조정 기능 : 내담자가 자신의 선택이 현실에 비추어 부적당했는지를 점검 및 재조정하도록 한다.
3) 동기화 기능 : 내담자가 의사결정과정에 적극적으로 참여하도록 동기화시킨다.

확장해 보기

직업정보 사용목적

1) 직업정보를 통해 현재와 미래에 자신의 근로생애를 설계할 수 있다.
2) 직업정보를 통해 전에 알지 못했던 직업세계와 직업비전에 대해 인식할 수 있다.
3) 직업정보를 통해 일을 하려는 동기를 부여받을 수 있다.
4) 구직자 또는 청소년에게 하나의 역할모형을 제공함으로써 사회화에 기여한다.
5) 직업정보를 통해 현재나 미래에 대한 직업탐색을 할 수 있다.

2022년 2회

001

'19(3), '15(1), '13(1)

직무분석 방법 중 결정적 사건법의 단점을 4가지 쓰시오. [4점]

족집게 답안

결정적 사건법의 단점

1) 일상적 수행과 관련된 지식, 기술, 능력이 배제될 수 있다.
2) 과거의 결정적 사건들이 왜곡되어 기술될 수 있다.
3) 추론과정에서 직무분석가의 주관이 개입될 수 있다.
4) 정확한 조사를 위해서 특별히 훈련받은 사람이 필요하다.

확장해 보기

암기비법 면관체 설녹중

최초분석법

1) 면접법 : 직무분석자가 특정직무에 대해 오랜 경험과 전문지식 등을 갖고 있는 직무담당자와의 면접을 통해 분석한다.
   ① 장점 : 정확한 직무지식을 얻을 수 있다, 다양한 직무들에 적용 가능하다.
   ② 단점 : 자료 수집에 많은 노력이 소요된다, 수치화된 정보를 얻기 어렵다.
2) 관찰법 : 직무분석자가 직접 현장을 방문하여 작업자의 작업활동을 관찰하고 결과를 기술한다.
   ① 장점 : 단순하고 반복적 직무분석에 적합하고, 정확한 결과를 얻을 수 있다.
   ② 단점 : 정신적 활동의 직무분석에 적합하지 않고, 분석자의 주관이 개입될 수 있다.
3) 체험법 : 직무분석자가 직무활동을 직접 체험함으로써 생생한 자료를 얻는다.
   ① 장점 : 직무의 심층적 내용까지 파악이 가능하다.
   ② 단점 : 분석자의 일시적 체험을 확대 해석할 수 있으며, 정확성과 객관성을 보장하기 어렵다.
4) 설문지법 : 작업자들에게 설문지를 배부하고 이들에게 직무에 대해 기술하도록 하는 것이다.
   ① 장점 : 모든 직무에 사용 가능하며, 비용이 저렴하고 짧은 시간 내 많은 정보를 얻을 수 있다.
   ② 단점 : 질문내용 외의 정보를 얻기가 힘들고, 응답자의 응답 태도와 낮은 회수율이 문제이다.
5) 녹화법 : 단순하고 반복적이며, 장시간 관찰이 불가능할 때 사용된다.
   ① 장점 : 열악한 작업환경에 대한 직무분석이 가능하다.
   ② 단점 : 녹화 및 촬영 등의 전문 기술이 요구된다.
6) 중요사건기법(결정적 사건법) : 직무수행에 결정적 역할을 한 사건을 중심으로 직무요건을 추론한다.
   ① 장점 : 직무수행과 관련된 중요한 지식, 기술, 능력 등을 사례별로 분석할 수 있다.

002

'20(1), '19(3), '15(1), '14(2), '10(1·2·4), '09(2)

한국표준직업분류에서 직업으로 보지 않는 활동 6가지를 쓰시오. [6점]

직업으로 보지 않는 활동

1) 이자, 주식배당, 임대료 등 자산 수입이 있는 경우
2) 연금법, 국민기초생활보장법, 국민연금법 및 고용보험법 등 사회보장이나 민간보험에 의한 수입이 있는 경우
3) 경마, 경륜, 경정, 복권 등에 의한 배당금이나 주식투자에 의한 시세차익이 있는 경우
4) 예·적금 인출, 보험금 수취, 차용 또는 토지나 금융자산을 매각하여 수입이 있는 경우
5) 자기 집의 가사활동에 전념하는 경우
6) 교육기관에 재학하며 학습에만 전념하는 경우
7) 시민봉사활동 등 무급 봉사적인 일에 종사하는 경우.
8) 사회복지시설 수용자의 시설 내 경제활동
9) 수형자의 활동과 같이 법률에 의한 강제노동을 하는 경우
10) 도박, 강도, 절도, 사기, 매춘, 밀수 등 불법적인 활동의 경우

확장해 보기

암기비법 **계경 윤사비**

직업으로 규명되기 위한 요건

1) 일의 계속성 : 계속해서 하는 일이어야 한다.
2) 경제성 : 노동의 대가에 따른 수입이 있어야 한다.
3) 윤리성 : 비윤리적인 직업이 아니어야 한다.
4) 사회성 : 사회적으로 가치 있는 일이어야 한다.
5) 비속박성 : 속박된 상태의 활동이 아니어야 한다.

003

'17(2), '12(2)

형태주의 상담의 목표 6가지를 쓰시오. [6점]

족집게 답안

형태주의 상담의 목표

1) 자각에 의한 성숙과 통합의 성취를 이루도록 도와준다.
2) 자신에 대한 책임감을 갖도록 도와준다.
3) 잠재력의 실현에 따른 변화와 성장을 이루도록 도와준다.
4) 내담자가 자신의 욕구와 감정을 알아차려 환경과의 접촉을 통해 해소할 수 있도록 도와준다.
5) 내담자가 실존적 상황에 열려 있는 자세를 갖도록 도와준다.
6) 내담자가 자신의 부정적인 부분을 인정하고 수용할 수 있도록 도와준다.

확장해 보기

피공곤 내외

형태주의 상담에서 신경증의 층(Perls)

1) 피상층(허위층) : 진실한 마음이 없이 상투적으로 대하는 거짓된 상태이다.
2) 공포층(연기층) : 개인은 자신의 고유한 모습으로 살아가지 않고 부모나 주위환경의 기대역할에 따라 행동하며 살아간다.
3) 곤경층(교착층) : 자신의 역할연기를 자각하게 되면서 같은 역할을 수행하는 데 곤경스러움을 경험하게 된다.
4) 내파층(내적파열층) : 그동안 억압해 온 자신의 욕구를 인식하게 되지만 겉으로 나타내지 못하고 안으로 억제한다.
5) 외파층(외적파열층) : 자신의 감정이나 욕구를 더 이상 억제하지 않고 외부로 표출한다.

004

'20(1), '17(2), '02(1)

부정적인 심리검사 결과가 나온 내담자에게 검사결과를 통보하는 방법 4가지를 쓰시오. [4점]

족집게 답안

부정적인 검사결과 통보방법

1) 내담자가 검사결과에 충격을 받지 않도록 주의한다.
2) 적절한 해석을 담은 설명과 함께 전달한다.
3) 내담자의 방어를 최소화하기 위한 노력을 한다.
4) 어려운 용어의 사용을 피하고 일상적인 용어를 사용한다.
5) 검사결과를 내담자가 오해하지 않도록 주의한다.
6) 타인에게 검사결과가 알려지지 않도록 비밀보장에 유의한다.

확장해 보기

심리검사 해석 시 주의사항

1) 내담자가 이해하기 쉬운 언어를 사용한다.
2) 해석에 대한 내담자의 반응을 고려한다.
3) 주관적 판단을 배제한다.
4) 중립적이고 무비판적 자세를 견지한다.
5) 진점수의 범위를 말해주는 것이 좋다.
6) 내담자와 함께 해석하며 내담자 스스로 진로를 결정하도록 도와주어야 한다.

005

한국직업사전에서 제공하는 부가직업정보 중 직무기능(DPT)에서 '사람(People)'의 세부 사항 5개를 쓰시오. [5점]

족집게 답안

직무기능(DPT)에서 '사람(People)'의 세부 사항

1) 자문
2) 협의
3) 교육
4) 감독
5) 오락제공
6) 설득
7) 말하기-신호
8) 서비스 제공

확장해 보기

한국직업사전의 직무기능

1) 자료(Data) : 종합, 조정, 분석, 수집, 계산, 기록, 비교 등의 활동이며, 계산에서 수를 세는 것은 포함되지 않는다.
2) 사람(People) : 자문, 협의, 교육, 감독, 오락제공, 설득, 말하기-신호, 서비스 제공 등의 활동이며, 인간과 인간처럼 취급되는 동물을 다루는 것을 포함한다.
3) 사물(Thing) : 설치, 정밀작업, 제어조작, 조작운전, 수동조작, 유지, 투입-인출, 단순작업 등의 활동이며, 물질, 재료, 기계, 공구, 설비 등을 다루는 것을 포함한다.

006

'20(4), '14(3), '13(2)

직업상담사가 갖추어야 할 일반적인 자질 5가지를 쓰시오. [5점]

족집게 답안

직업상담사의 자질

1) 내담자에 대해 존중하는 자세를 지녀야 한다.
2) 진로발달과 의사결정에 관한 지식을 갖추어야 한다.
3) 직업정보에 대해 과학적인 분석력을 지녀야 한다.
4) 직업문제에 대한 전문성이 있어야 한다.
5) 내담자가 믿고 따를 수 있는 매력이 있어야 한다.

확장해 보기

전신매

상담사의 특성(스트롱과 슈미트)

1) 전문성 : 상담사는 개인에 대한 분석과 직업세계에 대한 이해에 있어서 전문가여야 한다.
2) 신뢰성 : 상담사는 내담자에게 신뢰감을 줄 수 있어야 한다.
3) 매력 : 상담사는 내담자가 믿고 따를 수 있는 매력이 있어야 한다.

007

'19(1-3)

Gelatt가 제시한 진로 의사결정의 8단계 중 2~7단계를 순서대로 쓰시오. [6점]

1. 목표의식
2. ( )
3. ( )
4. ( )
5. ( )
6. ( )
7. ( )
8. 평가 및 재투입

족집게 답안

암기비법 목정 대대대 가의평

Gelatt의 직업(진로) 의사결정단계

1) 목표의식 : 직업목표를 확립한다.
2) 정보수집 : 직업에 관련된 정보를 수집한다.
3) 대안열거 : 선택 가능한 대안을 작성한다.
4) 대안의 결과 예측 : 선택했을 때의 결과를 예측한다.
5) 대안의 실현가능성 예측 : 대안들의 실현가능성을 예측한다.
6) 가치평가 : 결과에 대한 가치를 평가한다.
7) 의사결정 : 가장 합리적인 대안을 결정한다.
8) 평가 및 재투입 : 의사결정에 대한 결과를 평가하고 이후 재투입을 한다.

확장해 보기

직업선택의 결정모형

1) 기술적 직업결정 모형 : 사람들의 일반적인 직업결정 방식을 나타내고자 시도한 이론이다.
   예 타이드만과 오하라, 힐튼, 브룸, 슈, 플래처의 모형 등이 있다.
2) 처방적 직업결정 모형 : 사람들이 직업을 결정할 때 실수를 줄이고 더 나은 선택을 할 수 있도록 돕기 위해 시도한 이론이다.
   예 카츠, 겔라트, 칼도와 쥐토우스키의 모형 등이 있다.

008

'20(1), '18(3), '14(2), '11(2·3)

벡(Beck)의 인지적 상담에서 인지적 오류 4가지를 쓰시오. [4점]

족집게 답안

벡(Beck)의 인지적 오류

1) 임의적 추론(자의적 추론) : 어떤 결론을 지지하는 증거가 없음에도 임의적으로 결론을 내린다.
2) 잘못된 명명 : 극히 드문 일을 근거로 해서 완전히 부정적으로 생각한다.
3) 개인화 : 자신과 관련 없는 사건을 자신 때문에 생겼다고 생각한다.
4) 선택적 추상화 : 상황의 긍정적 양상은 여과시키고 부정적인 세부사항에 머문다.
5) 과일반화 : 한두 가지의 고립된 사건에 근거해서 일반적인 결론을 내리고 그것을 서로 관계없는 상황에 적용한다.
6) 이분법적 사고(흑백논리) : 어떤 현상을 흑과 백의 두가지 종류로만 보고 중간지대는 없다고 여긴다.
7) 과장 및 축소 : 사건의 중요성과 무관하게 특정 의미를 과대 또는 축소하는 것이다.
8) 긍정격하 : 자신의 긍정적 경험을 부정적 경험으로 전환하거나 격하시킨다.

확장해 보기

벡(Beck)의 인지행동적 상담

1) 정서적 기법 : 내담자의 부정적인 자동적 사고를 파악하여 합리적 정서를 유도한다.
2) 언어적 기법 : 내담자의 부정적인 사고를 논박하여 내담자의 언어를 변화시킨다.
3) 행동적 기법 : 목표행동을 수행하게 함으로써 인지변화를 촉구한다.

009

'21(3), '20(4), '18(1), '16(2), '15(1), '14(3), '10(1), '09(2)

윌리암슨의 직업상담 문제유형 4가지를 쓰시오. [4점]

족집게 답안

윌리암슨(Williamson)의 진로선택 문제(변별진단)

1) 직업 무선택 또는 미선택 : 직접 직업을 결정한 경험이 없거나, 선호하는 몇 가지의 직업이 있음에도 어느 것을 선택할지를 결정하지 못하는 경우
2) 직업선택의 확신부족(불확실한 선택) : 직업을 선택했지만 자신의 선택에 자신이 없어 타인에게서 성공하리라는 위안을 받고자 하는 경우
3) 흥미와 적성의 불일치(흥미와 적성의 모순) : 흥미를 느끼는 직업에 대해서 수행능력이 부족하거나, 적성에 맞는 직업에 대해서 흥미를 느끼지 못하는 경우
4) 어리석은 선택(현명하지 못한 직업선택) : 자신의 능력보다 훨씬 낮은 능력이 요구되는 직업을 선택하거나 안정된 직업만을 추구하는 경우

확장해 보기

암기비법 **분종진 예상추**

윌리암슨(Williamson)의 특성-요인 직업상담 과정

1) 분석(제1단계) : 내담자 분석을 위해 심리검사 및 자료수집, 표준화검사 등이 사용된다.
2) 종합(제2단계) : 내담자에 대한 이해를 얻기 위해 수집한 자료들을 종합한다.
3) 진단(제3단계) : 내담자 문제의 원인을 탐색하며, 문제해결을 위해 진단하는 단계이다.
4) 예측(제4단계) : 진단의 결과를 통해 직업문제에 대해 예측하는 단계이다.
5) 상담(제5단계) : 내담자와 직업문제에 대해 상담하고 문제를 치료한다.
6) 추수지도(제6단계) : 내담자가 바람직한 행동을 하도록 계속적인 지도를 한다.

010

'22(1), '21(1·2·3), '20(2·3), '18(1·3), '16(2), '15(1)

인지·정서·행동적 상담의 기본개념으로써 A-B-C-D-E-F 모델의 의미를 쓰시오. [6점]

족집게 답안

인지적, 정서적, 행동적 상담의 기본개념

1) A (선행사건) : 내담자의 감정이나 행동에 영향을 미치는 사건이다.
2) B (비합리적 신념체계) : 선행 사건에 대한 비합리적 신념체계이다.
3) C (결과) : 비합리적 신념으로 인한 부적응적인 정서적·행동적 결과이다.
4) D (논박) : 비합리적 신념을 논리적으로 반박하는 것이다.
5) E (효과) : 논박으로 인해 비합리적 신념이 합리적 신념으로 전환된다.
6) F (감정) : 합리적 신념에서 비롯된 긍정적이고 수용적인 감정이다.

확장해 보기

암기비법 **인역정 유행인**

인지 · 정서 · 행동적 상담(REBT)의 기본원리

1) **인**지는 인간의 정서를 결정하는 가장 중요한 요소이다.
2) **역**기능적 사고는 정서장애의 중요한 결정 요인이다.
3) **정**서적인 문제의 해결은 사고 분석에서 시작하는 것이 효과적이다.
4) **유**전과 환경 등 다양한 요인들이 불합리한 사고를 초래한다.
5) **행**동에 대한 과거의 영향보다는 현재에 초점을 둔다.
6) **인**간이 갖고 있는 신념은 변한다고 믿는다.

011

'23(3), '22(3), '18(1·3), '17(2), '12(3), '11(1)

심리검사에서 준거타당도 계수의 크기에 영향을 미치는 요인을 3가지 쓰고 설명하시오. [6점]

족집게 답안

준거타당도 계수의 크기에 영향을 미치는 요인

1) 표집오차 : 모집단 조사를 위한 표본의 표집오차가 검사의 준거타당도 계수에 영향을 미친다.
2) 준거측정치의 신뢰도 : 준거타당도 계산을 위한 준거측정치의 신뢰도가 검사의 준거타당도 계수에 영향을 미친다.
3) 준거측정치 타당도 : 준거왜곡으로 인한 준거측정치의 타당도가 검사의 준거타당도 계수에 영향을 미친다.
4) 범위제한 : 준거타당도 계산을 위해 수집한 자료들이 전체 범위를 포괄하지 못하는 경우 상관계수의 크기는 작아진다.

확장해 보기

준거타당도

의미

검사와 준거 간의 상관관계를 분석해서 검사의 타당도를 평가하는 방법이다.

종류

1) 동시타당도(공인타당도) : 현재 행위에 초점을 맞춘 것으로, 새로운 검사와 준거를 동시에 측정해서 두 결과 간의 상관계수를 추정한다.
   예 근무성적이 좋은 재직자가 검사점수도 높았다면, 해당검사는 준거타당도를 갖췄다고 볼 수 있다.
2) 예언타당도(예측타당도) : 미래 행위에 초점을 맞춘 것으로, 검사점수와 미래행위 측정치 간의 상관계수를 추정한다.
   예 입사시험 성적이 높은 사람이 이후 근무성적에서도 높은 점수를 받았다면, 해당 입사시험은 예언타당도가 높다고 할 수 있다.

012

'17(3), '13(2)

직업상담에서 내담자 이해를 위한 질적 측정도구 3가지를 쓰고 설명하시오. [6점]

질적 측정도구

1) 자기효능감 척도 : 어떤 과제를 어느정도 수준으로 수행할 수 있는 능력을 갖추었다고 스스로 판단하는지의 정도를 측정한다.
2) 카드분류 : 내담자의 가치관, 흥미, 직무기술, 라이프 스타일 등의 선호형태를 측정하는 데 유용하다.
3) 제노그램 : 내담자의 가족이나 선조들의 직업특징에 대한 시각적 표상을 얻기 위해 도표를 만드는 것이다.
4) 역할놀이 : 내담자의 수행행동을 나타낼 수 있는 업무상황을 제시해 준다.

확장해 보기

내담자의 정보수집 및 행동에 대한 이해기법

1) 가정 사용하기
2) 의미 있는 질문 및 지시 사용하기
3) 전이된 오류 정정하기
4) 분류 및 재구성하기
5) 저항감 재인식하기 및 다루기
6) 근거 없는 믿음 확인하기
7) 왜곡된 사고 확인하기
8) 반성의 장 마련하기
9) 변명에 초점 맞추기

013

'21(1), '20(1), '20(2), '18(3), '13(2), '10(2), '07(3)

한국표준산업분류(KSIC)에서 산업, 산업활동, 산업활동의 범위, 산업분류의 의미를 각각 설명하시오. [8점]

족집게 답안

산업/산업활동/산업활동의 범위/산업분류

1) 산업 : 유사한 성질을 갖는 산업활동에 주로 종사하는 생산단위의 집합이다.
2) 산업활동 : 각 생산단위가 자원을 투입하여 재화나 서비스를 생산 또는 제공하는 일련의 활동과정이다.
3) 산업활동의 범위 : 영리적·비영리적 활동이 모두 포함되나, 가정 내의 가사활동은 제외된다.
4) 산업분류 : 생산단위가 주로 수행하는 산업활동을 그 유사성에 따라 체계적으로 유형화한 것이다.

확장해 보기

산업분류/산업분류 기준/생산단위의 활동형태

1) 산업분류 기준
   ① 산출물의 특성
   ② 투입물의 특성
   ③ 생산활동의 일반적인 결합형태
2) 생산단위의 활동형태
   ① 주된 산업활동 : 생산된 재화나 제공된 서비스 중에서 부가가치가 가장 큰 활동이다.
   ② 부차적 산업활동 : 주된 활동 이외의 재화 생산 및 서비스 제공 활동을 말한다.
   ③ 보조적 활동 : 주된 활동과 부차적 활동을 지원하며 회계, 운송, 구매, 창고, 수리 서비스 등이 포함된다.

014

'19(2), '17(1), '11(2

아래의 주어진 표를 보고 다음을 계산하시오. [5점]

구분	15 ~ 19세	20 ~ 24세	25 ~ 29세	30 ~ 50세
생산가능인구	3,285	2,650	3,846	22,982
경제활동인구	203	1,305	2,797	17,356
취업자	178	1,181	2,598	16,859
실업자	25	124	199	497
비경제활동인구	3,082	1,346	1,049	5,627

(단위 : 천명)

(1) 30~50세 고용률(%)을 계산하시오.(단, 소수 둘째자리에서 반올림)

(2) 30~50세 고용률을 29세 이하 고용률과 비교하여 분석하시오.

족집게 답안

고용률

1) 30~50세 고용률(%)

$$고용률(\%) = \frac{취업자\ 수}{생산가능\ 인구} \times 100$$

$$= \frac{16,859천명}{22,982천명} \times 100$$ =73.4%(소수 둘째자리에서 반올림)

∴30~50세 고용률(%)은 73.4%이다.

2) 29세 이하 고용률(%)

$$고용률(\%) = \frac{취업자\ 수}{생산가능\ 인구} \times 100$$

$$= \frac{178천명 + 1,181천명 + 2,598천명}{3,285천명 + 2,650천명 + 3,846천명} \times 100$$ =40.5%(소수 둘째자리에서 반올림)

∴29세 이하 고용률(%)은 40.5%이다.

3) 비교 : 30~50세의 사람들은 가정의 생계를 책임지는 가장이 많기 때문에 고용조건이 좋지 않아도 계속 일을 함으로써, 고용률이 높고 가장 활발한 경제활동을 수행한다. 반면에 29세 이하의 사람들은 취업준비자가 많고 이들이 비경제활동인구로 분류됨으로써 고용률을 낮추게 된다.

확장해 보기

실업률

고용률이 50%이고 비경제활동인구가 400명이며 실업자 수가 50명일 때, 실업률을 구하시오.

- 15세 이상 인구 = 경제활동인구 + 비경제활동인구
  = 취업자 수 + 실업자 수 + 비경제활동인구
- 고용률(%) = $\frac{\text{취업자 수}}{\text{15세 이상 인구}} \times 100$ 에서 취업자 수를 x라고 하면,

$$50(\%) = \frac{x}{x + \text{실업자 수} + \text{비경제활동인구}} \times 100$$

$$50(\%) = \frac{x}{x + 50 + 400} \times 100$$

$$\frac{1}{2} = \frac{x}{x + 450}$$

$$2x = x + 450$$

∴ x(취업자 수) = 450(명)

- 경제활동인구 = 취업자 수 + 실업자 수
  = 450 + 50 = 500(명)
- 실업률 = $\frac{\text{실업자 수}}{\text{경제활동인구}} \times 100$
  = $\frac{50}{500} \times 100$ = 10(%)

∴ 실업률은 10(%)이다.

015

'20(1), '14(2)

노동수요 $L_D = 5,000 - 2W$이고, 시간당 임금이 $W = 2,000$원 일 때 노동수요 임금탄력성의 절댓값과 근로자의 수입이 얼마인지를 계산하시오. [7점]

족집게 답안

경제활동참가율/실업률/고용률

1) 노동수요의 탄력성 = $\dfrac{\text{노동수요량의 변화율(\%)}}{\text{임금의 변화율(\%)}} = \dfrac{\dfrac{\text{노동수요량의 변동분}}{\text{원래의 노동수요량}} \times 100}{\dfrac{\text{임금의 변동분}}{\text{원래의 임금}} \times 100}$

$$= \dfrac{\dfrac{\Delta L_D}{L_D}}{\dfrac{\Delta W}{W}} = \dfrac{\Delta L_D \cdot W}{\Delta W \cdot L_D} = \dfrac{\Delta L_D}{\Delta W} \cdot \dfrac{W}{L_D}$$

$L_D = 5,000 - 2W$에서, 기울기($\dfrac{\Delta L_D}{\Delta W}$)가 -2이므로 ∴ $\dfrac{\Delta L_D}{\Delta W} = -2$…①

시간당 임금(W) = 2,000 …②

$L_D = 5,000 - 2W$에 ②를 대입하면

노동수요(L_D) = 5,000 - (2×2,000) = 1,000 이다.…③

노동수요의(임금)탄력성 = $\dfrac{\Delta L_D}{\Delta W} \cdot \dfrac{W}{L_D}$ 에서 ①, ②, ③을 각각 대입하면

$$= -2 \times \left(\dfrac{2,000}{1,000}\right) = -4$$

∴노동수요 탄력성의 절댓값 : 4

2) 근로자의 총 수입 = 노동공급량(L_S) × 시간당 임금(W)이다.

시간당 임금 2,000원은 균형임금이므로 이 임금수준에서 노동수요량은 곧, 노동공급량이다.

따라서 시간당 임금이 2,000원인 경우,

노동공급량(L_S) = 노동수요량(L_D) = 5,000 - (2×2,000) = 1,000(시간)이다.

그러므로, 근로자의 수입 = 1,000(시간) × 2,000(원) = 2,000,000(원)

∴근로자의 총 수입은 2백만 원이다.

016

'20(1)

심리검사의 사용목적 3가지를 쓰고 설명하시오. [6점]

족집게 답안

심리검사의 사용목적(답안 I)

1) 자기이해의 증진 : 내담자에게 과학적이고 객관적인 검사결과를 제시하여 자신에 대한 올바른 이해를 토대로 합리적인 의사결정을 하도록 돕는다.
2) 분류 및 진단 : 내담자에 관한 흥미, 성격, 적성 등의 자료를 파악하여 내담자로 하여금 문제의 원인 파악과 문제 해결을 위한 도구로 활용하도록 한다.
3) 예측 : 심리검사를 통해 내담자가 미래에 보일 행동이나 발생 가능한 결과들을 예측한다.

확장해 보기

심리검사의 사용목적(답안 II)

1) 개인적 측면 : 개인으로 하여금 심리검사를 통해 자신의 개성과 적성을 발견하도록 한다.
2) 진단적 측면 : 심리검사를 통해 개인의 장·단점과 직업문제를 진단할 수 있다.
3) 조사 및 연구적 측면 : 특정집단의 행동적·심리적 상황에 대한 조사 및 연구를 통해 해당집단의 특징을 규명할 수 있다.
4) 예측적 측면 : 심리검사를 통해 개인의 특성을 파악하여 개인의 수행행동을 예측할 수 있다.

017

'19(3), '16(3), '10(2)

심리검사 사용의 윤리적 문제와 관련하여 지켜야할 사항을 6가지 쓰시오. [6점]

족집게 답안

심리검사 사용의 윤리적 문제

1) 평가기법을 이용할 때는 수검자가 이해하기 쉬운 용어로 설명해야 한다.
2) 새로운 기법을 표준화할 때는 기존의 과학적 절차를 충분히 지켜야 한다.
3) 심리검사는 신뢰도와 타당도가 높은 검사를 사용해야 한다.
4) 심리검사의 결과는 사용목적에 맞게 제한적으로 사용되어야 한다.
5) 평가결과가 시대에 뒤떨어질 수 있음을 인정해야 한다.
6) 적절한 훈련이나 교습을 받은 사람들이 심리검사를 실시해야 한다.

018

'19(3), '16(2), '13(1), '11(2)

표준화를 위해 수집한 자료가 정규분포에서 벗어나는 것을 해결하기 위한 방법 3가지를 쓰고, 각각에 대해 설명하시오. [6점]

족집게 답안

표집자료의 오류 해결방법

1) 완곡화 : 수집된 자료가 정규분포의 모양을 갖추도록 점수를 가감한다.
2) 절미법 : 검사 점수가 한쪽으로 치우친 경우 편포의 꼬리를 잘라낸다.
3) 면적환산법 : 각 검사들의 백분위에 해당하는 Z점수를 찾는다.

확장해 보기

암기비법 **단층집계**

확률표집방법

1) 단순무선표집 : 모집단의 구성원들이 표본에 속할 확률이 동일하도록 무작위로 표집하는 방법이다.
2) 층화표집 : 모집단이 규모가 다른 이질적인 하위집단으로 구성되어 있을 때 사용하는 방법이다.
3) 집락표집 : 모집단을 서로 동질적인 하위집단으로 구분하여 집단 자체를 표집하는 방법이다.
4) 계층표집 : 모집단의 구성요소에 대해 일정한 순서에 따라, 매 K번째 요소를 추출하는 방법이다.

2022년 3회

001

'21(1·3), '20(2), '17(1·2), '15(2·3), '14(1), '13(3), '12(2), '10(3)

부처(Btcher)의 집단직업상담의 3단계 모델을 쓰고 설명하시오. [6점]

부처(Butcher)의 집단직업상담의 3단계 모델

1) 탐색단계 : 자기개방, 흥미와 적성에 대한 측정, 측정결과에 대한 피드백, 불일치에 대한 해결 등이 이루어진다.
2) 전환단계 : 자기 지식을 직업세계와 연결하며, 일과 삶의 가치에 대한 조사, 자신의 가치에 대한 피드백 등이 이루어진다.
3) 행동단계 : 목표설정 및 목표달성을 위한 자원의 탐색과 정보수집, 즉각적이고 장기적인 의사결정 등이 이루어진다.

집단상담의 장점

1) 내담자들이 개인상담에 비해 받아들이기가 더 쉽다.
2) 시간과 경제적인 측면에서 효율적이다.
3) 집단 구성원들 간의 피드백을 통해 자기탐색을 돕는다.
4) 타인과 상호교류를 할 수 있는 능력이 개발된다.
5) 타인을 통한 대리학습의 기회가 부여된다.
6) 구체적인 실천경험과 현실검증의 기회를 가진다.

002

'21(2), '19(2), '17(1), '14(3), '09(3), '06(3), '02(1)

투사적 검사와 비교하여 객관적 검사가 가지는 장점을 5가지 쓰시오. [5점]

족집게 답안

객관적검사의 장점

1) 검사의 실시가 간편하다.
2) 시간과 노력이 절감된다.
3) 검사의 신뢰도와 타당도가 검증되어 있다.
4) 검사의 객관성이 보장되어 있다.
5) 부적합한 응답을 최소화할 수 있다.
6) 비용적 측면에서 경제적이다.

확장해 보기

투사적 검사의 장점과 단점

1) 장점
   ① 내담자의 독특한 반응을 통해 내담자 개인을 더 잘 이해하게 한다.
   ② 내담자의 의노석 방어 반응을 방지한다.
   ③ 내담자의 다양한 표현을 유도하며, 풍부한 심리적 특성을 반영한다.

2) 단점
   ① 검사의 신뢰도가 전반적으로 부족하다.
   ② 검사 결과의 해석에 대한 타당도 검증이 빈약하다.
   ③ 여러 상황적 요인들이 검사반응에 강한 영향을 미친다.

003

'23(2), '21(2)

산업분류의 결정방법 중 생산단위의 활동형태에는 주된 산업활동, 부차적 산업활동, 보조적 활동이 있다. 이 3가지를 설명하시오. [6점]

족집게 답안

생산단위의 활동형태

1) 주된 산업활동 : 생산된 재화나 제공된 서비스 중에서 부가가치가 가장 큰 활동이다.
2) 부차적 산업활동 : 주된 활동 이외의 재화 생산 및 서비스 제공 활동을 말한다.
3) 보조적 활동 : 주된 활동과 부차적 활동을 지원하며 회계, 운송, 구매, 창고, 수리 서비스 등이 포함된다.

확장해 보기

산업/산업활동/산업활동의 범위/산업분류/산업분류 기준

1) 산업 : 유사한 성질을 갖는 산업활동에 주로 종사하는 생산단위의 집합을 말한다.
2) 산업활동 : 각 생산단위가 노동, 자본, 원료 등 자원을 투입하여 재화 또는 서비스를 생산 또는 제공하는 일련의 활동과정이다.
3) 산업활동의 범위 : 영리적·비영리적 활동이 모두 포함되나, 가정 내의 가사활동은 제외된다.
4) 산업분류 : 생산단위가 주로 수행하는 산업활동을 그 유사성에 따라 체계적으로 유형화한 것이다.
5) 산업분류 기준
   ① 산출물의 특성
   ② 투입물의 특성
   ③ 생산활동의 일반적인 결합형태

004

'23(1), '22(1), '21(3), 20(2·3·4), '19(2), '12(2), '11(1·3), '10(3), '08(3)

한국표준직업분류(KSCO)에서 포괄적 업무의 분류 원칙과 다수직업 종사자의 분류원칙 3가지를 각각 순서대로 쓰시오. [6점]

족집게 답안

암기비법 포주최생 다취수조

포괄적인 업무에 대한 직업분류 원칙

1) 주된 직무 우선원칙 : 수행되는 직무내용과 분류항목의 직무내용을 비교하여 상관성이 가장 많은 항목에 분류한다.
   예 교육과 진료를 겸하는 의대교수는 강의·연구 등(교육)과 진료·처치 등(의료)의 직무내용을 파악하여 관련 항목이 많은 분야로 분류한다.
2) 최상급 직능수준 우선원칙 : 수행된 직무가 상이한 수준의 훈련과 경험을 필요로 한다면, 가장 높은 수준의 직무를 필요로 하는 일에 분류한다.
   예 조리와 배달의 직무비중이 같을 경우에는, 조리의 직능수준이 높으므로 조리사로 분류한다.
3) 생산업무 우선원칙 : 재화의 생산과 공급이 같이 이뤄지는 경우, 생산단계에 관련된 업무를 우선적으로 분류한다.
   예 한 사람이 빵을 생산하고 판매도 하는 경우, 제빵사로 분류한다.

다수 취업 종사자의 의미와 분류원칙

1) 취업시간 우선의 원칙 : 더 긴 시간을 투자하는 직업으로 결정한다.
2) 수입 우선의 원칙 : 수입이 더 많은 직업으로 결정한다
3) 조사 시 최근의 직업 원칙 : 조사시점을 기준으로 최근에 종사한 직업으로 결정한다.

확장해 보기

직업분류의 일반원칙

1) 포괄성의 원칙 : 모든 직무는 어떤 수준에서든지 분류에 포괄되어야 한다.
2) 배타성의 원칙 : 동일하거나 유사한 직무는 같은 단위직업으로 분류되어야 한다.

005

'23(3)

한국직업사전에서 제공하는 부가직업정보 중 직무기능(DPT)에서 '사물(Thing)'의 세부 사항 5개를 쓰시오. [5점]

족집게 답안

직무기능(DPT)에서 '사물(Thing)'의 세부 사항

1) 설치
2) 정밀작업
3) 제어조작
4) 조작운전
5) 수동조작
6) 유지
7) 투입-인출
8) 단순작업

확장해 보기

한국직업사전의 직무기능(DPT)

1) 자료(Data): 종합, 조정, 분석, 수집, 계산, 기록, 비교 등의 활동이며, 계산에서 수를 세는 것은 포함되지 않는다.
2) 사람(People): 자문, 협의, 교육, 감독, 오락제공, 설득, 말하기-신호, 서비스 제공 등의 활동이며, 인간과 인간처럼 취급되는 동물을 다루는 것을 포함한다.

006

'23(3), '22(2), '18(1·3), '17(2), '12(3), '11(1)

심리검사에서 준거타당도 계수의 크기에 영향을 미치는 요인을 3가지 쓰고 설명하시오. [6점]

족집게 답안

준거타당도 계수의 크기에 영향을 미치는 요인

1) 표집오차 : 모집단 조사를 위한 표본의 표집오차가 검사의 준거타당도 계수에 영향을 미친다.
2) 준거측정치의 신뢰도 : 준거타당도 계산을 위한 준거측정치의 신뢰도가 검사의 준거타당도 계수에 영향을 미친다.
3) 준거측정치 타당도 : 준거왜곡으로 인한 준거측정치의 타당도가 검사의 준거타당도 계수에 영향을 미친다.
4) 범위제한 : 준거타당도 계산을 위해 수집한 자료들이 전체 범위를 포괄하지 못하는 경우 상관계수의 크기는 작아진다.

확장해 보기

준거타당도

의미

검사와 준거 간의 상관관계를 분석해서 검사의 타당도를 평가하는 방법이다.

종류

1) 동시타당도(공인타당도) : 현재 행위에 초점을 맞춘 것으로, 새로운 검사와 준거를 동시에 측정해서 두 결과 간의 상관계수를 추정한다.
   예 근무성적이 좋은 재직자가 검사점수도 높았다면, 해당검사는 준거타당도를 갖췄다고 볼 수 있다.
2) 예언타당도(예측타당도) : 미래 행위에 초점을 맞춘 것으로, 검사점수와 미래행위 측정치 간의 상관계수를 추정한다.
   예 입사시험 성적이 높은 사람이 이후 근무성적에서도 높은 점수를 받았다면, 해당 입사시험은 예언타당도가 높다고 할 수 있다.

007

'20(1), '18(2), '16(1), '13(3)

아들러(Adler)의 개인주의 상담과정의 목표 5가지를 쓰시오. [5점]

족집게 답안

아들러(Adler)의 개인주의 상담과정의 목표

1) 패배감을 극복하고 열등감을 감소시킬 수 있도록 돕는다.
2) 내담자의 잘못된 가치와 목표를 수정하도록 돕는다.
3) 내담자가 잘못된 동기를 수정하도록 돕는다.
4) 내담자가 사회적 관심을 갖도록 돕는다.
5) 내담자가 사회의 구성원으로 기여하도록 돕는다.
6) 내담자가 타인과 동질감을 갖도록 돕는다.

확장해 보기 암기비법 **지기회사**

아들러(Adler)의 생활양식 유형

1) 지배형 : 지배적이고 독선적이며 사회적 관심이 거의 없다.
2) 기생형(획득형) : 다른 사람에게 기생하면서 자신의 욕구를 충족시킨다.
3) 회피형(도피형) : 실패에 대한 두려움으로 일상에서 회피하려는 행동을 보인다.
4) 사회적으로 유용한 형 : 자신과 타인의 욕구를 동시에 충족시키며 삶의 목표를 실현하기 위해 노력하는 사회적으로 유용한 형이다.

008

'20(2), '16(2), '15(2), '10(3)

직업적응이론에서 직업성격 차원의 성격요소 중 4가지를 쓰고 설명하시오. [8점]

직업적응이론에서 성격요소

1) 민첩성 : 정확성보다 속도를 중시한다.
2) 역량 : 근로자의 평균활동 수준을 의미한다.
3) 리듬 : 활동에 대한 다양성을 의미한다.
4) 지구력 : 다양한 활동수준의 기간을 의미한다.

직업적응이론에서 적응방식

1) 융통성 : 개인이 작업환경과 개인환경 간의 부조화를 참아내는 정도이다.
2) 끈기 : 환경이 자신에게 맞지 않아도 개인이 얼마나 오랫동안 견뎌낼 수 있는지의 정도이다.
3) 적극성 : 개인이 작업환경을 개인적 방식과 좀더 조화롭게 만들어가려고 노력하는 정도이다.
4) 반응성 : 개인이 작업성격의 변화로 인해 작업환경에 반응하는 정도이다.

009

'20(2), '18(3), '16(3), '15(2), '11(3), '10(1)

모집단에서 규준집단을 구성하기 위한 확률표집방법 3가지를 쓰고 각각에 대해 설명하시오. [6점]

암기비법 **단층집계**

확률표집방법

1) 단순무선표집 : 모집단의 구성원들이 표본에 속할 확률이 동일하도록 무작위로 표집하는 방법이다.
2) 층화표집 : 모집단이 규모가 다른 몇 개의 이질적인 하위집단으로 구성되어 있을 때 사용하는 방법이다.
3) 집락표집 : 모집단을 서로 동질적인 하위집단으로 구분하여 집단 자체를 표집하는 방법이다.
4) 계층표집 : 모집단의 구성요소에 대해 일정한 순서에 따라, 매 K번째 요소를 추출하는 방법이다.

확장해 보기

표집자료의 오류 해결방법

1) 완곡화 : 수집된 자료가 정규분포의 모양을 갖추도록 점수를 가감한다.
2) 절미법 : 검사 점수가 한쪽으로 치우친 경우 편포의 꼬리를 잘라낸다.
3) 면적환산법 : 각 검사들의 백분위에 해당하는 Z점수를 찾는다.

010

'20(3), '17(3), '15(2)

진로성숙도검사(CMI)의 태도척도와 능력척도를 각각 3가지씩 쓰시오. [6점]

암기비법 결참 독지타 자직 목계문

태도척도

1) 결정성 : 선호하는 진로의 방향에 대한 확신의 정도이다.
2) 참여도(관여도) : 진로선택 과정에 능동적으로 참여하는 정도이다.
3) 독립성 : 진로선택을 독립적으로 할 수 있는 정도이다.
4) 지향성(성향) : 진로결정에 필요한 사전 이해와 준비의 정도이다.
5) 타협성 : 진로선택 시 욕구와 현실에 타협하는 정도이다.

능력척도

1) 자기평가 : 자신의 성격, 흥미 등을 명확히 지각하고 이해하는 능력이다.
2) 직업정보 : 직업에 관한 정보 등을 획득하고 분석하는 능력이다.
3) 목표선정 : 자아와 직업세계에 대한 지식을 토대로 직업목표를 선정하는 능력이다.
4) 계획 : 직업목표를 달성하기 위해 계획을 수립하는 능력이다.
5) 문제해결 : 진로결정 과정에서 장애가 되는 문제들을 해결하는 능력이다.

011

'19(1), '14(2), '11(3), '08(3)

크라이티스(Crites)의 포괄적 직업상담의 상담과정 3단계를 단계별로 설명하시오. [6점]

족집게 답안

크라이티스(Crites)의 포괄적 직업상담의 상담과정

1) 진단 : 내담자의 진로문제를 진단하기 위해 관련 자료를 수집한다.
2) 명료화 또는 해석 : 상담자와 내담자가 협력해서 의사결정 과정을 방해하는 내담자의 문제를 명료화하거나 해석한다.
3) 문제해결 : 내담자가 자신의 문제를 확인하고 적극적으로 참여하여 문제해결을 위해 어떤 행동을 취할 것인지를 결정한다.

확장해 보기

(크) 적결현

Crites의 직업상담 문제유형 분류 3가지 변인

1) 적응성 : 흥미와 적성의 일치 여부에 따라 적응형과 부적응형으로 구분한다.
2) 결정성 : 재능의 풍부함과 결단성 부족에 따라 다재다능함과 우유부단형으로 구분한다.
3) 현실성 : 적성수준이나 흥미에 대한 고려 부족에 따라 비현실형, 불충족형, 강압형으로 구분한다.

012

'20(4), '19(1), '17(3), '16(3), '12(3)

직무분석 방법 중 최초분석법에 해당하는 방법을 4가지를 쓰시오. [4점]

최초분석법

1) 면접법 : 직무분석자가 특정직무에 대해 오랜 경험과 전문지식 등을 갖고 있는 직무담당자와의 면접을 통해 분석한다.
2) 관찰법 : 직무분석가가 사업장에서 작업자가 수행하는 직무활동을 관찰하고 그 결과를 기술한다.
3) 체험법 : 직무분석자가 직무활동을 직접 체험함으로써 생생한 자료를 얻는다.
4) 설문지법 : 현장의 작업자 등에게 설문지를 배부하여 직무내용을 기술하게 한다.
5) 녹화법 : 단순하고 반복적이며, 장시간 관찰이 불가능할 때 사용된다.
6) 중요사건기법(결정적 사건법) : 직무수행에 결정적 역할을 한 사건을 중심으로 직무요건을 추론한다.

확장해 보기

직무분석 정보의 용도(Ash)

1) 모집 및 선발
2) 교육 및 훈련
3) 배치 및 경력개발
4) 직무평가 및 직무수행평가
5) 직무재설계 및 작업환경 개선
6) 인력수급계획의 수립

013

'19(2), '13(2), '10(3)

측정의 신뢰성을 높이기 위해서는 측정오차를 줄여야 한다. 측정오차를 최대한 줄이기 위한 방법 6가지를 쓰시오. [6점]

족집게 답안

측정오차를 줄이기 위한 방법

1) 표준화된 검사를 사용한다.
2) 검사의 실시와 채점 과정을 표준화한다.
3) 검사문항을 누구에게나 동일한 이해가 가능하도록 구성한다.
4) 검사의 문항 수와 반응 수를 늘린다.
5) 검사의 신뢰도에 나쁜 영향을 미치는 문항들을 제거한다.
6) 검사조건을 균일하게 유지하여 오차변량을 줄인다.

확장해 보기

표집자료의 오류 해결방법

1) 완곡화 : 수집된 자료가 정규분포의 모양을 갖추도록 점수를 가감한다.
2) 절미법 : 검사 점수가 한쪽으로 치우친 경우 편포의 꼬리를 잘라낸다.
3) 면적환산법 : 각 검사들의 백분위에 해당하는 Z점수를 찾는다.

014

'19(3), '13(1)

산업별로 임금격차가 발생하는 원인 4가지를 쓰시오. [4점]

족집게 답안

산업별 임금격차의 원인

1) 노동생산성의 차이 : 산업 간에 노동생산성의 차이가 클수록 산업 간 임금격차는 커진다.
2) 노동조합의 존재 여부 : 노동조합의 존재 여부 또는 노동조합의 임금 교섭력이 클수록 산업 간 임금격차는 커진다.
3) 산업별 집중도의 차이 : 산업별 집중도는 제품시장에서의 독과점 정도를 나타낸다. 따라서, 산업별 집중도가 클수록 산업 간 임금격차는 커진다.
4) 산업별 수요의 차이 : 산업별 수요의 차이가 클수록 산업 간 임금격차는 커진다.

확장해 보기

임금격차의 원인과 유형

원인

1) 경쟁적 요인
   ① 인적자본량
   ② 근로자의 생산성 격차
   ③ 보상적 임금격차
   ④ 효율임금정책
   ⑤ 시장의 단기적 불균형
2) 비경쟁적 요인
   ① 시장지배력 및 독점지대의 배당(산업별 집중도)
   ② 노동조합의 효과
   ③ 비효율적 연공급 제도

유형

1) 직종별 임금격차
2) 산업별 임금격차
3) 학력별 임금격차
4) 성별 임금격차
5) 기업규모별 임금격차
6) 지역별 임금격차

015

'23(2), '18(1), '16(2), '15(2), '10(3), '09(3)

내부노동시장의 형성요인과 장점을 각각 3가지씩 쓰시오. [6점]

족집게 답안

내부노동시장의 형성요인

1) 숙련의 특수성 : 기업이 숙련의 특수성을 보존하기 위해 내부 노동력을 유지하려고 노력함으로써 내부노동시장이 형성된다.
2) 현장훈련 : 실제 직무수행에 사용되는 선임자의 기술 및 숙련이 현장훈련을 통해 후임자에게로 전수됨으로써 내부노동시장이 형성된다.
3) 기업내 관습 : 고용의 안정성에서 형성된 기업내 관습은 노동관계의 각종 사항을 규율함으로써 내부노동시장을 형성하는 요인이 된다.
4) 기업의 규모와 장기근속 : 기업의 규모와 장기근속은 조직 내 업무분담과 인원을 관리하기 위한 조직을 형성시킴으로써 내부노동시장을 형성하게 된다.

내부노동시장의 장점

1) 우수한 인적자원의 확보 및 유지
2) 승진 및 배치전환을 통한 동기유발 효과
3) 생산성 향상과 경쟁력의 제고

확장해 보기

내부노동시장의 의미와 단점

1) 의미 : 기업 내의 규칙이나 관리가 노동시장의 기능을 대신하여 지배하는 시장을 말한다.
2) 단점
   ① 인력의 경직성
   ② 관리비용의 증가
   ③ 높은 노동비용
   ④ 기술변화로 인한 재훈련비용의 증가

016

'18(2), '14(1), '12(3), '10(2·4)

크롬볼츠(Krumboltz)의 사회학습이론에서 개인의 진로선택에 영향을 미치는 요인 4가지를 쓰시오. [4점]

족집게 답안

암기비법 유환학과

크롬볼츠의 개인의 진로선택에 영향을 주는 요인

1) 유전적 요인과 특별한 능력 : 물려받거나 생득적인 개인의 특성들이다.
2) 환경조건과 사건 : 보통 개인의 통제를 벗어나는 사회적, 문화적, 정치적, 경제적 사항들이다.
3) 학습경험 : 개인이 과거에 학습한 경험은 현재 또는 미래의 교육적·직업적 의사결정에 영향을 미친다.
4) 과제접근 기술 : 목표설정, 가치 명료화, 대안 형성, 직업적 정보획득 등을 포함하는 기술이다.

확장해 보기

암기비법 호인 융낙위

우연한 일들을 자신의 진로에 유리하게 활용하는 기술(Krumboltz)

1) 호기심 : 새로운 학습기회를 탐색하게 해주며 성장감을 느끼게 한다.
2) 인내심 : 좌절에도 불구하고 인내심을 갖고 일관된 노력을 계속한다.
3) 융통성 : 세상을 다양한 관점으로 보는 것이다.
4) 낙관성 : 새로운 기회를 긍정적으로 이해하고 해석하는 것이다.
5) 위험 감수 : 실패의 위험과 불확실한 결과 앞에서도 실행하는 것이다.

017

'17(2), '10(4)

인터넷을 이용한 사이버 상담의 필요성을 6가지 쓰시오. [6점]

족집게 답안

사이버 상담의 필요성

1) 상담의 경제성 및 효율성이 높다.
2) 내담자의 익명성이 보장되어 보다 솔직한 상담이 가능하다.
3) 심리적 편안함과 친밀감을 가질 수 있다.
4) 가명을 이용한 상담사례 소개 및 대처방안의 제시가 가능하다.
5) 문제해결을 위한 자료탐색이 용이하다.
6) 내담자의 주도로 자기성찰 능력이 향상된다.

확장해 보기

사이버 직업상담의 단점

1) 내담자와의 라포(Rapport) 형성이 쉽지 않다.
2) 내담자의 신상과 상담 내용을 신뢰하기 어렵다.
3) 대면 상담처럼 깊이 있는 의사소통을 기대하기 어렵다.
4) 내담자의 복잡한 정서적 내용을 파악하기 곤란하다.
5) 내담자가 자신의 정보를 선택적으로 공개할 수 있다.
6) 내담자가 언제든지 상담을 중단해 버릴 수 있다.

018

직업적응이론(TWA)에서 중요하게 다루는 직업가치 5가지를 쓰시오. [5점]

족집게 답안

미네소타 중요도 질문지(MIQ)의 6가지 가치관

1) 성취 : 자신의 능력을 발휘해서 성취감을 얻으려는 욕구이다.
2) 이타심 : 타인을 돕고 그들과 함께 일하고자 하는 욕구이다.
3) 자율성 : 자신의 의사대로 자유롭게 생각하고 결정하고자 하는 욕구이다.
4) 안락함 : 직무에 대해 편안한 작업환경을 바라는 욕구이다.
5) 안정성 : 혼란스러운 환경을 피하고 정돈되고 예측가능한 환경에서 일하고자 하는 욕구이다.
6) 지위 : 타인이 자신을 어떻게 인식하는지와 사회적 명성에 대한 욕구이다.

확장해 보기

검사도구

직업적응이론(TWA)에 기초한 검사도구

1) MIQ (미네소타 중요성 질문지)
2) MJDQ (미네소타 직무기술 질문지)
3) MSQ (미네소타 만족 질문지)

홀랜드 이론이 적용된 검사도구

1) 직업선호도검사(VPI ; Vocation Preference Inventory)
2) 자기방향탐색검사(SDS ; Self Directd Search)
3) 직업탐색검사(VEIK ; Vocational Exploration and Insigt Kit)
4) 자기직업상황검사(MVS ; My Vocational Situation)
5) 경력의사결정검사(CDM ; Career Decision Making)
6) 스트롱-캠벨 흥미검사(SCII ; Strong-Campbell Interest Inventory)

MEMO

2021

직업상담사 2급
1차 실기 기출문제&해설

문제달인 신의숲 유튜브 바로가기

2021년 1회

001

'23(1), '21(2), '17(1·3), '14(3), '10(2), '07(3)

심리검사의 신뢰도에 영향을 주는 요인을 3가지 쓰시오. [3점]

족집게 답안

심리검사의 신뢰도에 영향을 주는 요인

1) 개인차 : 검사대상의 개인차가 클수록 신뢰도 계수도 커진다.
2) 문항 수 : 문항 수가 많으면 신뢰도는 어느 정도 높아지나, 문항 수를 무조건 늘린다고 해서 신뢰도가 정비례하여 커지는 것은 아니다.
3) 문항반응 수 : 문항반응 수는 적정 크기를 유지하는 것이 바람직하며, 이를 초과할 경우 신뢰도는 향상되지 않는다.
4) 검사유형 : 속도검사의 경우, 전후절반법으로 신뢰도를 추정하게 되면 후반부로 갈수록 시간이 부족하기 때문에 신뢰도는 낮아진다.
5) 신뢰도 추정방법 : 서로 다른 신뢰도 추정방법에 따른 신뢰도 계수는 각기 다를 수밖에 없다.

확장해 보기

신뢰도 추정방법

1) 검사 - 재검사 신뢰도 : 동일한 수검자에게 동일한 검사를 일정 시간간격을 두고 두 번 실시하여 얻은 두 점수 간의 상관계수를 토대로 신뢰도를 추정한다.
2) 동형검사 신뢰도 : 동일한 수검자에게 첫번째 시행한 검사와 동등한 유형의 검사를 실시하여 얻은 두 점수 간의 상관계수를 토대로 신뢰도를 추정한다.
3) 반분 신뢰도 : 어떤 집단에게 한 검사를 실시하고 그 검사의 문항을 동형이 되도록 두개의 검사로 나눈 다음, 두 점수 간의 상관계수를 토대로 신뢰도를 추정한다.
4) 문항 내적 합치도 : 한 검사 내 개개의 문항들을 독립된 검사로 보고 문항들 간의 일관성이나 합치성을 신뢰도로 규정한다.

002

'17(3), '16(2), '15(1), '13(2), '10(3), '08(1), '04(3)

면접을 앞둔 수험생의 불안감소를 위한 체계적 둔감화의 표준절차 3단계를 쓰고 설명하시오. [6점]

체계적 둔감화의 단계

1) 근육이완훈련(제1단계) : 근육이완훈련을 통해 몸의 긴장을 풀도록 한다.
2) 불안위계목록작성(제2단계) : 낮은 수준의 자극에서 높은 수준의 자극으로 불안위계목록을 작성한다.
3) 불안위계목록에 따른 둔감화(제3단계) : 불안유발상황을 단계적으로 상상하도록 해서 불안반응을 점진적으로 경감 또는 제거시킨다.

확장해 보기

불안감소기법(부적응행동 감소기법)

1) 체계적둔감법 : 내담자의 불안반응을 체계적으로 증대시켜 둔감화한다.
2) 금지조건형성(내적금지) : 내담자에게 불안요소를 지속적으로 제시함으로써 불안반응을 감소시킨다.
3) 반조건형성(역조건형성) : 조건 자극과 새로운 자극을 함께 제시해서 불안을 감소시킨다.
4) 혐오치료 : 바람직하지 못한 행동에 혐오자극을 제시함으로써 부적응적 행동을 제거한다.
5) 주장훈련 : 내담자에게 불안이외의 감정을 표현하게 해서 대인관계에 있어서의 불안을 해소시킨다.
6) 자기표현훈련 : 자기표현을 통해 타인과 상호작용함으로써 대인관계에서 비롯되는 불안요인을 제거한다.

학습촉진기법(적응행동 증진기법)

1) 강화 : 내담자의 행동에 대해 적절하게 긍정적·부정적 반응을 보임으로써 내담자의 바람직한 행동을 강화시킨다.
2) 변별학습 : 자신의 직업결정 능력 등을 검사도구를 사용하여 변별하고 비교해보도록 하는 것이다.
3) 사회적 모델링과 대리학습 : 타인의 행동에 대한 관찰과 모방을 통해 내담자의 학습을 촉진한다.
4) 행동조성 : 행동을 단계별로 세분화하여 단계마다 강화를 제공함으로써 학습을 촉진한다.
5) 상표제도(토큰경제) : 내담자의 바람직한 행동이 이루어질 때마다 그에 상응하는 보상을 하는 것이다.

003

'23(2), '19(2), '18(3), '15(3), '14(1·3), '13(3), '11(1), '10(2), '09(2)

보딘(Bordin)은 정신역동적상담을 체계화하면서 직업문제의 진단에 관한 새로운 관점을 제시하였다. 그가 제시한 직업문제의 심리적 원인 3가지를 쓰고 설명하시오. [6점]

족집게 답안

보딘(Bordin)의 진로문제 심리적 원인

1) 의존성 : 진로문제를 스스로 해결하지 못하고 타인에게 의존하는 경우이다.
2) 정보부족 : 진로관련에 대한 정보의 부족으로 어려움을 겪는 경우이다.
3) 자아갈등 : 자아개념들 사이에서 내적갈등으로 인해 혼란을 겪는 경우이다.
4) 직업선택에 대한 불안 : 자신의 선택과 중요한 타인의 요구 간의 충돌에서 비롯되는 불안이다.
5) 확신부족 : 진로선택 이후에 자신의 선택에 대한 확신이 부족한 경우이다.

확장해 보기

 (보) 탐핵변

보딘(Bordin)의 직업상담 과정

1) 탐색과 계약설정(제1단계) : 내담자의 정신역동적 상태에 대한 탐색 및 상담전략에 대한 계약설정이 이루어진다.
2) 핵심결정(제2단계) : 내담자는 핵심결정을 통해 자신의 목표를 성격 변화 등으로 확대할 것인지 고민한다.
3) 변화를 위한 노력(제3단계) : 내담자는 자아인식 및 자아이해를 확대해 나가며 지속적으로 변화를 모색한다.

004

'22(3), '21(3), '20(2), '17(1·2), '15(2·3), '14(1), '13(3), '12(2), '10(3)

부처(Btcher)의 집단직업상담의 3단계 모델을 쓰고 설명하시오. [6점]

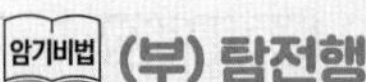

(부) 탐전행

부처(Butcher)의 집단직업상담의 3단계 모델

1) 탐색단계 : 자기개방, 흥미와 적성에 대한 측정, 측정결과에 대한 피드백, 불일치에 대한 해결 등이 이루어진다.
2) 전환단계 : 자기 지식을 직업세계와 연결하며, 일과 삶의 가치에 대한 조사, 자신의 가치에 대한 피드백 등이 이루어진다.
3) 행동단계 : 목표설정 및 목표달성을 위한 자원의 탐색과 정보수집, 즉각적이고 장기적인 의사결정 등이 이루어진다.

확장해 보기

집단상담의 단점

1) 개인의 문제가 심층적으로 다루어지지 않을 수 있다.
2) 적합한 집단을 구성하기가 어렵다.
3) 비밀을 유지하기가 어렵다.
4) 개인의 특성이 발휘되기 힘들다.
5) 지도자의 경험 부족은 집단의 운영을 어렵게 한다.

005

'20(3), '18(2), '14(2), '11(1)

스트롱(Strong) 직업흥미검사의 하위척도를 3가지 쓰고 설명하시오. [6점]

족집게 답안

스트롱(Strong) 직업흥미검사의 하위척도

1) 일반직업분류(GOT) : 흥미영역에 대한 정보를 제공하며, 홀랜드의 직업선택이론에 의한 6가지 유형으로 구성되어 있다.
2) 기본흥미척도(BIS) : 일반직업분류를 특정흥미들로 세분화한 것으로, 6가지 흥미유형에 대한 구체적인 정보를 얻을 수 있다.
3) 개인특성척도(PSS) : 업무 유형, 학습 유형, 리더십 유형, 모험심 유형들에 대한 개인의 선호도를 측정한다.

확장해 보기

진로개발평가 시 사용가능 검사(경력결정검사)

1) 진로성숙도검사(CMI) : 크라이티스가 개발한 검사로써, 태도척도와 능력척도로 구성되어 있으며 진로선택 내용과 과정이 통합적으로 반영되었다.
2) 진로발달검사(CDI) : 수퍼가 개발한 검사로써, 경력관련 의사결정에 대한 참여준비도를 측정하기 위한 것이다. 학생들의 진로발달과 진로성숙도를 측정한다.
3) 자기직업상황(MVS) : 홀랜드가 개발했으며, 직업적 정체성 형성 여부를 파악하고 직업선택에 필요한 정보 및 환경, 개인적 장애가 무엇인지 알려준다.
4) 진로신념검사(CBI) : 크롬볼츠가 개발했으며, 내담자로 하여금 자아인식 및 세계관에 대한 문제를 확인하도록 돕는다.
5) 경력결정검사(CDS) : 오시포가 개발했으며, 경력관련 의사결정 실패에 관한 정보를 제공하기 위한 검사이다.

006

'16(1)

인지적 명확성의 부족을 나타내는 내담자 유형 6가지를 쓰시오. [6점]

족집게 답안

인지적 명확성이 부족한 내담자의 유형

1) 단순 오정보
2) 복잡한 오정보
3) 가정된 불가능
4) 구체성의 결여
5) 원인과 결과의 착오
6) 무력감
7) 비난하기
8) 양면적 사고
9) 파행적 의사소통
10) 강박적 사고
11) 걸러내기
12) 고정성
13) 잘못된 의사결정 방식
14) 자기인식의 부족

확장해 보기

암기비법 **가의전분 저근왜반변**

내담자의 정보수집 및 행동에 대한 이해기법

1) 가정 사용하기
2) 의미 있는 질문 및 지시 사용하기
3) 전이된 오류 정정하기
4) 분류 및 재구성하기
5) 저항감 재인식하기 및 다루기
6) 근거 없는 믿음 확인하기
7) 왜곡된 사고 확인하기
8) 반성의 장 마련하기
9) 변명에 초점 맞추기

007

'23(3), '23(2), '23(1), '22(1), '20(1·3·4), '19(2), '18(2), '16(1), '14(3), '09(1), '08(1), '07(1), '04(1)

홀랜드(Holland)의 인성이론에서 제안된 6가지 성격유형을 쓰고 설명하시오. [6점]

족집게 답안

암기비법 현탐예 사진관

홀랜드(Holland)의 인성이론에 관한 6가지 유형

1) 현실형(R) : 실제적이며 현장에서 하는 일을 선호하나, 사회성이 부족하다.
2) 탐구형(I) : 과학적이며 탐구활동을 선호하나, 지도력이 부족하다.
3) 예술형(A) : 심미적이며 창조적인 활동을 선호하나, 규범적 성향이 부족하다.
4) 사회형(S) : 이타적이며 봉사활동을 선호하나, 기계적 활동능력이 부족하다.
5) 진취형(E) : 진취적이며 적극적인 활동을 선호하나, 체계적 활동능력이 부족하다.
6) 관습형(C) : 꼼꼼하며 질서정연한 일을 선호하나, 융통성이 부족하다.

확장해 보기

암기비법 일변 일정계

홀랜드의 육각형 모델과 해석 차원

1) 일관성 : 어떤 쌍들은 다른 유형의 쌍들보다 더 많은 공통점을 가지고 있다.
2) 변별성(차별성) : 개인의 흥미유형은 특정 흥미유형과 매우 유사한 반면, 다른 흥미유형과는 차별적이다.
3) 일치성
   ① 개인의 흥미유형과 개인이 소속되고자 하는 환경의 유형이 서로 부합하는 정도를 말한다.
   ② 개인이 자신의 인성유형과 동일하거나 유사한 환경에서 일하고 생활할 때를 의미한다.
4) 정체성 : 성격적 측면에서는 개인의 목표, 흥미, 재능에 대한 명확성을 말하고, 환경적 측면에서는 조직의 투명성 및 안정성 등을 말한다.
5) 계측성(타산성)
   ① 육각형 모델에서 유형들 간의 거리는 가까울수록 서로 유사한 성향을 보이며, 멀어질수록 대조적 성향을 보인다.
   ② 육각형 모델에서 유형들 간의 거리는 그 이론적인 관계에 반비례한다.

008

'22(2), '22(1), '21(2·3), '20(2·3), '18(1·3), '16(2), '04(2)

실직 후 우울증을 경험하는 사람이 우울증에 빠지는 과정과 이를 극복하는 과정을 엘리스(Ellis)의 ABCDE 모델에 따라 설명하시오. [5점]

족집게 답안

인지적, 정서적, 행동적 상담의 기본개념의 적용

실직한 내담자

1) A(선행사건) : 구체적 사건으로써 내담자의 실직
2) B(비합리적 신념체계) : 실직이 곧 자신의 무가치함을 의미한다는 비합리적 신념체계
3) C(결과) : 우울과 불안, 자괴감, 구직활동의 위축 등
4) D(논박) : 실직이 곧 자신의 무가치함을 의미하는 것은 아니며, 누구나 실직할 수 있으므로 그에 집착하는 것은 옳지 않다는 논박
5) E(효과) : 논박의 효과로 합리적인 신념을 통한 구직활동에의 노력

확장해 보기

인지적, 정서적, 행동적 상담의 기본개념

1) A(선행사건) : 내담자의 감정이나 행동에 영향을 미치는 사건이다.
2) B(비합리적 신념체계) : 선행 사건에 대한 비합리적 신념체계이다.
3) C(결과) : 비합리적 신념으로 인한 부적응적인 정서적·행동적 결과이다.
4) D(논박) : 비합리적 신념을 논리적으로 반박하는 것이다.
5) E(효과) : 논박으로 인해 비합리적 신념이 합리적 신념으로 전환된다.
6) F(감정) : 합리적 신념에서 비롯된 긍정적이고 수용적인 감정이다.

009

'18(1), '13(2), '10(1), '09(1), '07(3)

한국직업사전에 수록된 부가 직업정보를 5가지만 쓰시오. [5점]

족집게 답안

부가 직업정보

1) 정규교육 : 해당 직업의 직무를 수행하는 데 필요한 일반적인 정규교육수준을 의미하는 것으로, 해당 직업 종사자의 평균 학력을 나타내는 것은 아니다.
2) 육체활동 : 해당 직업의 직무를 수행하기 위해 필요한 신체적 능력을 나타낸다.
3) 숙련기간 : 해당 직업의 직무를 평균적으로 수행하는 데 필요한 각종 교육, 훈련, 숙련기간을 의미한다. 단, 향상훈련은 포함되지 않는다.
4) 직무기능 : 해당 직업 종사자가 직무를 수행하는 과정에서 자료, 사람, 사물과 맺는 관련된 특성을 나타낸다.
5) 작업장소 : 해당 직업의 직무가 주로 수행되는 장소를 나타낸다.
6) 작업환경 : 해당 직업의 직무를 수행하는 작업자에게 직접적으로 물리적·신체적 영향을 미치는 작업장의 환경요인을 나타낸 것이다.
7) 작업강도 : 해당 직업의 직무를 수행하는데 필요한 육체적 힘의 강도를 나타낸 것으로, 심리적·정신적 노동강도는 고려하지 않았다.
8) 자격·면허 : 해당 직업에 취업 시 소지할 경우 유리한 자격증 또는 면허를 나타내는 것으로, 민간에서 발급한 자격증은 제외한다.
9) 유사명칭 : 현장에서 본직업명을 명칭만 다르게 부르는 것으로 본직업명과 사실상 동일하므로, 직업 수 집계에서 제외된다.
10) 관련직업 : 본직업명과 기본적인 직무에 있어서 공통점이 있으나 직무의 범위, 대상 등에 따라 나누어지는 직업이며, 직업 수 집계에 포함된다.
11) 조사연도 : 해당 직업의 직무조사가 실시된 연도를 나타낸다.
12) 표준산업분류코드 : 해당 직업을 조사한 산업을 나타내는 것으로 한국표준산업분류의 소분류 산업을 기준으로 하였다.
13) 표준직업분류코드 : 해당 직업의 한국고용직업분류 세분류 코드에 해당하는 한국표준직업분류의 세분류 코드를 표기한다.

확장해 보기

부가직업정보 중 작업강도

1) 아주 가벼운 작업 : 최고 4kg의 물건을 들어올리고, 때때로 장부·대장·소도구 등을 들어올리거나 운반한다.
2) 가벼운 작업 : 최고 8kg의 물건을 들어올리고, 4kg 정도의 물건을 빈번히 들어올리거나 운반한다.
3) 보통 작업 : 최고 20kg의 물건을 들어올리고, 10kg 정도의 물건을 빈번히 들어올리거나 운반한다.
4) 힘든 작업 : 최고 40kg의 물건을 들어올리고, 20kg 정도의 물건을 빈번히 들어올리거나 운반한다.
5) 아주 힘든 작업 : 40kg 이상의 물건을 들어올리고, 20kg 이상의 물건을 빈번히 들어올리거나 운반한다.

010

스트레스로 인해 직장에서 발생할 수 있는 행동반응 5가지를 쓰시오. [5점]

족집게 답안

직무스트레스로 인한 행동반응

1) 직무수행 감소
2) 직무 불만족
3) 지각 및 결근
4) 이직
5) 알코올, 약물 등에의 의존도 심화
6) 공격적 성향으로 인한 인간관계 악화

확장해 보기

스트레스의 예방 및 대처

1) 가치관을 전환시킨다.
2) 목표지향에서 과정중심의 사고방식으로 전환한다.
3) 균형 잡힌 생활을 한다.
4) 스트레스에 정면으로 도전하는 정신을 함양한다.
5) 운동 등을 통해 스트레스 해소책을 마련한다.
6) 마음 깊이 쌓인 분노를 없애야 한다.

011

'23(3), '23(1), '18(2), '17(2), '10(4), '06(3)

준거타당도의 종류 2가지를 쓰고 설명하시오. [6점]

족집게 답안

준거타당도

1) 예언타당도(예측타당도) : 미래 행위에 초점을 맞춘 것으로, 검사점수와 미래행위 측정치 간의 상관계수를 추정한다.
   예 입사시험 성적이 높은 사람이 이후 근무성적에서도 높은 점수를 받았다면, 해당 입사시험은 예언타당도가 높다고 할 수 있다.
2) 동시타당도(공인타당도) : 현재 행위에 초점을 맞춘 것으로, 새로운 검사와 준거를 동시에 측정해서 두 결과 간의 상관계수를 추정한다.
   예 근무성적이 좋은 재직자가 검사점수도 높았다면, 해당검사는 준거타당도를 갖췄다고 볼 수 있다.

확장해 보기

암기비법 **수변요**

구성 타당도

측정하고자 하는 개념들이 실제 측정도구에 의해 얼마나 제대로 측정되었는지의 정도를 말한다.

종류

1) 수렴타당도 : 검사결과가 해당 속성과 관련 있는 변수들과 높은 상관관계를 가지고 있을수록 수렴타당도가 높다.
   예 지능검사 결과가 지능과 관련 있는 학교성적과 높은 상관관계를 가지고 있다면 그 지능검사의 수렴타당도는 높다.
2) 변별타당도 : 검사결과가 해당 속성과 관련 없는 변수들과 낮은 상관관계를 가지고 있을수록 변별타당도가 높다.
   예 지능검사 결과가 지능과 관련 없는 외모와 낮은 상관관계를 가지고 있다면 그 지능검사의 변별타당도는 높다.
3) 요인분석 : 검사문항들 간의 상관관계를 분석하여 상관성이 높은 문항들을 묶어주는 통계적 방법이다.
   예 수학과 과학 문항이 혼재된 시험을 치렀을 때, 수학과 학생은 수학을, 과학과 학생은 과학을 보통 잘 볼 것이므로 해당 문항들은 두개의 군집, 즉 요인으로 추출될 것이다.

012

'15(1), '12(2)

한국표준직업분류의 대분류와 직능수준을 연결하시오. [5점]

대분류	직능 수준
전문가 및 관련 종사자	(1)
사무 종사자	(2)
서비스 종사자	(3)
단순노무종사자	(4)
군인	(5)

(1)

(2)

(3)

(4)

(5)

족집게 답안

암기비법 **관전/사서판농기장/단/군**

한국표준직업분류의 대분류와 직능수준

분류	대분류	직능 수준
1	관리자	제4직능수준 필요 혹은 제3직능수준 필요
2	전문가 및 관련 종사자	제4직능수준 필요 혹은 제3직능수준 필요
3	사무 종사자	제2직능수준 필요
4	서비스 종사자	제2직능수준 필요
5	판매 종사자	제2직능수준 필요
6	농림·어업 숙련 종사자	제2직능수준 필요
7	기능원 및 관련 기능 종사자	제2직능수준 필요
8	장치·기계조작 및 조립종사자	제2직능수준 필요
9	단순노무종사자	제1직능수준 필요
A	군인	제2직능수준 이상 필요

1) 전문가 및 관련 종사자 : 제4직능수준 필요 혹은 제3직능수준 필요
2) 사무 종사자 : 제2직능수준 필요
3) 서비스 종사자 : 제2직능수준 필요
4) 단순노무종사자 : 제1직능수준 필요
5) 군인 : 제2직능수준 이상 필요

확장해 보기

직능수준(Skill Level)

직능수준은 직무수행능력의 높낮이를 말하는 것으로 정규교육, 직업훈련, 직업경험, 선천적 능력과 사회 문화적 환경 등에 의해 결정된다.

1) 제1직능수준

① 일반적으로 단순·반복적이며 육체적인 힘을 요하는 업무를 수행하며, 간단한 수작업 공구나 진공청소기, 전기장비들을 이용하고, 과일을 따거나 채소를 뽑고 단순 조립 등의 작업을 수행한다.

② 최소한의 문자이해와 수리적 사고능력이 요구되는 간단한 직무교육으로 누구나 수행할 수 있다.

③ 초등교육이나 기초적인 교육을 필요로 한다.

④ 단순노무종사자가 이에 해당한다.

2) 제2직능수준 : 일반적으로 완벽하게 읽고 쓸 수 있는 능력과 정확한 계산능력, 그리고 상당한 정도의 의사소통 능력을 필요로 한다. 보통 중등 이상 교육과정의 정규교육이수 또는 이에 상응하는 직업훈련이나 직업경험을 필요로 한다.

3) 제3직능수준

① 복잡한 과업과 실제적인 업무를 수행할 정도의 전문적인 지식을 보유하고 수리계산이나 의사소통 능력이 상당히 높아야 한다.

② 보통 중등교육을 마치고 1~3년 정도의 추가적인 교육과정 정도의 정규교육 또는 직업훈련을 필요로 한다.

4) 제4직능수준

① 매우 높은 수준의 이해력과 창의력 및 의사소통 능력이 필요하다.

② 일반적으로 4년 이상의 학사, 석사나 그와 동등한 학위가 수여되는 교육수준의 정규교육 또는 훈련을 필요로 한다.

013

'23(2), '15(1)

초기면담 시 상담자가 내담자에게 좋은 영향을 줄 수 있는 언어적 행동과 비언어적 행동을 각각 3가지씩 쓰시오. [6점]

족집게 답안

상담자가 내담자에게 좋은 영향을 미치는 언어적·비언어적 행동

1) 언어적 행동
   ① 내담자에게 명료하고 이해 가능한 언어를 사용한다.
   ② 내담자의 기본적인 신호에 적절히 반응한다.
   ③ 긴장을 줄이기 위해 가끔 유머를 사용한다.
   ④ 내담자에게 개방적 질문과 언어적 강화를 사용한다.
2) 비언어적 행동
   ① 내담자와 기분 좋은 눈 맞춤을 유지한다.
   ② 내담자에게 가끔 미소를 지으며, 고개를 끄덕인다.
   ③ 내담자와 유사한 언어의 톤을 사용한다.
   ④ 내담자에게 몸을 가깝게 기울이며 상담한다.

확장해 보기

초기면담 수행 시 상담자가 유의해야 할 사항

1) 내담자와 촉진적 관계 형성하기
2) 내담자와 상담목표 및 전략 수립하기
3) 상담과정과 역할에 대해 명확히 하기
4) 상담과정에 필요한 과제물 부여하기
5) 내담자의 심리적 문제 파악하기
6) 비밀유지에 대해 설명하기

014

'22(2), '20(1), '18(3), '13(2), '10(2), '07(3)

한국표준산업분류(KSIC)에서 산업, 산업활동, 산업분류의 의미를 각각 설명하시오. [6점]

족집게 답안

산업/산업활동/산업분류

1) 산업 : 유사한 성질을 갖는 산업활동에 주로 종사하는 생산단위의 집합이다.
2) 산업활동 : 각 생산단위가 자원을 투입하여 재화나 서비스를 생산 또는 제공하는 일련의 활동과정이다.
3) 산업분류 : 생산단위가 주로 수행하는 산업활동을 그 유사성에 따라 체계적으로 유형화한 것이다.

확장해 보기

산업활동의 범위/산업분류 기준/생산단위의 활동형태

1) 산업활동의 범위 : 영리적 · 비영리적 활동이 모두 포함되나, 가정 내의 가사활동은 제외된다.
2) 산업분류 기준
   ① 산출물의 특성
   ② 투입물의 특성
   ③ 생산활동의 일반적인 결합형태
3) 생산단위의 활동형태
   ① 주된 산업활동 : 생산된 재화나 제공된 서비스 중에서 부가가치가 가장 큰 활동이다.
   ② 부차적 산업활동 : 주된 활동 이외의 재화 생산 및 서비스 제공 활동을 말한다.
   ③ 보조적 활동 : 주된 활동과 부차적 활동을 지원하며 회계, 운송, 구매, 창고, 수리 서비스 등이 포함된다.

015

'20(4), '19(1), '17(3), '16(3), '12(3), '11(3)

직무분석방법을 3가지 쓰고 설명하시오. [6점]

직무분석방법(답안 I)

1) 최초분석법 : 분석대상 직무자료가 드물거나 해당분야의 전문가가 거의 없는 경우 사용하는 방법이다.
2) 비교확인법 : 지금까지 분석된 자료를 참고하여 현재의 직무상태를 비교·확인하는 방법이다.
3) 데이컴법 : 교과과정을 개발하는데 활용되며, 교육목표와 교육내용을 단시간내 추출하는데 효과적이다.

암기비법 최비데

확장해 보기

직무분석방법(최초분석법, 답안 II)

1) 면접법 : 직무분석자가 특정직무에 대해 오랜 경험과 전문지식 등을 갖고 있는 직무담당자와의 면접을 통해 분석한다.
2) 관찰법 : 직무분석자가 사업장에서 작업자가 수행하는 직무활동을 관찰하고 그 결과를 기술한다.
3) 체험법 : 직무분석자가 직무활동을 직접 체험함으로써 생생한 자료를 얻는다.
4) 설문지법 : 현장의 작업자 등에게 설문지를 배부하여 직무내용을 기술하게 한다.
5) 녹화법 : 단순하고 반복적이며, 장시간 관찰이 불가능할 때 사용된다.
6) 중요사건기법(결정적사건법) : 직무수행에 결정적 역할을 한 사건을 중심으로 직무요건을 추론한다.

016

'18(3), '14(2), '12(1), '11(3), '10(3), '07(1)

기혼여성의 경제활동참가율을 결정하는 요인을 5가지 쓰시오. [5점]

족집게 답안

기혼여성의 경제활동참가율 결정요인

1) 시장임금의 증감
2) 법적·제도적 장치의 유무
3) 남편소득의 증감
4) 자녀수 증감
5) 가계생산기술의 발달 여부
6) 고용시장의 발달 여부
7) 여성의 교육 수준

확장해 보기

노동수요의 탄력성 결정요인

1) 생산물 수요의 탄력성
2) 총생산비에 대한 노동비용의 비중
3) 노동의 대체 가능성
4) 노동 이외 생산요소의 공급 탄력성

017

'23(2), '21(3), '19(2), '18(3), '16(3), '11(2), '10(1), '05(1)

심리검사는 사용목적에 따라 규준참조검사와 준거참조검사로 구분할 수 있다. 규준참조검사와 준거참조검사의 의미를 각각 예를 들어 설명하시오. [6점]

족집게 답안

규준참조검사와 준거참조검사

1) 규준참조검사 : 개인의 점수를 다른 사람들의 점수와 비교하는 상대평가 검사이다.
   예 심리검사, 선발검사 등
2) 준거참조검사 : 개인의 점수를 어떤 기준검사와 비교하는 절대평가 검사이다.
   예 다수의 국가자격시험 등.

확장해 보기

심리검사의 분류

실시 방식에 따른 분류

1) 실시시간 기준
   ① 속도검사 : 시간제한을 두고 쉬운 문제들로 구성되어 있으며, 문제해결력보다는 숙련도를 측정한다.
   예 웩슬러 지능검사의 소검사
   ② 역량검사 : 시간제한이 없고 어려운 문제들로 구성되어 있으며, 숙련도보다는 문제해결력을 측정한다.
   예 수학 경시대회
2) 수검자 수 기준
   ① 개인검사 : 검사자와 수검자의 일대일 방식으로 이루어지는 검사이며, 수검자의 심층적 분석에 유리하다.
   예 한국판 웩슬러 지능검사(K-WAIS), 일반직업적성검사(GATB), 주제통각검사(TAT), 로샤검사 등
   ② 집단검사 : 여러 명의 수검자를 한번에 검사하는 방식이며, 시간과 비용면에서 효율적이다.
   예 미네소타 다면적인성검사(MMPI), 캘리포니아 성격검사(CPI), 마이어스-브릭스 성격유형검사(MBTI) 등
3) 검사도구 기준
   ① 지필검사 : 종이에 인쇄된 문항에 응답하는 방식이다.
   예 각종 국가자격시험, MMPI, MBTI 등
   ② 수행검사 : 수검자가 도구를 다루어야 하는 방식이다.
   예 운전면허 주행시험, 웩슬러 지능검사의 토막짜기 소검사, 일반 직업적성검사의 동작검사 등

사용목적에 따른 분류

1) 규준참조검사
2) 준거참조검사

측정내용에 따른 분류

1) 극대수행검사(최대수행검사) : 일정 시간 내 자신의 능력을 최대한 발휘하게 하는 인지적 검사이며, 성능검사이다.
   ① 지능검사 : 스탠포드-비네 지능검사, 한국판 웩슬러 성인용지능검사(K-WAIS) 등
   ② 적성검사 : 일반적성검사(GATB)
   ③ 성취도검사 : 학업성취도검사
2) 습관적 수행검사(정서적 검사) : 일상생활에서의 습관적인 행동을 검토하는 비인지적 검사로써, 성향검사이다.
   ① 성격검사 : MBTI, MMPI, CPI, 로샤검사 등
   ② 흥미검사 : 직업선호도검사, 쿠더직업흥미검사, 스트롱-캠벨 흥미검사
   ③ 태도검사 : 직무만족도검사(JSS) 등

검사장면에 따른 분류

1) 축소상황검사 : 실제 장면과 같지만 과제나 직무를 매우 축소시킨 검사이다.
2) 모의장면검사 : 실제 장면과 거의 유사한 장면을 인위적으로 만들어 놓은 검사이다.
3) 경쟁장면검사 : 작업장면과 같은 상황에서 실제 문제나 작업을 제시하고 경쟁적으로 문제해결을 요구하는 검사이다.

018

'16(2), '13(3)

다음은 완전경쟁시장에서 휴대용 의자를 생산하는 S사의 생산표이다. 이 회사가 생산하는 휴대용 의자의 개당 가격이 2,000원이고, 근로자의 임금은 10,000원일 때, 다음에 답하시오. [6점]

근로자 수(명)	0	1	2	3	4	5
시간당 생산량(개)	0	10	18	23	27	30

1) 근로자 수가 5명일 때, 노동의 평균생산량을 구하시오.

2) S사가 이윤을 극대화하기 위해 고용해야 할 근로자수와 노동의 한계생산량을 구하시오.

족집게 답안

평균생산량과 이윤극대화 조건

1) 노동의 평균생산량(AP_L) = $\dfrac{\text{총생산량}(TP)}{\text{노동투입량}(L)}$

노동의 평균생산량(AP_L) = $\dfrac{30}{5}$ = 6(개)

∴ 평균생산량(AP_L)은 6(개)이다.

2) 노동의 한계생산량(MP_L) = $\dfrac{\text{총생산량증가분}(\Delta TP)}{\text{노동투입량증가분}(\Delta L)}$

노동의 한계생산물가치(VMP_L) = $P \cdot MP_L$(단, P는 가격, MP_L은 한계생산량)이므로 표를 작성하면 아래와 같다.

근로자 수(명)	0	1	2	3	4	5
시간당 생산량(개)	0	10	18	23	27	30
MP_L	0	10	8	5	4	3
VMP_L	0	20,000	16,000	10,000	8,000	6,000

기업의 이윤극대화 조건은,

노동의 한계생산물가치($VMP_L = P \cdot MP_L$) = 임금률(W)(단, P는 가격)에서 이루어지므로

2,000(P) × MP_L = 10,000(W)이다.

그러므로 MP_L = 5, 근로자 수 3(명)에서 이윤극대화가 이루어진다.

∴ 근로자 수는 3(명), 노동의 한계생산량(MP_L)은 5(개)이다.

2021년 2회

001

'20(3), '16(2), '14(1), '13(3), '10(2), '09(2)

내담자의 흥미사정 기법 3가지를 쓰고, 각각에 대해 설명하시오. [6점]

흥미사정기법

1) 흥미평가기법 : 종이에 쓰여진 알파벳에 따라 흥밋거리를 기입하게 해서 내담자의 흥미를 사정하는 기법이다.
2) 직업선호도검사 : 홀랜드의 흥미유형과 연관지어 내담자의 흥미를 사정한다.
3) 직업카드분류법 : 직업선택의 동기를 알아보기 위해 직업카드를 선호군, 혐오군, 미결정 중성군으로 분류하도록 한다.
4) 작업경험 분석 : 내담자가 과거에 경험했던 작업들을 분석하여 직업 관련 선호도를 찾아내는 기법이다.

표조조

수퍼의 흥미사정기법

1) 표현된 흥미 : 내담자에게 어떤 활동에 대해 좋고 싫음을 묻는 질문을 한다.
2) 조작된 흥미 : 활동에 대해 질문을 하거나 활동에 참여한 사람들이 어떻게 시간을 보내는지 관찰한다.
3) 조사된 흥미 : 다양한 활동에 대해 좋고 싫음을 묻는 표준화된 검사를 통해 흥미를 파악한다.

002

'23(1), '21(1), '17(1), '17(3), '14(3), '10(2), '07(3)

심리검사의 신뢰도에 영향을 주는 요인을 5가지 쓰시오. [5점]

암기비법 **개문 문검신**

심리검사의 신뢰도에 영향을 주는 요인

1) 개인차 : 검사대상의 개인차가 클수록 신뢰도 계수도 커진다.
2) 문항 수 : 문항 수가 많으면 신뢰도는 어느 정도 높아지나, 문항 수를 무조건 늘린다고 해서 신뢰도가 정비례하여 커지는 것은 아니다.
3) 문항반응 수 : 문항반응 수는 적정 크기를 유지하는 것이 바람직하며, 이를 초과할 경우 신뢰도는 향상되지 않는다.
4) 검사유형 : 속도검사의 경우, 전후절반법으로 신뢰도를 추정하게 되면 후반부로 갈수록 시간이 부족하기 때문에 신뢰도는 낮아진다.
5) 신뢰도 추정방법 : 서로 다른 신뢰도 추정방법에 따른 신뢰도 계수는 각기 다를 수밖에 없다.

확장해 보기

측정오차를 줄이기 위한 방법

1) 표준화된 검사를 사용한다.
2) 검사의 실시와 채점 과정을 표준화한다.
3) 검사문항을 누구에게나 동일한 이해가 가능하도록 구성한다.
4) 검사의 문항 수와 반응 수를 늘린다.
5) 검사의 신뢰도에 나쁜 영향을 미치는 문항들을 제거한다.
6) 검사조건을 균일하게 유지하여 오차변량을 줄인다.

003

'23(3), '23(2), '20(1), '19(1), '18(3), '17(3), '15(1), '14(3), '12(2·3), '10(4), '09(2·3), '08(1), '07(1)

표준화된 심리검사에는 집단내 규준이 포함되어 있다. 집단내 규준의 3가지 종류를 쓰고 설명하시오. [6점]

족집게 답안

암기비법 **백표표**

집단 내 규준

1) 백분위 점수 : 표준화된 집단의 점수분포에서 한 개인의 상대적 위치를 나타내는 점수이다.
2) 표준점수 : 표준편차를 사용하여 개인의 점수가 평균으로부터 떨어져 있는 거리를 표시한 것이다.
3) 표준등급 : 원점수를 1~9까지의 구간으로 구분하여 각 구간마다 일정한 점수나 등급을 부여한 것이다.

확장해 보기

암기비법 **범분표사**

분산 정도의 판단 기준

1) 범위 : 점수분포에 있어서 최고점수에서 최저점수까지의 거리이다.
   범위 = 최고점수 - 최저점수 + 1
   예 '2, 4, 5, 7'의 범위는 7 - 2 + 1 = 6 이다.
2) 분산 : 변수분포의 모든 변숫값들을 통해 흩어진 정도를 추정한다.
3) 표준편차 : 평균에서 각 점수들이 평균적으로 이탈된 정도를 말한다.
4) 사분위편차 : 자료를 일렬로 늘어놓고 가장 작은 지점에서 1/4 지점, 3/4 지점에 있는 자료 두개를 택하여 그 차이를 2로 나눈 값이다.

004

'15(2)

한국표준직업분류(KSCO)에서 직무 유사성의 판단기준 4가지를 쓰시오. [4점]

족집게 답안

직무 유사성의 판단기준

1) 직무수행자에게 필요한 지식
2) 경험
3) 기능
4) 직무수행자가 입직하기 위해 필요한 요건

확장해 보기

입직률과 입직

> A회사에 8월 말 근로자가 1,000명이고 9월 신규 근로자가 20명, 전입근로자가 80명일 때, 9월 입직률을 계산하고 입직의 의미를 쓰시오.

1) $\text{입직률(\%)} = \dfrac{\text{입직자 수}}{\text{전월 말 근로자 수}} \times 100$

$\text{9월 입직률(\%)} = \dfrac{\text{20명} + \text{80명}}{\text{1,000명}} \times 100 = 10\%$

∴ 9월 입직률은 10%이다.

2) 입직 : 근로자가 기업으로 들어오는 것을 말하며 신규채용, 전직, 일시해고 중인 근로자의 소환 등으로 이루어진다.

005

'22(1), '18(2·3), '16(3), '15(2), '11(3), '07(1)

최저임금제의 기대효과를 6가지 쓰시오. [6점]

암기비법 소노공 경기산

최저임금제의 기대효과

1) 소득 분배의 개선
2) 노동력의 질적 향상
3) 공정 경쟁의 확보
4) 경기 활성화에 기여
5) 기업의 근대화 및 산업구조의 고도화 촉진
6) 산업평화의 유지
7) 복지국가의 실현

확장해 보기

최저임금제의 부정적 효과와 노동시장 파급효과

1) 부정적 효과
   ① 고용 감소 및 실업 증가
   ② 경제활동 배분의 왜곡과 전체적인 생산량 감소
   ③ 소득분배의 역진성
2) 최저임금제의 노동시장 파급 효과
   ① 노동 공급량의 증가
   ② 노동 수요량의 감소
   ③ 실업의 발생
   ④ 숙련직의 임금 상승 유발
   ⑤ 부가급여의 축소 유발

006

'23(3), '23(1), '22(1), '16(3), '15(12), '12(3), '11(1)

적응행동증진기법에 대해 3가지 방법을 쓰고 설명하시오. [6점]

적응행동증진기법(학습촉진기법)

1) 강화 : 내담자의 행동에 대해 적절하게 긍정적·부정적 반응을 보임으로써 내담자의 바람직한 행동을 강화시킨다.
2) 변별학습 : 자신의 직업결정 능력 등을 검사도구를 사용하여 변별하고 비교해보도록 하는 것이다.
3) 사회적 모델링과 대리학습 : 타인의 행동에 대한 관찰과 모방을 통해 내담자의 학습을 촉진한다.
4) 행동조성 : 행동을 단계별로 세분화하여 단계마다 강화를 제공함으로써 학습을 촉진한다.
5) 상표제도(토큰경제) : 내담자의 바람직한 행동이 이루어질 때마다 그에 상응하는 보상을 하는 것이다..

확장해 보기

암기비법 체금반 혐주자 강변 사행상

부적응행동감소기법(불안감소기법)

1) 체계적둔감법 : 내담자의 불안반응을 체계적으로 증대시켜 둔감화한다.
2) 금지조건형성(내적 금지) : 내담자에게 불안요소를 지속적으로 제시함으로써 불안반응을 감소시킨다.
3) 반조건형성 : 조건 자극과 새로운 자극을 함께 제시해서 불안을 감소시킨다.
4) 혐오치료 : 바람직하지 못한 행동에 혐오자극을 제시함으로써 부적응적 행동을 제거한다.
5) 주장훈련 : 내담자에게 불안이외의 감정을 표현하게 해서 대인관계에 있어서의 불안을 해소시킨다.
6) 자기표현훈련 : 자기표현을 통해 타인과 상호작용함으로써 대인관계에서 비롯되는 불안요인을 제거한다.

007

'22(2), '22(1), '21(1·3), '20(2·3), '18(1·3), '16(2), '15(1)

인지·정서·행동적 상담의 기본개념으로써 A - B - C - D - E - F 모델의 의미를 쓰시오. [6점]

족집게 답안

인지적, 정서적, 행동적 상담의 기본개념

1) A(선행사건) : 내담자의 감정이나 행동에 영향을 미치는 사건이다.
2) B(비합리적 신념체계) : 선행 사건에 대한 비합리적 신념체계이다.
3) C(결과) : 비합리적 신념으로 인한 부적응적인 정서적·행동적 결과이다.
4) D(논박) : 비합리적 신념을 논리적으로 반박하는 것이다.
5) E(효과) : 논박으로 인해 비합리적 신념이 합리적 신념으로 전환된다.
6) F(감정) : 합리적 신념에서 비롯된 긍정적이고 수용적인 감정이다.

확장해 보기

암기비법 **인역정 유행인**

인지 · 정서 · 행동적 상담(REBT)의 기본원리

1) **인**지는 인간의 정서를 결정하는 가장 중요한 요소이다.
2) **역**기능적 사고는 정서장애의 중요한 결정 요인이다.
3) **정**서적인 문제의 해결은 사고 분석에서 시작하는 것이 효과적이다.
4) **유**전과 환경 등 다양한 요인들이 불합리한 사고를 초래한다.
5) **행**동에 대한 과거의 영향보다는 현재에 초점을 둔다.
6) **인**간이 갖고 있는 신념은 변한다고 믿는다.

008

'17(1), '12(2)

정신분석적 상담에서 필수적 개념인 불안의 3가지 유형을 쓰고 설명하시오. [6점]

정신분석적 상담에서 불안의 유형

1) 현실적 불안 : 현실에서 실제적 위험을 지각함으로써 느끼는 불안이다.
2) 신경증적 불안 : 자아와 원초아 간의 갈등이며, 자아가 원초아를 통제하지 못할 경우 발생하는 불안이다.
3) 도덕적 불안 : 원초아와 초자아 간의 갈등에서 생기는 것으로, 본질적인 자기양심에 대한 불안이다.

확장해 보기

정신분석적 상담에서 성격의 3요소

1) 원초아 : '쾌락의 원리'에 따르며, 현실적 여건을 고려하지 않고 즉각적으로 욕구를 충족시키고자 한다.
2) 자아 : '현실의 원리'에 따르며, 현실적 여건을 고려하여 욕구를 지연시키고 행동을 통제한다.
3) 초자아 : '도덕의 원리'에 따르며, 도덕적 규범에 따라 행동의 옳고 그름을 판단한다.

009

'22(3), '19(2), '17(1), '14(3), '09(3), '06(3), '02(1)

투사적 검사와 비교하여 객관적 검사가 가지는 장점을 3가지 쓰시오. [6점]

족집게 답안

객관적검사의 장점

1) 검사의 실시가 간편하다.
2) 시간과 노력이 절감된다.
3) 검사의 신뢰도와 타당도가 검증되어 있다.
4) 검사의 객관성이 보장되어 있다.
5) 부적합한 응답을 최소화할 수 있다.
6) 비용적 측면에서 경제적이다.

확장해 보기

투사적 검사의 장점과 단점

1) 장점
   ① 내담자의 독특한 반응을 통해 내담자 개인을 더 잘 이해하게 한다.
   ② 내담자의 의도적 방어 반응을 방지한다.
   ③ 내담자의 다양한 표현을 유도하며, 풍부한 심리적 특성을 반영한다.
2) 단점
   ① 검사의 신뢰도가 전반적으로 부족하다.
   ② 검사 결과의 해석에 대한 타당도 검증이 빈약하다.
   ③ 여러 상황적 요인들이 검사반응에 강한 영향을 미친다.

010

'18(2), '15(2), '12(2)

내담자의 흥미를 사정하는 목적을 5가지 쓰시오. [5점]

족집게 답안

흥미사정 목적

1) 여가선호와 직업선호 구별하기
2) 자기인식 발전시키기
3) 직업탐색 조장하기
4) 직업대안 규명하기
5) 직업·교육상 불만족 원인 규명하기.

확장해 보기

상호역할관계 사정 방법

1) 질문을 통해 사정하기
   ① 내담자가 개입하고 있는 생애역할들을 나열하기
   ② 개개 역할에 소요되는 시간의 양 추정하기
   ③ 내담자의 가치들을 이용해서 순위 정하기
   ④ 상충적·보상적·보완적 역할들 찾아내기
2) 동그라미로 역할관계 그리기 : 내담자의 문제들을 파악해서 가치순위에 따라 크기를 달리하여 동그라미로 역할관계를 그리게 한다.
3) 생애-계획연습으로 전환하기 : 각 생애단계마다 생애역할목록을 작성해서 역할들 간의 관계를 파악하고, 미래에 충족시킬 것으로 기대되는 역할 등을 탐색한다.

011

'19(1)

노만(Norman)이 제안한 성격 5요인(Big - 5)의 구성요인을 쓰고 설명하시오. [5점]

족집게 답안

성격 5요인(Big – 5)의 구성요인

1) 외향성 : 타인과의 상호작용을 원하고 타인의 관심을 끌고자 하는 정도를 측정한다.
2) 호감성 : 타인과 편안하고 조화로운 관계를 유지하려는 정도를 측정한다.
3) 성실성 : 사회적 규범이나 원칙 등을 기꺼이 지키려는 정도를 측정한다.
4) 정서적 불안정성 : 정서적으로 얼마나 안정되어 있는지의 정도를 측정한다.
5) 경험에 대한 개방성 : 세계에 대한 관심 및 호기심, 다양한 경험에 대한 포용력 정도를 측정한다.

확장해 보기

암기비법 성이자 안안지

미네소타 중요도 질문지(MIQ)의 6가지 가치관

1) 성취 : 자신의 능력을 발휘해서 성취감을 얻으려는 욕구이다.
2) 이타심 : 타인을 돕고 그들과 함께 일하고자 하는 욕구이다.
3) 자율성 : 자신의 의사대로 자유롭게 생각하고 결정하고자 하는 욕구이다.
4) 안락함 : 직무에 대해 편안한 작업환경을 바라는 욕구이다.
5) 안정성 : 혼란스러운 환경을 피하고 정돈되고 예측가능한 환경에서 일하고자 하는 욕구이다.
6) 지위 : 타인이 자신을 어떻게 인식하는지와 사회적 명성에 대한 욕구이다.

012

'12(1), '11(1), '10(1), '07(1)

내담자와 관련된 정보를 수집하고 내담자의 행동을 이해하고 해석하는 데 기본이 되는 상담기법을 6가지 쓰시오. [6점]

족집게 답안

암기비법 가의전분 저근왜반변

내담자의 정보 및 행동에 대한 이해

1) 가정 사용하기
2) 의미 있는 질문하기
3) 전이된 오류 정정하기
4) 분류 및 재구성하기
5) 저항감 재인식하기
6) 근거 없는 믿음 확인하기
7) 왜곡된 사고 확인하기
8) 반성의 장 마련하기
9) 변명에 초점 맞추기

확장해 보기

암기비법 단복가구원 무비양파강 걸고잘자

인지적 명확성이 부족한 내담자의 유형 및 개입 방법

1) 단순 오정보 : 정보 제공하기
2) 복잡한 오정보 : 논리적 분석
3) 가정된 불가능 : 격려
4) 구체성의 결여 : 구체화시키기
5) 원인과 결과의 착오 : 논리적 분석
6) 무력감 : 지시적 상상
7) 비난하기 : 직면, 논리적 분석
8) 양면적 사고 : 역설적 사고
9) 파행적 의사소통 : 저항에 초점 맞추기
10) 강박적 사고 : 합리적 · 정서적 치료
11) 걸러내기 : 재구조화하기
12) 고정성 : 정보 제공하기
13) 잘못된 의사결정 방식 : 심호흡 시키기
14) 자기인식의 부족 : 은유나 비유 쓰기

013

'17(2), '12(2)

비수요부족실업에 해당하는 대표적인 실업의 유형 3가지를 쓰고 설명하시오. [6점]

족집게 답안

비수요부족실업

1) 마찰적 실업 : 신규 또는 전직자가 직업을 찾는 과정에서 직업정보 부족으로 인해 일시적으로 발생하는 비수요부족 실업이며, 자발적 실업이다.
2) 구조적 실업 : 경제구조 자체의 변화 또는 지역간 노동력 수급의 불균형 때문에 발생하는 비수요부족 실업이며, 비자발적이고 장기적 실업이다.
3) 계절적 실업 : 기후나 계절의 변화에 따라 노동수요의 변화가 심한 부문에서 발생하는 비수요부족 실업이며, 일시적 실업이다.

확장해 보기

실업에 대한 대책

1) 경기적 실업 : 불경기 때 발생하는 대표적인 수요부족 실업이다.
재정지출 확대, 조세감면, 금리 인하, 통화량 증대→총수요(유효수요)의 증대
2) 마찰적 실업 : 구인·구직에 대한 전산망 연결, 직업알선기관의 활성화, 고용실태 및 전망에 관한 자료제공, 퇴직예고제 등
3) 구조적 실업 : 경제(산업)구조 변화 예측에 따른 인력수급정책, 근로자의 전직 관련 직업훈련, 지역이주금 보조 등
4) 계절적 실업 : 비수기때의 근로대책, 구인처 확보 등

014

'20(1), '07(1)

다음은 한국직업사전의 작업강도에 대한 내용이다. 빈칸을 채우시오. [5점]

- 아주 가벼운 작업 : 최고 (A)kg의 물건을 들어올리고, 때때로 장부 · 대장 · 소도구 등을 들어올리거나 운반한다.
- 보통 작업 : 최고 (B)kg의 물건을 들어올리고, (C)kg 정도의 물건을 빈번히 들어올리거나 운반한다.
- 힘든 작업 : 최고 (D)kg의 물건을 들어올리고, (E)kg 정도의 물건을 빈번히 들어올리거나 운반한다.

족집게 답안

부가직업정보 중 작업강도

1) A : 4　B : 20　C : 10　D : 40　E : 20

2) 분류

① 아주 가벼운 작업 : 최고 4kg의 물건을 들어올리고, 때때로 장부 · 대장 · 소도구 등을 들어올리거나 운반한다.
② 가벼운 작업 : 최고 8kg의 물건을 들어올리고, 4kg 정도의 물건을 빈번히 들어올리거나 운반한다.
③ 보통 작업 : 최고 20kg의 물건을 들어올리고, 10kg 정도의 물건을 빈번히 들어올리거나 운반한다.
④ 힘든 작업 : 최고 40kg의 물건을 들어올리고, 20kg 정도의 물건을 빈번히 들어올리거나 운반한다.
⑤ 아주 힘든 작업 : 40kg 이상의 물건을 들어올리고, 20kg 이상의 물건을 빈번히 들어올리거나 운반한다.

확장해 보기

부가 직업정보 중 숙련기간

1) 개념 : 해당 직업의 직무를 평균적으로 수행하는 데 필요한 각종 교육, 훈련, 숙련기간을 의미한다. 단, 향상훈련은 포함되지 않는다.

2) 수준

수준	숙련기간	수준	숙련기간	수준	숙련기간
1	약간의 시범정도	4	3개월 초과~6개월 이하	7	2년 초과~4년 이하
2	시범 후 30일 이하	5	6개월 초과~1년 이하	8	4년 초과~10년 이하
3	1개월 초과~3개월 이하	6	1년 초과~2년 이하	9	10년 초과

015

'17(2), '13(2)

아래에 주어진 내용을 보고 경제활동참가율, 실업률, 고용률을 구하시오(단, 소수 둘째자리에서 반올림 하시오). [6점]

- 전체 인구 수 : 500
- 15세 이상 인구 수 : 400
- 취업자 수 : 200
- 실업자 수 : 20

[단위 : 천명]

(1) 경제활동참가율을 구하시오.

(2) 실업률을 구하시오.

(3) 고용률을 구하시오.

족집게 답안

경제활동참가율/실업률/고용률

1) $경제활동참가율(\%) = \dfrac{경제활동인구\ 수}{15세\ 이상\ 인구\ 수} \times 100 = \dfrac{취업자\ 수 + 실업자\ 수}{15세\ 이상\ 인구\ 수} \times 100$

$경제활동참가율(\%) = \dfrac{200천명 + 20천명}{400천명} \times 100 = 55(\%)$ ∴경제활동참가율은 55%이다.

2) $실업률(\%) = \dfrac{실업자\ 수}{경제활동인구\ 수} \times 100$

$실업률(\%) = \dfrac{20천명}{200천명 + 20천명} \times 100 = 9.1\%$(소수 둘째자리 반올림) ∴실업률은 9.1%이다.

3) $고용률(\%) = \dfrac{취업자\ 수}{15세\ 이상\ 인구\ 수} \times 100$

$고용률(\%) = \dfrac{200천명}{400천명} \times 100 = 50(\%)$ ∴고용률은 50%이다.

확장해 보기

실망노동자효과와 부가노동자효과

1) 실망노동자효과 : 경기침체시 일자리를 찾게 될 확률이 낮아져 구직을 포기하는 사람들이 늘어나 비경제활동인구가 됨으로써, 실업률과 경제활동 인구를 감소시킨다.

2) 부가노동자효과 : 가구주가 불황으로 실직하면서 주부 등과 같은 비경제활동인구가 구직활동을 통해 실업자로 되기 때문에 실업자가 증가한다.

016

'18(2)

어떤 사람의 직업적성을 알아보기 위하여 같은 명칭의 A 적성검사와 B 적성검사를 두 번 반복 실시했는데, 두 검사의 점수가 차이를 보여 이 사람의 정확한 적성을 판단하기 매우 어려운 상황이 발생하였다. 이와 같은 동일한 유형의 심리검사의 결과가 서로 다르게 나타날 수 있는 원인을 5가지 쓰시오 [5점]

족집게 답안

유사한 심리검사 결과의 차이가 발생하는 원인

1) 두 검사의 내용 및 난이도 차이
2) 두 검사 시행기간의 차이
3) 두 검사의 수행환경 차이
4) 응답자의 속성 변화
5) 문항의 속성 차이
6) 문항의 반응 수 차이

확장해 보기

검사점수의 변량에 영향을 미치는 개인의 일시적이고 일반적인 요인

1) 개인의 건강
2) 개인의 피로 상태
3) 개인의 검사에 대한 동기
4) 개인의 정서적 불안 정도
5) 개인의 검사에 대한 이해 정도
6) 개인의 검사 받는 요령

017

'23(2), '22(3)

산업분류의 결정방법 중 생산단위의 활동형태를 3가지 쓰고 설명하시오. [6점]

족집게 답안

생산단위의 활동형태

1) 주된 산업활동 : 생산된 재화나 제공된 서비스 중에서 부가가치가 가장 큰 활동이다.
2) 부차적 산업활동 : 주된 활동 이외의 재화 생산 및 서비스 제공 활동을 말한다.
3) 보조적 활동 : 주된 활동과 부차적 활동을 지원하며 회계, 운송, 구매, 창고, 수리 서비스 등이 포함된다.

확장해 보기

산업/산업활동/산업활동의 범위/산업분류/산업분류 기준

1) 산업 : 유사한 성질을 갖는 산업활동에 주로 종사하는 생산단위의 집합을 말한다.
2) 산업활동 : 각 생산단위가 노동, 자본, 원료 등 자원을 투입하여 재화 또는 서비스를 생산 또는 제공하는 일련의 활동과정이다.
3) 산업활동의 범위 : 영리적·비영리적 활동이 모두 포함되나, 가정 내의 가사활동은 제외된다.
4) 산업분류 : 생산단위가 주로 수행하는 산업활동을 그 유사성에 따라 체계적으로 유형화한 것이다.
5) 산업분류 기준
   ① 산출물의 특성
   ② 투입물의 특성
   ③ 생산활동의 일반적인 결합형태

018

'10(1)

심리검사 제작을 위한 예비문항 제작 시 고려해야 할 5가지 사항을 쓰시오. [5점]

족집게 답안

예비문항 제작 시 고려 사항

1) 문항의 적절성 : 성별, 종교, 인종, 문화 등 특정집단에 유리하도록 제작해서는 안된다.
2) 문항의 난이도 : 수검자의 수준에 따라 난이도를 적절하게 구성한다.
3) 문항의 구조화 : 문항 내용은 구체적이고 명확해야 한다.
4) 문항의 동기유발 : 문항은 수검자로 하여금 학습동기를 유발할 수 있어야 한다.
5) 문항의 참신성 : 기존검사에 중복되지 않는 새로운 문항을 제시한다.
6) 문항의 중립성 : 특정집단에 불쾌감을 주는 문항이 포함되지 않도록 주의한다.

확장해 보기

심리검사 선정 시 고려사항

1) 심리검사의 목적을 명확히 파악해야 한다.
2) 신뢰도와 타당도가 높은 검사방법을 사용해야 한다.
3) 내담자의 문제점을 정확히 파악해야 한다.
4) 시행상의 간편성, 경제성 등 실용적 측면을 고려해야 한다.
5) 검사선택에 있어서 내담자를 포함해야 한다.

2021년 3회

001

'22(3), '22(1), '19(2), '12(2), '11(1·3), '10(3), '08(3)

한국표준직업분류(KSCO)에서 다수직업 종사자의 분류원칙 3가지를 순서대로 쓰고 설명하시오. [6점]

족집게 답안 암기비법 다취수조

다수직업 종사자의 분류원칙

1) 취업시간 우선의 원칙 : 더 긴 시간을 투자하는 직업으로 결정한다.
2) 수입 우선의 원칙 : 수입이 더 많은 직업으로 결정한다.
3) 조사시 최근의 직업 원칙 : 조사시점을 기준으로 최근에 종사한 직업으로 결정한다.

확장해 보기 암기비법 포주최생

포괄적 업무의 분류 원칙

1) 의미 : 한 사람이 2개 이상의 직무를 수행하는 경우를 의미한다.

2) 분류 원칙

① 주된 직무 우선원칙 : 수행되는 직무내용과 분류항목의 직무내용을 비교하여 상관성이 가장 많은 항목에 분류한다.
예 교육과 진료를 겸하는 의대교수는 강의·연구 등(교육)과 진료·처치 등(의료)의 직무내용을 파악하여 관련 항목이 많은 분야로 분류한다.

② 최상급 직능수준 우선원칙 : 수행된 직무가 상이한 수준의 훈련과 경험을 필요로 한다면, 가장 높은 수준의 직무를 필요로 하는 일에 분류한다.
예 조리와 배달의 직무비중이 같을 경우에는, 조리의 직능수준이 높으므로 조리사로 분류한다.

③ 생산업무 우선원칙 : 재화의 생산과 공급이 같이 이뤄지는 경우, 생산단계에 관련된 업무를 우선적으로 분류한다.
예 한 사람이 빵을 생산하고 판매도 하는 경우, 제빵사로 분류한다.

002

'22(3), '21(1), '20(2), '17(1·2), '15(2·3), '14(1), '13(3), '12(2), '10(3)

부처(Butcher)의 집단직업상담의 3단계 모델을 쓰고 설명하시오. [6점]

(부) 탐전행

부처(Butcher)의 집단직업상담의 3단계 모델

1) 탐색단계 : 자기개방, 흥미와 적성에 대한 측정, 측정결과에 대한 피드백, 불일치에 대한 해결 등이 이루어진다.
2) 전환단계 : 자기 지식을 직업세계와 연결하며, 일과 삶의 가치에 대한 조사, 자신의 가치에 대한 피드백 등이 이루어진다.
3) 행동단계 : 목표설정 및 목표달성을 위한 자원의 탐색과 정보수집, 즉각적이고 장기적인 의사결정 등이 이루어진다.

확장해 보기

집단상담의 장점

1) 내담자들이 개인상담에 비해 받아들이기가 더 쉽다.
2) 시간과 경제적인 측면에서 효율적이다.
3) 집단 구성원들 간의 피드백을 통해 자기탐색을 돕는다.
4) 타인과 상호교류를 할 수 있는 능력이 개발된다.
5) 타인을 통한 대리학습의 기회가 부여된다.
6) 구체적인 실천경험과 현실검증의 기회를 가진다.

003

'17(2), '14(1), '11(1)

진로시간전망검사 중 코틀(Cottle)의 원형검사에서 시간전망 개입의 3가지를 쓰고 설명하시오. [6점]

시간전망 개입의 3가지 차원

1) 방향성 : 미래의 방향성을 이끌어내고 미래에 대한 희망을 심어준다.
2) 변별성 : 미래를 현실처럼 느끼게 하고 미래 계획에 대한 긍정적 태도를 강화시키며, 목표설정을 촉구한다.
3) 통합성 : 현재의 행동과 미래의 결과를 연결시키며, 계획기술의 연습을 통해 진로인식을 증진시킨다.

확장해 보기

홀랜드의 육각형 모델과 해석 차원

1) 원의 의미 · 크기 · 배치
   ① 원의 의미 : 원은 각각 과거, 현재, 미래의 시간차원을 의미한다.
   ② 원의 크기 : 원의 크기는 시간차원에 대한 상대적 친밀감을 의미한다.
   ③ 원의 배치 : 원의 배치는 시간차원의 연결구조를 의미한다.
2) 원의 배치에 따른 시간차원의 연결 구조
   ① 어떤 것도 접해 있지 않은 원 : 시간차원의 고립을 의미하며, 자신의 미래를 향상시키기 위해 어떤 노력도 하지 않는다.
   ② 경계선에 접해 있는 원 : 시간차원의 연결을 의미하며, 구별된 사건의 선형적 흐름을 뜻한다.
   ③ 부분적으로 중첩된 원 : 시간차원의 연합을 의미하며, 과거가 현재에, 현재가 미래에 영향을 미친다는 것을 나타낸다.
   ④ 완전히 중첩된 원 : 시간차원의 통합을 의미하며, 오로지 현재에서 과거를 기억하고 미래를 예측한다는 것을 나타낸다.

004 '16(2)

홀랜드의 육각형 모델과 관련된 해석 차원 중에서 일관성, 변별성, 정체성에 대해 설명하시오. [6점]

암기비법 **일변 일정계**

홀랜드의 육각형 모델과 해석 차원

1) 일관성 : 어떤 쌍들은 다른 유형의 쌍들보다 더 많은 공통점을 가지고 있다.
2) 변별성(차별성) : 개인의 흥미유형은 특정 흥미유형과 매우 유사한 반면, 다른 흥미유형과는 차별적이다.
3) 일치성
   ① 개인의 흥미유형과 개인이 소속되고자 하는 환경의 유형이 서로 부합하는 정도를 말한다.
   ② 개인이 자신의 인성유형과 동일하거나 유사한 환경에서 일하고 생활할 때를 의미한다.
4) 정체성 : 성격적 측면에서는 개인의 목표, 흥미, 재능에 대한 명확성을 말하고, 환경적 측면에서는 조직의 투명성 및 안정성 등을 말한다.
5) 계측성(타산성)
   ① 육각형 모델에서 유형들 간의 거리는 가까울수록 서로 유사한 성향을 보이며, 멀어질수록 대조적 성향을 보인다.
   ② 육각형 모델에서 유형들 간의 거리는 그 이론적인 관계에 반비례한다.

확장해 보기

암기비법 **현탐예 사진관**

홀랜드(Holland)의 흥미에 관한 6가지 유형

1) 현실형(R) : 실제적이며 현장에서 하는 일을 선호하나, 사회성이 부족하다.
2) 탐구형(I) : 과학적이며 탐구활동을 선호하나, 지도력이 부족하다.
3) 예술형(A) : 심미적이며 창조적인 활동을 선호하나, 규범적 성향이 부족하다.
4) 사회형(S) : 이타적이며 봉사활동을 선호하나, 기계적 활동능력이 부족하다.
5) 진취형(E) : 진취적이며 적극적인 활동을 선호하나, 체계적 활동능력이 부족하다.
6) 관습형(C) : 꼼꼼하며 질서정연한 일을 선호하나, 융통성이 부족하다.

005

'22(2), '20(4), 18(1), '16(2), '15(1), '14(3), '10(1), '09(2)

월리암슨의 직업상담 문제유형 3가지를 쓰고 설명하시오. [6점]

족집게 답안

월리암슨(Williamson)의 진로선택 문제(변별진단)

1) 직업 무선택 또는 미선택 : 직접 직업을 결정한 경험이 없거나, 선호하는 몇 가지의 직업이 있음에도 어느 것을 선택할지를 결정하지 못하는 경우
2) 직업선택의 확신부족(불확실한 선택) : 직업을 선택했지만 자신의 선택에 자신이 없어 타인에게서 성공하리라는 위안을 받고자 하는 경우
3) 흥미와 적성의 불일치(흥미와 적성의 모순) : 흥미를 느끼는 직업에 대해서 수행능력이 부족하거나, 적성에 맞는 직업에 대해서 흥미를 느끼지 못하는 경우
4) 어리석은 선택(현명하지 못한 직업선택) : 자신의 능력보다 훨씬 낮은 능력이 요구되는 직업을 선택하거나 안정된 직업만을 추구하는 경우

확장해 보기

암기비법 **분종진 예상추**

월리암슨(Williamson)의 특성 - 요인 직업상담 과정

1) 분석(제1단계) : 내담자 분석을 위해 심리검사 및 자료수집, 표준화검사 등이 사용된다.
2) 종합(제2단계) : 내담자에 대한 이해를 얻기 위해 수집한 자료들을 종합한다.
3) 진단(제3단계) : 내담자 문제의 원인을 탐색하며, 문제해결을 위해 진단하는 단계이다.
4) 예측(제4단계) : 진단의 결과를 통해 직업문제에 대해 예측하는 단계이다.
5) 상담(제5단계) : 내담자와 직업문제에 대해 상담하고 문제를 치료한다.
6) 추수지도(제6단계) : 내담자가 바람직한 행동을 하도록 계속적인 지도를 한다.

006

'20(4), '13(1·3)

발달적 직업상담에서 수퍼(Super)가 제시한 진단을 위한 3가지 평가 유형을 쓰고 설명하시오. [6점]

발달적 직업상담에서 수퍼(Super)의 평가

1) 문제평가 : 내담자가 겪고 있는 문제와 직업상담에 대한 기대가 평가된다.
2) 개인평가 : 내담자의 신체적·심리적·사회적 상태에 대한 통계자료 및 심리검사, 사례연구 등으로 개인에 대한 평가가 이루어진다.
3) 예언평가 : 문제평가와 개인평가를 토대로 내담자가 성공하고 만족할 수 있을지에 대한 예언이 이루어진다.

확장해 보기

발달적 직업상담에서 진로자서전과 의사결정일기

1) 진로자서전 : 내담자가 과거에 학과선택, 일 경험 등 어떤 의사결정 방식을 했는지 알아보기 위해 과거의 일상적 결정들을 자유롭게 기술하게 한다.
2) 의사결정일기 : 내담자가 매일 어떤 의사결정 방식을 하는지 알아보기 위해 현재의 일상적인 결정들을 자유롭게 기술하게 한다.

007

'19(1)

심리검사는 검사장면에 따라 축소상황검사, 모의장면검사, 경쟁장면검사로 분류된다. 각각의 검사방식을 설명하시오. [6점]

족집게 답안

심리검사의 검사장면

1) 축소상황검사 : 실제 장면과 같지만 과제나 직무를 매우 축소시킨 검사이다.
2) 모의장면검사 : 실제 장면과 거의 유사한 장면을 인위적으로 만들어 놓은 검사이다.
3) 경쟁장면검사 : 작업장면과 같은 상황에서 실제 문제나 작업을 제시하고 경쟁적으로 문제해결을 요구하는 검사이다.

확장해 보기

심리검사의 측정내용에 따른 분류

1) 극대수행검사(최대수행검사) : 일정 시간 내 자신의 능력을 최대한 발휘하게 하는 인지적 검사이며, 성능검사이다.
   ① 지능검사 : 스탠포드-비네 지능검사, 한국판 웩슬러 성인용지능검사(K-WAIS) 등
   ② 적성검사 : 일반적성검사(GATB)
   ③ 성취도검사 : 학업성취도검사
2) 습관적 수행검사(정서적 검사) : 일상생활에서의 습관적인 행동을 검토하는 비인지적 검사로써, 성향검사이다.
   ① 성격검사 : MBTI, MMPI, CPI, 로샤검사 등
   ② 흥미검사 : 직업선호도검사, 쿠더직업흥미검사, 스트롱-캠벨 흥미검사
   ③ 태도검사 : 직무만족도검사(JSS) 등

008

'21(1), '19(2), '18(3), '16(3), '11(2), '10(1), '05(1)

심리검사는 사용목적에 따라 규준참조검사와 준거참조검사로 분류된다. 규준참조검사와 준거참조검사의 의미를 각각 예를 들어 설명하시오. [6점]

족집게 답안

규준참조검사와 준거참조검사

1) 규준참조검사 : 개인의 점수를 다른 사람들의 점수와 비교하는 상대평가 검사이다.
   예 심리검사, 선발검사 등
2) 준거참조검사 : 개인의 점수를 어떤 기준검사와 비교하는 절대평가 검사이다.
   예 다수의 국가자격시험 등

확장해 보기

심리검사의 실시 방식에 따른 분류

1) 실시시간 기준
   ① 속도검사 : 시간제한 있고 쉬운 문제들로 구성되어 있으며, 문제해결력보다는 숙련도를 측정한다.
   예 웩슬러 지능검사의 소검사
   ② 역량검사 : 시간제한 없고 어려운 문제들로 구성되어 있으며, 숙련도보다는 문제해결력을 측정한다.
   예 수학 경시대회
2) 수검자 수 기준
   ① 개인검사 : 검사자와 수검자의 일대일 방식으로 이루어지는 검사이며, 수검자의 심층적 분석에 유리하다.
   예 한국판 웩슬러 지능검사(K-WAIS), 일반직업적성검사(GATB), 주제통각검사(TAT), 로샤검사 등
   ② 집단검사 : 여러 명의 수검자를 한번에 검사하는 방식이며, 시간과 비용면에서 효율적이다.
   예 미네소타 다면적인성검사(MMPI), 캘리포니아 성격검사(CPI), 마이어스-브릭스 성격유형검사(MBTI) 등
3) 검사도구 기준
   ① 지필검사 : 종이에 인쇄된 문항에 응답하는 방식이다.
   예 각종 국가자격시험, MMPI, MBTI 등
   ② 수행검사 : 수검자가 도구를 다루어야 하는 방식이다.
   예 운전면허 주행시험, 웩슬러 지능검사의 토막짜기 소검사, 일반 직업적성검사의 동작검사 등

009

'22(1), '19(2), '17(1), '09(1), '04(1)

정신분석적상담에서 내담자가 직접적으로 불안을 통제할 수 없을 때, 사용하는 무의식적인 방어기제 5가지를 쓰시오. [5점]

족집게 답안

정신분석적상담의 방어기제

1) 억압 : 의식에서 받아들이기 곤란한 죄의식이나 충동 등을 무의식으로 밀어내는 것이다.
2) 부인 : 고통이나 충동 등을 무의식적으로 부정하는 것이다.
3) 합리화 : 수용되기 어려운 자신의 언행을 정당화하는 것이다.
4) 반동형성 : 무의식적 소망이나 충동을 본래 의도와 달리 반대 방향으로 바꾸는 것이다.
5) 투사 : 자신의 행동과 생각을 다른 사람의 것처럼 생각하며 남을 탓하는 것이다.
6) 주지화 : 고통스러운 문제를 둔화시키기 위해 추론, 분석 등의 지적능력을 사용하는 것이다.

확장해 보기

정신분석 상담이론에서 정신의 3요소

1) 의식 : 어떤 순간에 우리가 알거나 느낄 수 있는 모든 감각과 경험을 말한다.
2) 전의식 : 의식과 무의식의 중간지대로써, 현재는 의식하지 못하지만 조금만 노력하면 의식으로 가져올 수 있는 정신세계이다.
3) 무의식 : 정신내용의 대부분이며 의식적 사고의 행동을 전적으로 통제하는 힘이다.

010

'20(2), '18(3), '17(2)

A기업은 시간당 임금이 4,000원일 때 20,000시간의 노동을 사용했고, 시간당 임금이 5,000원일 때 10,000시간의 노동을 사용했다. B기업은 시간당 임금이 6,000원일 때 30,000시간의 노동을 사용했고, 시간당 임금이 5,000원일 때 33,000시간의 노동을 사용했다. [7점]

(1) A, B기업의 노동수요의 임금탄력성을 각각 구하시오(단, 소수점 발생시 반올림하여 소수 둘째 자리로 표현하시오).

(2) 어느 기업의 노동조합이 임금교섭력이 높은지를 쓰고, 그 이유를 설명하시오.

족집게 답안

노동수요의 (임금)탄력성과 임금교섭력

1) 노동수요의 (임금)탄력성 = $\frac{\text{노동수요량의 변화율(\%)}}{\text{임금의 변화율(\%)}}$

① A기업의 임금탄력성 : $\left| \frac{\frac{10,000-20,000}{20,000}\times 100}{\frac{5,000-4,000}{4,000}\times 100} \right| = \left| \frac{-\frac{1}{2}}{\frac{1}{4}} \right|$ = 2.0(단, 절대값 사용)

∴ A기업의 임금탄력성은 2.0이다.

② B기업의 임금탄력성 : $\left| \frac{\frac{33,000-30,000}{30,000}\times 100}{\frac{5,000-6,000}{6,000}\times 100} \right| = \left| \frac{\frac{1}{10}}{-\frac{1}{6}} \right|$ = 0.60(단, 절대값 사용)

∴ B기업의 임금탄력성은 0.60이다

2) B기업이 임금인상 실현가능성이 높다.

이유 : 노동조합의 임금교섭력은 노동수요의 (임금)탄력성이 비탄력적일수록 유리하다. 노동수요의 (임금)탄력성이 비탄력적이면 임금을 높게 인상해도 고용량 감소가 적기 때문이다.

011

'19(2)

생애진로사정(LCA)의 구조 중 진로사정의 3가지 부분을 각각 설명하시오. [6점]

족집게 답안

생애진로사정(LCA)의 구조 중 진로사정

1) 일의 경험 : 내담자의 일의 경험과 관련하여 좋았던 점과 싫었던 점에 대해 사정한다.
2) 교육 또는 훈련과정 : 내담자의 교육 또는 훈련과정과 관련하여 좋았던 점과 싫었던 점에 대해 사정한다.
3) 여가시간 : 내담자의 여가시간 활용에 대해 사정한다.

확장해 보기

진전강요

생애진로사정(LCA)의 구조

1) 진로사정 : 내담자의 직업경험, 교육 또는 훈련과정과 관련된 문제들, 여가활동 등에 대해 사정한다.
2) 전형적인 하루 : 내담자가 의존적인지 또는 독립적인지, 자발적인지 또는 체계적인지 자신의 성격차원을 파악하도록 돕는다.
3) 강점과 장애 : 내담자가 스스로 생각하는 자신의 주요 강점과 장애에 대해 질문한다.
4) 요약 : 내담자 스스로 자신에 대해 알게 된 내용을 요약해 보도록 함으로써 자기인식을 증진시킨다.

012

'23(2), '20(2), '18(1), '13(1)

직업심리검사의 신뢰도를 추정하는 방법 3가지를 쓰고 설명하시오. [6점]

족집게 답안

신뢰도를 추정하는 방법

1) 검사 - 재검사 신뢰도 : 동일한 수검자에게 동일한 검사를 일정 시간간격을 두고 두 번 실시하여 얻은 두 점수 간의 상관계수를 토대로 신뢰도를 추정한다.
2) 동형검사 신뢰도 : 동일한 수검자에게 첫번째 시행한 검사와 동등한 유형의 검사를 실시하여 얻은 두 점수 간의 상관계수를 토대로 신뢰도를 추정한다.
3) 반분 신뢰도 : 어떤 집단에게 한 검사를 실시하고 그 검사의 문항을 동형이 되도록 두개의 검사로 나눈 다음, 두 점수 간의 상관계수를 토대로 신뢰도를 추정한다.
4) 문항내적합치도 : 한 검사 내 개개의 문항들을 독립된 검사로 보고 문항들 간의 일관성이나 합치성을 신뢰도로 규정한다.

확장해 보기

심리검사의 신뢰도에 영향을 주는 요인

1) 개인차 : 검사대상의 개인차가 클수록 신뢰도 계수도 커진다.
2) 문항 수 : 문항 수가 많으면 신뢰도는 어느 정도 높아지나, 문항 수를 무조건 늘린다고 해서 신뢰도가 정비례하여 커지는 것은 아니다.
3) 문항반응 수 : 문항반응 수는 적정 크기를 유지하는 것이 바람직하며, 이를 초과할 경우 신뢰도는 향상되지 않는다.
4) 검사유형 : 속도검사의 경우, 전후절반법으로 신뢰도를 추정하게 되면 후반부로 갈수록 시간이 부족하기 때문에 신뢰도는 낮아진다.
5) 신뢰도 추정방법 : 서로 다른 신뢰도 추정방법에 따른 신뢰도 계수는 각기 다를 수밖에 없다.

013

'23(3), '23(1), 20(3·4), '16(2), '12(1), '08(3)

한국표준산업분류에서 통계단위의 산업을 결정하는 방법 2가지를 쓰시오. [4점]

생종 계휴단

통계단위의 산업을 결정하는 방법

1) 생산단위의 산업활동은 그 생산단위가 수행하는 주된 산업활동의 종류에 따라 결정된다.
2) 해당 활동의 종업원 수 및 노동시간, 임금 또는 설비의 정도에 의하여 결정한다.
3) 계절에 따라 정기적으로 산업을 달리하는 사업체는 조사대상기간 중 산출액이 많았던 활동에 의하여 분류된다.
4) 휴업 중 또는 자산을 청산 중인 사업체의 산업은 영업 중 또는 청산을 시작하기 이전의 산업활동에 의하여 결정한다.
5) 단일사업체의 보조단위는 그 사업체의 일개 부서로 포함한다.

생복 산수공

한국표준산업분류(KSIC)의 적용원칙

1) 생산단위는 산출물뿐만 아니라 투입물과 생산공정 등을 함께 고려하여 그들의 활동을 가장 정확하게 설명된 항목에 분류해야 한다.
2) 복합적인 활동단위는 우선적으로 최상급 분류단계(대분류)를 정확히 결정하고, 순차적으로 중, 소, 세, 세세분류 단계 항목을 결정하여야 한다.
3) 산업활동이 결합되어 있는 경우에는 그 활동단위의 주된 활동에 따라서 분류하여야 한다.
4) 수수료 또는 계약에 의하여 활동을 수행하는 단위는 동일한 산업활동을 자기계정과 자기책임하에서 생산하는 단위와 같은 항목에 분류하여야 한다.
5) 공식적 생산물과 비공식적 생산물, 합법적 생산물과 불법적인 생산물을 달리 분류하지 않는다.

014

'23(1), '19(2), '16(2), '13(2), '09(3), '07(3), '06(1), '05(1)

노동수요의 탄력성 결정요인을 4가지 쓰시오. [4점]

노동수요의 탄력성 결정요인

1) 생산물 수요의 탄력성 : 생산물 수요의 탄력성이 클수록 노동수요는 탄력적이다.
2) 총생산비에 대한 노동비용의 비중 : 총생산비에 대한 노동비용의 비중이 클수록 노동수요는 탄력적이다.
3) 노동의 대체 가능성 : 노동의 대체 가능성이 클수록 노동수요는 탄력적이다.
4) 노동 이외 생산요소의 공급 탄력성 : 노동 이외 생산요소의 공급 탄력성이 클수록 노동수요는 탄력적이다.

확장해 보기

암기비법 **임상 타노생**

노동수요의 결정요인

1) **임**금
2) **상**품에 대한 소비자의 수요
3) **타** 생산요소의 가격변화
4) **노**동생산성의 변화
5) **생**산기술의 변화

015

한국직업사전에서 제공하는 부가직업정보 중 직무기능(DPT)에서 '자료(Data)'의 세부 사항 6개를 쓰시오. [6점]

종합
(1)
(2)
(3)
(4)
(5)
(6)

족집게 답안

'자료(Data)'의 세부 사항

0 종합(synthesizing) : 사실을 발견하고 지식개념 또는 해석을 개발하기 위해 자료를 종합적으로 분석한다.
1 조정(coordinating) : 데이터의 분석에 기초하여 시간, 장소, 작업순서, 활동 등을 결정한다. 결정을 실행하거나 상황을 보고한다.
2 분석(analyzing) : 조사하고 평가한다. 평가와 관련된 대안적 행위의 제시가 빈번하게 포함된다.
3 수집(compiling) : 자료, 사람, 사물에 관한 정보를 수집, 대조, 분류한다. 정보와 관련한 규정된 활동의 활동의 수행 및 보고가 자주 포함된다.
4 계산(computing) : 사칙연산을 실시하고 사칙연산과 관련하여 규정된 활동을 수행하거나 보고한다. 수를 세는 것은 포함되지 않는다.
5 기록(copying) : 데이터를 옮겨 적거나 입력하거나 표시한다.
6 비교(comparing) : 자료, 사람, 사물의 쉽게 관찰되는 기능적·구조적·조합적 특성을(유사한지 또는 명백한 표준과 현격히 차이가 있는지) 판단한다.

확장해 보기

한국직업사전의 직무기능

1) 자료(Data) : 종합, 조정, 분석, 수집, 계산, 기록, 비교 등의 활동이며, 계산에서 수를 세는 것은 포함되지 않는다.
2) 사람(People) : 자문, 협의, 교육, 감독, 오락제공, 설득, 말하기-신호, 서비스 제공 등의 활동이며, 인간과 인간처럼 취급되는 동물을 다루는 것을 포함한다.
3) 사물(Thing) : 설치, 정밀작업, 제어조작, 조작운전, 수동조작, 유지, 투입-인출, 단순작업 등의 활동이며, 물질, 재료, 기계, 공구, 설비 등을 다루는 것을 포함한다.

016

'23(1)

틴슬래이와 브레들리(Tinsley & Bradley)가 제시한 검사 결과의 해석 전 검토의 2단계를 쓰고 설명하시오. [4점]

족집게 답안

틴슬래이와 브레들리의 검사결과 검토의 2단계

1) 이해 : 내담자의 검사결과 해석에 있어서 규준과 참조하여 검사점수의 의미를 충분히 이해한다.
2) 통합 : 이해를 통해 얻어진 검사 정보와 상담자가 수집한 내담자의 다른 정보들을 통합한다.

확장해 보기

틴슬래이와 브래들리의 검사해석 단계

1) 해석 준비단계 : 상담자는 검사결과와 내담자의 정보가 통합되어 어떻게 해석되는지를 검토한다.
2) 내담자 준비시키는 단계 : 상담자는 내담자가 검사결과에 대한 해석을 받아들일 수 있도록 준비시킨다.
3) 결과 전달단계 : 상담자는 내담자에게 이해하기 쉬운 용어를 사용하여 검사결과의 의미를 전달한다.
4) 추후활동단계 : 상담자는 검사결과에 대해 내담자가 어떻게 이해했는지를 확인한다.

017

'23(2)

직무가 어떤 가치를 가지고 있는지 결정하는 직무평가방법을 4가지 쓰시오. [4점]

족집게 답안

직무평가의 방법

1) 질적 평가방법
   ① 서열법 : 직무의 상대적 가치에 기초를 두고 각 직무의 중요도에 따라 순위를 정한다.
   ② 분류법 : 직무를 여러 수준이나 등급으로 사전에 분류하여 각 직무를 맞추어 넣는다.
2) 양적 평가 방법
   ① 점수법 : 직무 상호 간의 여러 요소들을 중요도에 따라 점수를 산정하여 직무를 평가하는 방법이다.
   ② 요소비교법 : 조직의 대표직무를 선정하여 요소별로 직무평가를 한 후 다른 직무들을 대표직무의 평가요소와 비교하여 상대적 가치를 결정한다.

확장해 보기

직무분석/직무평가/직무수행평가

1) 직무분석 : 직무 관련 정보를 수집하는 절차이다.
2) 직무평가 : 직무의 내용과 성질을 고려하여 직무들 간의 상대적 가치를 결정하는 절차이다.
3) 직무수행평가 : 작업자의 직무수행 수준을 평가하는 절차이다.

018

'22(2), '22(1), '21(1·2), '20(2·3), '18(1·3), '16(2), '04(2)

인지·정서·행동적(REBT) 상담의 기본개념인 A - B - C - D - E - F 모델의 의미를 쓰시오. [6점]

족집게 답안

인지적, 정서적, 행동적 상담의 기본개념

1) A(선행사건): 내담자의 감정이나 행동에 영향을 미치는 사건이다.
2) B(비합리적 신념체계): 선행 사건에 대한 비합리적 신념체계이다.
3) C(결과): 비합리적 신념으로 인한 부적응적인 정서적·행동적 결과이다.
4) D(논박): 비합리적 신념을 논리적으로 반박하는 것이다.
5) E(효과): 논박으로 인해 비합리적 신념이 합리적 신념으로 전환된다.
6) F(감정): 합리적 신념에서 비롯된 긍정적이고 수용적인 감정이다.

확장해 보기

인지적, 정서적, 행동적 상담의 기본개념의 적용

실직한 내담자

1) A(선행사건): 구체적 사건으로써 내담자의 실직
2) B(비합리적 신념체계): 실직이 곧 자신의 무가치함을 의미한다는 비합리적 신념체계
3) C(결과): 우울과 불안, 자괴감, 구직활동의 위축 등
4) D(논박): 실직이 곧 자신의 무가치함을 의미하는 것은 아니며, 누구나 실직할 수 있으므로 그에 집착하는 것은 옳지 않다는 논박
5) E(효과): 논박의 효과로 합리적인 신념을 통한 구직활동에의 노력
6) F(감정): 자신에 대한 수용적 태도와 긍정적 감정을 갖게 되는 것

MEMO

VOCATIONAL
COUNSELOR

2020

직업상담사 2급
1차 실기 기출문제&해설

문제달인 신의손 유튜브 바로가기

2020년 1회

001

'15(3)

일반직업상담의 5단계 과정을 쓰시오. [5점]

족집게 답안

암기비법 관진 목개평

일반직업상담의 5단계 과정(답안 I)

1) 관계형성 : 상담자와 내담자 간의 상호존중을 바탕으로 신뢰감의 관계를 형성한다.
2) 진단 및 측정 : 표준화된 심리검사를 통해 내담자의 흥미, 적성 등을 진단하고 측정한다.
3) 목표설정 : 내담자가 원하는 목표를 설정하고 목표의 우선순위를 결정한다.
4) 개입 : 상담자는 처치나 중재 등의 개입을 통하여 내담자의 목표달성을 돕는다.
5) 평가 : 상담자와 내담자는 상담목표의 도달 정도와 개입이 얼마나 효과적이었는지를 평가한다.

확장해 보기

암기비법 관상 문훈종

일반직업상담 5단계 과정(답안 II)

1) 관계수립 및 문제의 평가 : 상담자는 내담자와 수용적 상담관계를 수립하여 내담자의 진로선택 시 발생하는 문제들을 평가한다.
2) 상담목표의 설정 : 상담자는 내담자와 함께 상담목표를 설정한다.
3) 문제해결을 위한 개입 : 상담자는 직업정보 수집과 의사결정 촉진 등의 방법을 동원하여 내담자의 문제해결을 위해 개입한다.
4) 훈습 : 상담자의 개입과정 연장으로써 내담자의 진로 준비과정을 재확인한다.
5) 종결 : 상담자는 내담자와 함께 합의한 목표에 충분히 도달했는지를 확인한다.

002

'22(3), '18(2), '16(1), '13(3)

아들러(Adler)의 개인주의 상담과정의 목표 4가지를 쓰시오. [8점]

족집게 답안

아들러(Adler)의 개인주의 상담과정의 목표

1) 내담자가 패배감을 극복하고 열등감을 감소시킬 수 있도록 돕는다.
2) 내담자가 잘못된 가치와 목표를 수정하도록 돕는다.
3) 내담자가 잘못된 동기를 수정하도록 돕는다.
4) 내담자가 사회적 관심을 갖도록 돕는다.
5) 내담자가 사회의 구성원으로 기여하도록 돕는다.
6) 내담자가 타인과 동질감을 갖도록 돕는다.

확장해 보기

암기비법 **지기회사**

아들러(Adler)의 생활양식 유형

1) 지배형 : 지배적이고 독선적이며 사회적 관심이 거의 없다.
2) 기생형(획득형) : 다른 사람에게 기생하면서 자신의 욕구를 충족시킨다.
3) 회피형(도피형) : 실패에 대한 두려움으로 일상에서 회피하려는 행동을 보인다.
4) 사회적으로 유용한 형 : 자신과 타인의 욕구를 동시에 충족시키며 삶의 목표를 실현하기 위해 노력하는 사회적으로 유용한 형이다.

003

'23(3), '16(1), '15(1·3), '9(3), '7(3), '6(1)

내담자중심 상담기법에서 상담자의 태도 3가지를 쓰시오. [6점]

족집게 답안

암기비법 일공무

내담자중심 상담기법에서 상담자의 태도

1) 일치성과 진실성 : 상담자는 진실하고 개방적이어야 한다.
2) 공감적 이해 : 상담자는 내담자의 내면세계를 마치 자신의 것처럼 이해하고 느껴야 한다.
3) 무조건적인 수용 : 상담자는 내담자를 무조건적이고 긍정적으로 존중해야 한다.

확장해 보기

내담자중심 상담에서 '완전히 기능하는 사람'

1) 경험에 대해 개방적이다.
2) 내적 기준에서 평가할 수 있다.
3) 자신을 신뢰한다.
4) 지속적인 성장을 추구한다.

004

'23(3), '23(2), '23(1), '22(1), '21(1), '20(3·4), '19(2), '18(2), '16(1), '14(3), '09(1), '08(1), '07(1), '04(1)

홀랜드(Holland)의 인성이론에 관한 6가지 유형을 쓰시오. [6점]

족집게 답안

암기비법 **현탐예 사진관**

홀랜드(Holland)의 인성이론에 관한 6가지 유형

1) 현실형(R) : 실제적이며 현장에서 하는 일을 선호하나, 사회성이 부족하다.
2) 탐구형(I) : 과학적이며 탐구활동을 선호하나, 지도력이 부족하다.
3) 예술형(A) : 심미적이며 창조적인 활동을 선호하나, 규범적 성향이 부족하다.
4) 사회형(S) : 이타적이며 봉사활동을 선호하나, 기계적 활동능력이 부족하다.
5) 진취형(E) : 진취적이며 적극적인 활동을 선호하나, 체계적 활동능력이 부족하다.
6) 관습형(C) : 꼼꼼하며 질서정연한 일을 선호하나, 융통성이 부족하다.

확장해 보기

암기비법 **일변 일정계**

홀랜드의 육각형 모델과 해석 차원

1) 일관성 : 어떤 쌍들은 다른 유형의 쌍들보다 더 많은 공통점을 가지고 있다.
2) 변별성(차별성) : 개인의 흥미유형은 특정 흥미유형과 매우 유사한 반면, 다른 흥미유형과는 차별적이다.
3) 일치성 : 개인의 흥미유형과 개인이 소속되고자 하는 환경의 유형이 서로 부합하는 정도를 말한다.
개인이 자신의 인성유형과 동일하거나 유사한 환경에서 일하고 생활할 때를 의미한다.
4) 정체성 : 성격적 측면에서는 개인의 목표, 흥미, 재능에 대한 명확성을 말하고, 환경적 측면에서는 조직의 투명성 및 안정성 등을 말한다.
5) 계측성(타산성) : 육각형 모델에서 유형들 간의 거리는 가까울수록 서로 유사한 성향을 보이며, 멀어질수록 대조적 성향을 보인다.
육각형 모델에서 유형들 간의 거리는 그 이론적인 관계에 반비례한다.

005

'23(3), '23(1)

진로상담 과정에서 관계수립을 위한 기본상담기법 5가지를 쓰시오. [5점]

상담 기법

1) 공감 : 내담자가 전달하려는 내용에서 더 나아가 내면적 감정까지도 반영하는 것이다.
2) 수용 : 상담자가 내담자의 얘기에 집중하고 있으며, 내담자를 인격적으로 존중하고 있음을 보여주는 것이다.
3) 경청 : 내담자의 언어적, 비언어적 표현에 주목하면서 내담자의 생각과 감정을 이해하려고 노력하는 것이다.
4) 반영 : 내담자의 생각과 말을 상담자가 다른 참신한 말로 부연하는 것이다.
5) 명료화 : 어떤 문제의 혼란스러운 감정과 갈등을 가려내어 분명히 해주는 것이다.
6) 해석 : 내담자가 진술하지 않은 내용이나 개념을 그의 과거 경험이나 진술을 토대로 추론해서 말하는 것이다.
7) 직면 : 내담자가 모르고 있거나 인정하기를 거부하는 생각에 대해 스스로 모순점을 파악하도록 하는 기법이다.

006

'22(2), '18(3), '14(2), '11(2-3)

벡(Beck)의 인지적 상담에서 인지적 오류 3가지를 쓰고 설명하시오. [6점]

족집게 답안

벡(Beck)의 인지적 오류

1) 임의적 추론(자의적 추론) : 어떤 결론을 지지하는 증거가 없음에도 임의적으로 결론을 내린다.
2) 잘못된 명명 : 극히 드문 일을 근거로 해서 완전히 부정적으로 생각한다.
3) 개인화 : 자신과 관련 없는 사건을 자신 때문에 생겼다고 생각한다.
4) 선택적 추상화 : 상황의 긍정적 양상은 여과시키고 부정적인 세부사항에 머문다.
5) 과일반화 : 특정 사건의 결과를 관계없는 상황에 적용시켜 일반화한다.
6) 이분법적 사고(흑백논리) : 어떤 현상을 흑과 백의 두가지 종류로만 파악하여 극단적으로 이분법화 한다.
7) 과장 및 축소 : 사건의 중대성과 관계없이 특정 의미를 과대 또는 축소하는 것이다.
8) 긍정격하 : 자신의 긍정적 경험을 부정적 경험으로 전환시키는 것이다.

확장해 보기

벡(Beck)의 인지행동적 상담

1) 정서적 기법 : 내담자의 부정적인 자동적 사고를 파악하여 합리적 정서를 유도한다.
2) 언어적 기법 : 내담자의 부정적인 사고를 논박하여 내담자의 언어를 변화시킨다.
3) 행동적 기법 : 목표행동을 수행하게 함으로써 인지변화를 촉구한다.

007

'22(2)

심리검사의 사용목적 3가지를 쓰고 설명하시오. [6점]

족집게 답안

심리검사의 사용목적(답안 I)

1) 자기이해의 증진 : 내담자에게 과학적이고 객관적인 검사결과를 제시하여 자신에 대한 올바른 이해를 토대로 합리적인 의사결정을 하도록 돕는다.
2) 분류 및 진단 : 내담자에 관한 흥미, 성격, 적성 등의 자료를 파악하여 내담자로 하여금 문제의 원인 파악과 문제 해결을 위한 도구로 활용하도록 한다.
3) 예측 : 심리검사를 통해 내담자가 미래에 보일 행동이나 발생 가능한 결과들을 예측한다.

확장해 보기

심리검사의 사용목적(답안 II)

1) 개인적 측면 : 개인으로 하여금 심리검사를 통해 자신의 개성과 적성을 발견하도록 한다.
2) 진단적 측면 : 심리검사를 통해 개인의 장·단점과 직업문제를 진단할 수 있다.
3) 조사 및 연구적 측면 : 특정집단의 행동적·심리적 상황에 대한 조사 및 연구를 통해 해당집단의 특징을 규명할 수 있다.
4) 예측적 측면 : 심리검사를 통해 개인의 특성을 파악하여 개인의 수행행동을 예측할 수 있다.

008

'19(3), '17(3), '11(2), '10(3), '09(1)

생애진로사정(LCA)의 구조 4가지에 대해 설명하시오. [8점]

생애진로사정(LCA)의 구조

1) 진로사정 : 내담자의 직업경험, 교육 또는 훈련과정과 관련된 문제들, 여가활동 등에 대해 사정한다.
2) 전형적인 하루 : 내담자가 의존적인지 또는 독립적인지, 자발적인지 또는 체계적인지 자신의 성격차원을 파악하도록 돕는다.
3) 강점과 장애 : 내담자가 스스로 생각하는 자신의 주요 강점 및 장애에 대해 질문한다.
4) 요약 : 내담자로 하여금 자신에 대해 알게 된 내용을 요약해 보도록 함으로써 자기인식을 증진시킨다.

확장해 보기

생애진로사정의 의미와 알 수 있는 정보

1) 의미 : 내담자와 처음 만났을 때 사용할 수 있는 구조화된 면접법으로써, 내담자에 대한 기초적인 직업상담 정보를 얻는 질적인 평가 절차이다.
2) 알 수 있는 정보
   ① 내담자의 직업경험과 교육수준을 나타내는 객관적 정보를 얻을 수 있다.
   ② 내담자의 기술과 유능성에 대한 자기평가 및 상담자의 평가정보를 얻을 수 있다.
   ③ 내담자의 가치관 및 자기인식의 정도를 얻을 수 있다.

009

'22(2), '17(2), '02(1)

부정적인 심리검사 결과가 나온 내담자에게 검사결과를 통보하는 방법 4가지를 쓰시오. [4점]

족집게 답안

부정적인 검사결과 통보방법

1) 내담자가 검사결과에 충격을 받지 않도록 주의한다.
2) 적절한 해석을 담은 설명과 함께 전달한다.
3) 내담자의 방어를 최소화하기 위한 노력을 한다.
4) 어려운 용어의 사용을 피하고 일상적인 용어를 사용한다.
5) 검사결과를 내담자가 오해하지 않도록 주의한다.
6) 타인에게 검사결과가 알려지지 않도록 비밀보장에 유의한다.

확장해 보기

심리검사 해석 시 주의사항

1) 내담자가 이해하기 쉬운 언어를 사용한다.
2) 해석에 대한 내담자의 반응을 고려한다.
3) 주관적 판단을 배제한다.
4) 중립적이고 무비판적 자세를 견지한다.
5) 진점수의 범위를 말해주는 것이 좋다.
6) 내담자와 함께 해석하며 내담자 스스로 진로를 결정하도록 도와주어야 한다.

010

'23(1), '20(2), '13(2)

직업상담을 위한 심리검사 선정 시 4가지 고려사항을 쓰시오. [4점]

족집게 답안

심리검사 선정 시 고려사항

1) 심리검사의 목적을 명확히 파악해야 한다.
2) 신뢰도와 타당도가 높은 검사방법을 사용해야 한다.
3) 내담자의 문제점을 정확히 파악해야 한다.
4) 시행상의 간편성, 경제성 등 실용적 측면을 고려해야 한다.
5) 검사선택에 있어서 내담자를 포함해야 한다.

확장해 보기

암기비법 **신타 만표실**

직무분석 설문지 선택 시 평가준거

1) **신**뢰성: 설문지를 통해 얻어지는 결과는 일관성이 있어야 한다.
2) **타**당성: 설문지를 통해 얻어지는 결과는 정확해야 한다.
3) **만**능성: 다양한 목적을 충족시킬 수 있어야 한다.
4) **표**준성: 다른 직무와 비교 가능하도록 표준화되어야 한다.
5) **실**용성: 시간과 비용이 적게 들어야 한다.

011

'23(3), '23(2), '23(1), '21(2), '19(1), '18(3), '17(3), '15(1), '14(3), '12(2·3), '10(4), '09(2·3), '08(1), '07(1)

표준화된 심리검사에는 집단 내 규준이 포함되어 있다. 집단 내 규준의 종류 3가지를 쓰고 설명하시오. [6점]

족집게 답안

암기비법 백표표

집단 내 규준

1) 백분위 점수 : 표준화된 집단의 점수분포에서 한 개인의 상대적 위치를 나타내는 점수이다.
2) 표준점수 : 표준편차를 사용하여 개인의 점수가 평균으로부터 떨어져 있는 거리를 표시한 것이다.
3) 표준등급 : 원점수를 1~9까지의 구간으로 구분하여 각 구간마다 일정한 점수나 등급을 부여한 것이다.

확장해 보기

암기비법 범분표사

분산 정도의 판단 기준

1) 범위 : 점수분포에 있어서 최고점수에서 최저점수까지의 거리이다.
   범위 = 최고점수 - 최저점수 + 1
   예 '2, 4, 5, 7'의 범위는 7 - 2 + 1 = 6 이다.
2) 분산 : 변수분포의 모든 변숫값들을 통해 흩어진 정도를 추정한다.
3) 표준편차 : 평균에서 각 점수들이 평균적으로 이탈된 정도를 말한다.
4) 사분위편차 : 자료를 일렬로 늘어놓고 가장 작은 지점에서 1/4 지점, 3/4 지점에 있는 자료 두개를 택하여 그 차이를 2로 나눈 값이다.

012

'22(2), '21(1), '18(3), '13(2), '10(2), '07(3)

한국표준산업분류에서 산업, 산업활동의 정의를 기술하시오. [4점]

산업과 산업활동

1) 산업 : 유사한 성질을 갖는 산업활동에 주로 종사하는 생산단위의 집합을 말한다.

2) 산업활동 : 각 생산단위가 노동, 자본, 원료 등 자원을 투입하여 재화 또는 서비스를 생산 또는 제공하는 일련의 활동과정이다.

확장해 보기

산업활동의 범위/산업분류/산업분류 기준/생산단위의 활동형태

1) 산업활동의 범위 : 영리적·비영리적 활동이 모두 포함되나, 가정 내의 가사활동은 제외된다.

2) 산업분류 : 생산단위가 주로 수행하는 산업활동을 그 유사성에 따라 체계적으로 유형화한 것이다.

3) 산업분류 기준

① 산출물의 특성

② 투입물의 특성

③ 생산활동의 일반적인 결합형태

4) 생산단위의 활동형태

① 주된 산업활동 : 생산된 재화나 제공된 서비스 중에서 부가가치가 가장 큰 활동이다.

② 부차적 산업활동 : 주된 활동 이외의 재화 생산 및 서비스 제공 활동을 말한다.

③ 보조적 활동 : 주된 활동과 부차적 활동을 지원하며 회계, 운송, 구매, 창고, 수리 서비스 등이 포함된다.

013

'15(1), '12(2)

역량검사와 속도검사에 대해서 설명하시오. [4점]

족집게 답안

역량검사와 속도검사

1) 역량검사 : 시간제한이 없고 어려운 문제들로 구성되어 있으며, 숙련도보다는 문제해결력을 측정한다.
2) 속도검사 : 시간제한을 두고 쉬운 문제들로 구성되어 있으며, 문제해결력보다는 숙련도를 측정한다.

확장해 보기

심리검사의 분류

실시 방식에 따른 분류

1) 실시시간 기준
   ① 속도검사 : 시간제한을 두고 쉬운 문제들로 구성되어 있으며, 문제해결력보다는 숙련도를 측정한다.
      예 웩슬러 지능검사의 소검사
   ② 역량검사 : 시간제한이 없고 어려운 문제들로 구성되어 있으며, 숙련도보다는 문제해결력을 측정한다.
      예 수학 경시대회
2) 수검자 수 기준
   ① 개인검사 : 검사자와 수검자의 일대일 방식으로 이루어지는 검사이며, 수검자의 심층적 분석에 유리하다.
      예 한국판 웩슬러 지능검사(K-WAIS), 일반직업적성검사(GATB), 주제통각검사(TAT), 로샤검사 등
   ② 집단검사 : 여러 명의 수검자를 한번에 검사하는 방식이며, 시간과 비용면에서 효율적이다.
      예 미네소타 다면적인성검사(MMPI), 캘리포니아 성격검사(CPI), 마이어스-브릭스 성격유형검사(MBTI) 등
3) 검사도구 기준
   ① 지필검사 : 종이에 인쇄된 문항에 응답하는 방식이다.
      예 각종 국가자격시험, MMPI, MBTI 등
   ② 수행검사 : 수검자가 도구를 다루어야 하는 방식이다.
      예 운전면허 주행시험, 웩슬러 지능검사의 토막짜기 소검사, 일반 직업적성검사의 동작검사 등

사용목적에 따른 분류

1) 규준참조검사 : 개인의 점수를 다른 사람들의 점수와 비교하는 상대평가 검사이다.
   예 심리검사, 선발검사 등
2) 준거참조검사 : 개인의 점수를 어떤 기준검사와 비교하는 절대평가 검사이다.
   예 다수의 국가자격시험 등

측정내용에 따른 분류

1) 극대수행검사(최대수행검사) : 일정 시간 내 자신의 능력을 최대한 발휘하게 하는 인지적 검사이며, 성능검사이다.
   ① 지능검사 : 스탠포드 - 비네 지능검사, 한국판 웩슬러 성인용지능검사(K - WAIS) 등
   ② 적성검사 : 일반적성검사(GATB)
   ③ 성취도검사 : 학업성취도검사
2) 습관적 수행검사(정서적 검사) : 일상생활에서의 습관적인 행동을 검토하는 비인지적 검사로써, 성향검사이다.
   ① 성격검사 : MBTI, MMPI, CPI, 로샤검사 등
   ② 흥미검사 : 직업선호도검사, 쿠더직업흥미검사, 스트롱 - 캠벨 흥미검사
   ③ 태도검사 : 직무만족도검사(JSS) 등

검사장면에 따른 분류

1) 축소상황검사 : 실제 장면과 같지만 과제나 직무를 매우 축소시킨 검사이다.
2) 모의장면검사 : 실제 장면과 거의 유사한 장면을 인위적으로 만들어 놓은 검사이다.
3) 경쟁장면검사 : 작업장면과 같은 상황에서 실제 문제나 작업을 제시하고 경쟁적으로 문제해결을 요구하는 검사이다.

014

'21(2),'07(1)

한국직업사전의 부가직업정보 중 작업강도는 해당 직업의 직무를 수행하는 데 필요한 육체적 힘의 강도를 나타낸 것으로 5단계로 분류하였다. 5단계를 쓰고 설명하시오(단, 순서는 상관없음). [5점]

족집게 답안

부가직업정보 중 작업강도

1) 아주 가벼운 작업 : 최고 4kg의 물건을 들어올리고, 때때로 장부·대장·소도구 등을 들어올리거나 운반한다.
2) 가벼운 작업 : 최고 8kg의 물건을 들어올리고, 4kg 정도의 물건을 빈번히 들어올리거나 운반한다.
3) 보통 작업 : 최고 20kg의 물건을 들어올리고, 10kg 정도의 물건을 빈번히 들어올리거나 운반한다.
4) 힘든 작업 : 최고 40kg의 물건을 들어올리고, 20kg 정도의 물건을 빈번히 들어올리거나 운반한다.
5) 아주 힘든 작업 : 40kg 이상의 물건을 들어올리고, 20kg 이상의 물건을 빈번히 들어올리거나 운반한다.

확장해 보기

부가 직업정보

1) 정규교육 : 해당 직업의 직무를 수행하는 데 필요한 일반적인 정규교육수준을 의미하는 것으로, 해당 직업 종사자의 평균 학력을 나타내는 것은 아니다.
2) 육체활동 : 해당 직업의 직무를 수행하기 위해 필요한 신체적 능력을 나타낸다.
3) 숙련기간 : 해당 직업의 직무를 평균적으로 수행하는 데 필요한 각종 교육, 훈련, 숙련기간을 의미한다. 단, 향상훈련은 포함되지 않는다.
4) 직무기능 : 해당 직업 종사자가 직무를 수행하는 과정에서 자료, 사람, 사물과 맺는 관련된 특성을 나타낸다.
5) 작업장소 : 해당 직업의 직무가 주로 수행되는 장소를 나타낸다.
6) 작업환경 : 해당 직업의 직무를 수행하는 작업자에게 직접적으로 물리적·신체적 영향을 미치는 작업장의 환경요인을 나타낸 것이다.
7) 작업강도 : 해당 직업의 직무를 수행하는데 필요한 육체적 힘의 강도를 나타낸 것으로, 심리적·정신적 노동강도는 고려하지 않았다.
8) 자격·면허 : 해당 직업에 취업 시 소지할 경우 유리한 자격증 또는 면허를 나타내는 것으로, 민간에서 발급한 자격증은 제외한다.
9) 유사명칭 : 현장에서 본직업명을 명칭만 다르게 부르는 것으로 본직업명과 사실상 동일하므로, 직업 수 집계에서 제외된다.
10) 관련직업 : 본직업명과 기본적인 직무에 있어서 공통점이 있으나 직무의 범위, 대상 등에 따라 나누어지는 직업이며, 직업 수 집계에 포함된다.
11) 조사연도 : 해당 직업의 직무조사가 실시된 연도를 나타낸다.
12) 표준산업분류코드 : 해당 직업을 조사한 산업을 나타내는 것으로 한국표준산업분류의 소분류 산업을 기준으로 하였다.
13) 표준직업분류코드 : 해당 직업의 한국고용직업분류 세분류 코드에 해당하는 한국표준직업분류의 세분류 코드를 표기한다.

015

어떤 국가의 고용동향이 아래와 같을 때, 질문에 답하시오. [8점]

경제활동인구	비경제활동인구	임금근로자	비임금근로자
350	150	190	140

(단위 : 만 명)

(1) 이 국가의 실업률을 구하시오.(소수 둘째자리로 표시하시오.)

(2) 이 국가의 경제활동참가율을 구하시오.

(3) 자영업주가 90만 명일 때 무급가족종사자는 최소한 얼마인가?

(4) 고용률을 구하시오.

족집게 답안

실업률/경제활동참가율/무급가족종사자/고용률

1) 실업률

- 취업자 수 = 임금 근로자 수 + 비임금 근로자 수
  = 190만 명 + 140만 명 = 330만 명
- 실업자 수 = 경제활동인구 수 - 취업자 수
  = 350만 명 - 330만 명 = 20만 명
- 실업률(%) = $\frac{\text{실업자 수}}{\text{경제활동인구 수}} \times 100$
  = $\frac{\text{20만 명}}{\text{350만 명}} \times 100$ = 5.71(%)

∴ 실업률은 5.71%(소수 둘째자리로 표시)이다.

2) 경제활동참가율

- 15세 이상 인구 수 = 경제활동인구 수 + 비경제활동인구 수
  = 350만 명 + 150만 명 = 500만 명
- 경제활동참가율(%) = $\frac{\text{경제활동인구 수}}{\text{15세 이상 인구 수}} \times 100$
  = $\frac{\text{350만 명}}{\text{500만 명}} \times 100$ = 70(%)

∴ 경제활동참가율은 70%이다.

3) 자영업주 수가 90만 명일 때 무급가족종사자 수

- 비임금근로자 수 = 자영업주 수 + 무급가족종사자 수
- 무급가족종사자 수 = 비임금근로자 수 - 자영업주 수
  = 140만 명 - 90만 명 = 50만 명

∴ 무급가족종사자 수는 50만 명이다.

4) 고용률

- 15세 이상 인구 수 = 350만 명 + 150만 명 = 500만 명
- 취업자 수 = 임금 근로자 수 + 비임금 근로자 수
  = 190(만명) + 140(만명) = 330만 명
- 고용률(%) = $\frac{\text{취업자 수}}{\text{15세 이상 인구 수}} \times 100$
  = $\frac{\text{330만 명}}{\text{500만 명}} \times 100$ = 66(%)

∴ 고용률은 66%이다.

016

'22(1)

타당도의 종류 4가지를 쓰시오. [4점]

안내구준

타당도의 종류

1) 안면타당도 : 일반인이 문항을 읽고 얼마나 타당해 보이는지를 평가한다.
2) 내용타당도 : 검사 문항들이 측정 내용 영역을 얼마나 잘 반영하고 있는지를 전문가의 논리적 분석과정으로 판단하는 주관적인 타당도이다.
3) 구성타당도 : 측정하고자 하는 개념들이 실제 측정도구에 의해 얼마나 제대로 측정되었는지를 평가한다.
4) 준거타당도 : 검사와 준거 간의 상관관계를 분석해서 검사의 타당도를 평가하는 방법이다.

수변요

구성타당도와 준거타당도

1) 구성타당도 : 측정하고자 하는 개념들이 실제 측정도구에 의해 얼마나 제대로 측정되었는지를 평가한다.
   ① 수렴타당도 : 검사결과가 해당 속성과 관련 있는 변수들과 높은 상관관계를 가지고 있을수록 수렴타당도가 높다.
      예 지능검사 결과가 이론적으로 지능과 관련 있는 학교성적과 높은 상관관계를 가지고 있다면 그 지능검사의 수렴타당도는 높다.
   ② 변별타당도 : 검사결과가 해당 속성과 관련 없는 변수들과 낮은 상관관계를 가지고 있을수록 변별타당도가 높다.
      예 지능검사 결과가 이론적으로 지능과 관련 없는 외모와 낮은 상관관계를 가지고 있다면 그 지능검사의 변별타당도는 높다.
   ③ 요인분석 : 검사문항들 간의 상관관계를 분석하여 상관성이 높은 문항들을 묶어주는 통계적 방법이다.
      예 수학과 과학 문항이 혼재된 시험을 치렀을 때, 수학과 학생은 수학을, 과학과 학생은 과학을 보통 잘 볼 것이므로 해당 문항들은 두개의 군집, 즉 요인으로 추출될 것이다.
2) 준거타당도 : 검사와 준거 간의 상관관계를 분석해서 검사의 타당도를 평가하는 방법이다.
   ① 동시타당도(공인타당도) : 현재 행위에 초점을 맞춘 것으로,새로운 검사와 준거를 동시에 측정해서 두 결과 간의 상관계수를 추정한다.
      예 근무성적이 좋은 재직자가 검사점수도 높았다면, 해당검사는 준거타당도를 갖췄다고 볼 수 있다.
   ② 예언타당도(예측타당도) : 미래 행위에 초점을 맞춘 것으로, 검사점수와 미래행위 측정치 간의 상관계수를 추정한다.
      예 입사시험 성적이 높은 사람이 이후 근무성적에서도 높은 점수를 받았다면, 해당 입사시험은 예언타당도가 높다고 할 수 있다.

017

'22(2), '19(3), '15(1), '14(2), '10(1·2·4), '09(2)

한국표준직업분류에서 직업으로 보지 않는 활동 6가지를 쓰시오. [6점]

족집게 답안

직업으로 보지 않는 활동

1) 이자, 주식배당, 임대료 등 자산 수입이 있는 경우
2) 연금법, 국민기초생활 보장법, 국민연금법 및 고용보험법 등 사회보장이나 민간보험에 의한 수입이 있는 경우
3) 경마, 경륜, 경정, 복권 등에 의한 배당금이나 주식투자에 의한 시세차익이 있는 경우
4) 예·적금 인출, 보험금 수취, 차용 또는 토지나 금융자산을 매각하여 수입이 있는 경우
5) 자기 집의 가사활동에 전념하는 경우
6) 교육기관에 재학하며 학습에만 전념하는 경우
7) 시민봉사활동 등 무급 봉사적인 일에 종사하는 경우
8) 사회복지시설 수용자의 시설 내 경제활동
9) 수형자의 활동과 같이 법률에 의한 강제노동을 하는 경우
10) 도박, 강도, 절도, 사기, 매춘, 밀수 등 불법적인 활동의 경우

확장해 보기

암기비법 **계경 윤사비**

직업으로 성립되기 위한 요건

1) 일의 계속성 : 계속해서 하는 일이어야 한다.
2) 경제성 : 노동의 대가에 따른 수입이 있어야 한다.
3) 윤리성 : 비윤리적인 일이 아니어야 한다.
4) 사회성 : 사회적으로 가치 있는 일이어야 한다.
5) 비속박성 : 속박된 상태의 활동이 아니어야 한다.

018

'22(2), '14(2)

노동수요 $L_D = 5,000 - 2W$이고, 시간당 임금이 $W = 2,000$원 일 때 노동수요 임금탄력성의 절댓값과 근로자의 수입이 얼마인지를 계산하시오. [5점]

족집게 답안

노동수요 임금탄력성의 절댓값과 근로자의 수입

1) 노동수요의 탄력성 = $\dfrac{\text{노동수요량의 변화율(\%)}}{\text{임금의 변화율(\%)}}$

$$= \frac{\dfrac{\text{노동수요량의 변동분}}{\text{원래의 노동수요량}} \times 100}{\dfrac{\text{임금의 변동분}}{\text{원래의 임금}} \times 100}$$

$$= \frac{\dfrac{\Delta L_D}{L_D}}{\dfrac{\Delta W}{W}} = \frac{\Delta L_D \cdot W}{\Delta W \cdot L_D} = \frac{\Delta L_D}{\Delta W} \cdot \frac{W}{L_D}$$

- $L_D = 5,000 - 2W$에서, 기울기($\dfrac{\Delta L_D}{\Delta W}$)가 -2이므로

  $\therefore \dfrac{\Delta L_D}{\Delta W} = -2 \cdots ①$

- 시간당 임금(W) = 2,000 ⋯ ②

  $L_D = 5,000 - 2W$에 ②를 대입하면

  노동수요(L_D) = 5,000 - (2×2,000) = 1,000 이다. ⋯ ③

- 노동수요의 (임금)탄력성 = $\dfrac{\Delta L_D}{\Delta W} \cdot \dfrac{W}{L_D}$ 에서 ①, ②, ③을 각각 대입하면

$$= -2 \times \left(\frac{2,000}{1,000}\right) = -4$$

  ∴ 노동수요 탄력성의 절댓값 : 4

2) 근로자의 총 수입 = 노동공급량(L_S) × 시간당 임금(W)이다.

   시간당 임금 2,000원은 균형임금이므로 이 임금수준에서 노동수요량은 곧, 노동공급량이다.

   따라서, 시간당 임금이 2,000원인 경우, 노동공급량(L_S) = 노동수요량(L_D) = 5,000 - 2×2,000 = 1,000(시간)이다.

   그러므로, 근로자의 수입 = 1,000(시간) × 2,000(원) = 2,000,000(원)

   ∴ 근로자의 총 수입은 2백만 원이다.

2020년 2회

001

'23(1), '22(3), '20(3·4), '16(2), '12(3), '09(2·), '07(1)

한국표준직업분류(KSCO)에서 포괄적 업무의 분류 원칙 3가지를 순서대로 사례를 들어 설명하시오. [6점]

족집게 답안

포괄적인 업무에 대한 직업분류 원칙

1) 주된 직무 우선원칙 : 수행되는 직무내용과 분류항목의 직무내용을 비교하여 상관성이 가장 많은 항목에 분류한다.
   예 교육과 진료를 겸하는 의대교수는 강의·연구 등(교육)과 진료·처치 등(의료)의 직무내용을 파악하여 관련 항목이 많은 분야로 분류한다.
2) 최상급 직능수준 우선원칙 : 수행된 직무가 상이한 수준의 훈련과 경험을 필요로 한다면, 가장 높은 수준의 직무를 필요로 하는 일에 분류한다.
   예 조리와 배달의 직무비중이 같을 경우에는, 조리의 직능수준이 높으므로 조리사로 분류한다.
3) 생산업무 우선원칙 : 재화의 생산과 공급이 같이 이뤄지는 경우, 생산단계에 관련된 업무를 우선적으로 분류한다.
   예 한 사람이 빵을 생산하고 판매도 하는 경우, 제빵사로 분류한다.

확장해 보기

다수 취업 종사자의 의미와 분류원칙

1) 의미 : 한 사람이 전혀 상관성이 없는 두가지 이상의 직업에 종사하는 경우를 말한다.
2) 분류원칙
   ① 취업시간 우선의 원칙 : 더 긴 시간을 투자하는 직업으로 결정한다.
   ② 수입 우선의 원칙 : 수입이 더 많은 직업으로 결정한다.
   ③ 조사 시 최근의 직업 원칙 : 조사시점을 기준으로 최근에 종사한 직업으로 결정한다.

002

'11(1), '09(3)

내부노동시장이론, 이중노동시장이론, 인적자본론에 대해 각각 설명하시오. [6점]

족집게 답안

내부노동시장이론/이중노동시장이론/인적자본론

1) 내부노동시장이론: 기업 내의 규칙이나 관리가 노동시장의 기능을 대신함으로써, 기업 내부에 노동시장이 형성되어 내부시장과 외부시장으로 분리된다는 이론이다.
2) 이중노동시장이론: 노동시장이 1차·2차 노동시장으로 구분되고, 두 시장 간 노동력의 이동은 매우 제한적이며 임금 및 고용구조에서도 많은 차이를 보인다는 이론이다.
3) 인적자본론: 인간을 자본으로 파악하여, 인적자본에 대한 효율적인 교육과 훈련 투자로 생산성 향상을 이룰 수 있다는 이론이다.

확장해 보기

내부노동시장의 형성요인과 장점

1) 형성요인
   ① 숙련의 특수성: 기업이 숙련의 특수성을 보존하기 위해 내부 노동력을 유지하려고 노력함으로써 내부노동시장이 형성된다.
   ② 현장훈련: 실제 직무수행에 사용되는 선임자의 기술 및 숙련이 현장훈련을 통해 후임자에게 전수됨으로써 내부노동시장이 형성된다.
   ③ 기업내 관습: 고용의 안정성에서 형성된 관습은 노동관계의 각종 사항을 규율함으로써 내부노동시장을 형성하는 요인이 된다.
   ④ 기업의 규모와 장기근속: 기업의 규모와 장기근속은 조직 내 업무분담과 인원을 관리하기 위한 조직을 형성시킴으로써 내부노동시장을 형성하게 된다.
2) 장점
   ① 우수한 인적자원의 확보 및 유지
   ② 승진 및 배치전환을 통한 동기유발 효과
   ③ 생산성 향상과 경쟁력의 제고

003

'21(3), '18(3), '17(2)

아래의 주어진 표를 보고 물음에 답하시오. [7점]

시간당 임금	5,000원	6,000원	7,000원	8,000원	9,000원
A기업의 노동수요량	22	21	20	19	18
B기업의 노동수요량	24	22	20	18	16

1) 시간당 임금이 7,000원에서 8,000원으로 인상될 때 각 기업의 노동수요의 임금탄력성을 구하시오 (단, 소수 둘째자리로 나타내시오).

2) 각 기업의 노동조합이 임금인상을 시도할 때, 실행가능성이 높은 기업과 그 이유를 설명하시오.

족집게 답안

노동수요의 (임금)탄력성과 임금 협상력

1) 노동수요의 (임금)탄력성 = $\dfrac{\text{노동수요량의 변화율}(\%)}{\text{임금의 변화율}(\%)}$

① A기업의 임금탄력성 :

$$\left| \dfrac{\dfrac{19-20}{20} \times 100}{\dfrac{8,000-7,000}{7,000} \times 100} \right| = \left| \dfrac{-7,000}{20,000} \right| = 0.35(\text{단, 절대값 사용})$$

∴ A기업의 임금탄력성은 0.35이다.

② B기업의 임금탄력성 :

$$\left| \dfrac{\dfrac{18-20}{20} \times 100}{\dfrac{8,000-7,000}{7,000} \times 100} \right| = \left| \dfrac{-14,000}{20,000} \right| = 0.70(\text{단, 절대값 사용})$$

∴ B기업의 임금탄력성은 0.70이다.

2) A 기업이 임금인상 실현가능성이 높다.

이유 : 노동조합의 임금 교섭력은 노동수요의 (임금)탄력성이 비탄력적일수록 유리하다.
노동수요의 (임금)탄력성이 비탄력적이면 임금을 높게 인상해도 고용량 감소가 적기 때문이다.

004

'22(3), '21(1·3), '17(1·2), '15(2·3), '14(1), '13(3), '12(2), '10(3)

부처(Butcher)의 집단직업상담의 3단계 모델을 쓰고 설명하시오. [6점]

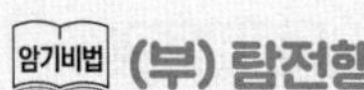

(부) 탐전행

부처(Butcher)의 집단직업상담의 3단계 모델

1) 탐색단계 : 자기개방, 흥미와 적성에 대한 측정, 측정결과에 대한 피드백, 불일치에 대한 해결 등이 이루어진다.
2) 전환단계 : 자기 지식을 직업세계와 연결하며, 일과 삶의 가치에 대한 조사, 자신의 가치에 대한 피드백 등이 이루어진다.
3) 행동단계 : 목표설정 및 목표달성을 위한 자원의 탐색과 정보수집, 즉각적이고 장기적인 의사결정 등이 이루어진다.

확장해 보기

집단상담의 장점

1) 내담자들이 개인상담에 비해 받아들이기가 더 쉽다.
2) 시간과 경제적인 측면에서 효율적이다.
3) 집단 구성원들 간의 피드백을 통해 자기탐색을 돕는다.
4) 타인과 상호교류를 할 수 있는 능력이 개발된다.
5) 타인을 통한 대리학습의 기회가 부여된다.
6) 구체적인 실천경험과 현실검증의 기회를 가진다.

005

'23(2), '23(1), '17(2), '12(3), '10(2), '09(3)

실존주의 상담자들이 내담자의 궁극적 관심사와 관련하여 중요하게 생각하는 주제 3가지를 쓰시오. [6점]

족집게 답안

암기비법 **자삶죽진**

실존주의 학자들의 궁극적 관심사(답안 I)

1) 자유와 책임 : 인간은 자기결정적인 존재로서, 자신의 삶을 선택할 자유와 책임이 있다.
2) 삶의 의미성 : 인간은 자신의 삶의 의미를 찾기 위해 노력한다.
3) 죽음과 비존재 : 인간은 자신이 죽는다는 것을 스스로 자각한다.
4) 진실성 : 인간은 자신의 실존을 회복하기 위한 진실성 있는 노력을 해야 한다.

확장해 보기

암기비법 **죽자고무**

얄롬(Yalom)의 궁극적 관심사(답안 II)

1) 죽음 : 죽음의 불가피성은 삶을 더욱 가치 있게 만든다.
2) 자유 : 인간은 자기결정적인 존재로서, 자신의 삶을 선택할 자유와 책임이 있다.
3) 고립 : 인간은 자신의 실존적 고립에 대해 인정하고 직면함으로써 타인과 보다 성숙한 관계를 맺을 수 있다.
4) 무의미성 : 인간은 자신의 삶에서 끊임없이 어떤 의미를 추구한다.

006

'16(2)

의사교류분석 상담기법에서 주장하는 자아상태 3가지를 쓰시오. [3점]

족집게 답안

의사교류분석의 자아상태

1) 부모자아 : 어릴 때 부모로부터 받은 영향을 그대로 재현하는 자아상태로써, 개인의 가치관이나 신념 등을 나타낸다.
2) 성인자아 : 현실을 합리적이고 객관적으로 판단하며, 문제에 대한 적절한 해결책을 찾는 자아상태이다.
3) 아동자아 : 어린애처럼 행동하거나 어린애 감정을 그대로 표현하는 자아상태이다.

확장해 보기

구교라각

교류분석 상담이론의 분석유형

1) 구조분석 : 내담자의 성격에 대한 지이상대를 부모, 성인, 아동자아로 구분하여 자아의 내용과 기능을 이해하도록 돕는다.
2) (의사)교류분석 : 두 사람 간의 의사소통 과정에서 나타나는 상보교류, 교차교류, 이면교류를 파악하여 효율적인 교류가 이루어지도록 돕는다.
3) 라켓 및 게임분석 : 내담자로 하여금 부적응적인 라켓감정과 이를 유발하는 게임을 깨닫게 하여 긍정적인 자아상태가 되도록 돕는다.
4) (생활)각본분석 : 내담자의 과거 제한적인 각본신념이 효율적인 신념으로 전환되도록 돕는다.

007

'22(2), '21(1)

한국표준산업분류에서 산업분류의 정의를 쓰시오. [4점]

족집게 답안

산업분류의 정의

생산단위가 주로 수행하는 산업활동을 그 유사성에 따라 체계적으로 유형화한 것이다.

확장해 보기

산업/산업활동/산업활동의 범위/산업분류 기준/생산단위 활동형태

1) 산업 : 유사한 성질을 갖는 산업활동에 주로 종사하는 생산단위의 집합이다.
2) 산업활동 : 각 생산단위가 자원을 투입하여 재화나 서비스를 생산 또는 제공하는 일련의 활동과정이다.
3) 산업활동의 범위 : 영리적·비영리적 활동이 모두 포함되나, 가정 내의 가사활동은 제외된다.
4) 산업분류 기준
   ① 산출물의 특성
   ② 투입물의 특성
   ③ 생산활동의 일반적인 결합형태
5) 생산단위의 활동형태
   ① 주된 산업활동 : 생산된 재화나 제공된 서비스 중에서 부가가치가 가장 큰 활동이다.
   ② 부차적 산업활동 : 주된 활동 이외의 재화 생산 및 서비스 제공 활동을 말한다.
   ③ 보조적 활동 : 주된 활동과 부차적 활동을 지원하며 회계, 운송, 구매, 창고, 수리 서비스 등이 포함된다.

008

'22(3), '16(2), '15(2), '10(3)

직업적응이론에서 직업성격 차원의 성격요소 중 3가지를 쓰고 설명하시오. [6점]

직업적응이론에서 성격요소

1) 민첩성 : 정확성보다 속도를 중시한다.
2) 역량 : 근로자의 평균활동 수준을 의미한다.
3) 리듬 : 활동에 대한 다양성을 의미한다.
4) 지구력 : 다양한 활동수준의 기간을 의미한다.

직업적응이론에서 적응방식

1) 융통성 : 개인이 작업환경과 개인환경 간의 부조화를 참아내는 정도이다.
2) 끈기 : 환경이 자신에게 맞지 않아도 개인이 얼마나 오랫동안 견뎌낼 수 있는지의 정도이다.
3) 적극성 : 개인이 작업환경을 개인적 방식과 좀더 조화롭게 만들어가려고 노력하는 정도이다.
4) 반응성 : 개인이 작업성격의 변화로 인해 작업환경에 반응하는 정도이다

009

'17(2), '09(2)

고용정보를 미시정보와 거시정보로 나누어 각각 2가지씩 쓰시오. [4점]

족집게 답안

고용정보

1) 미시정보
   ① 구인 및 구직 정보
   ② 근로조건에 대한 정보
   ③ 직업훈련 정보
2) 거시정보
   ① 경제 및 산업동향 정보
   ② 노동시장 동향 정보
   ③ 직종별·업종별 인력수급현황 정보

확장해 보기

정재동

브레이필드(Brayfield)의 직업정보 기능

1) 정보적 기능 : 직업정보 제공을 통해 내담자의 의사결정을 돕고 직업선택에 대한 지식을 증가시킨다.
2) 재조정 기능 : 내담자가 자신의 선택이 현실에 비추어 부적당했는지를 점검 및 재조정하도록 한다.
3) 동기화 기능 : 내담자가 의사결정과정에 적극적으로 참여하도록 동기화시킨다.

010

'19(3), '18(1), '16(2), '14(1), '11(2), '10(3), '09(1)

생애진로사정을 통해 얻을 수 있는 정보 3가지를 쓰시오. [6점]

족집게 답안

생애진로사정을 통해 얻을 수 있는 정보

1) 내담자의 직업경험과 교육수준을 나타내는 객관적 정보를 얻을 수 있다.
2) 내담자의 기술과 유능성에 대한 자기평가 및 상담자의 평가정보를 얻을 수 있다.
3) 내담자의 가치관 및 자기인식의 정도를 얻을 수 있다.

확장해 보기

생애진로사정의 의미와 구조

1) 의미 : 내담자와 처음 만났을 때 사용할 수 있는 구조화된 면접법으로써, 내담자에 대한 기초적인 직업상담 정보를 얻는 질적인 평가 절차이다.
2) 구조
   ① **진**로사정 : 내담자의 직업경험, 교육 또는 훈련과정과 관련된 문제들, 여가활동 등에 대해 사정한다.
   ② **전**형적인 하루 : 내담자가 의존적인지 또는 독립적인지, 자발적인지 또는 체계적인지 자신의 성격차원을 파악하도록 돕는다.
   ③ **강**점과 장애 : 내담자가 스스로 생각하는 자신의 주요 강점과 장애에 대해 질문한다.
   ④ **요**약 : 내담자로 하여금 자신에 대해 알게 된 내용을 요약해 보도록 함으로써 자기인식을 증진시킨다.

011

'22(2), '22(1), '21(1·2·3), '20(3), '18(1·3), '16(2), '15(1)

인지적, 정서적, 행동적 상담의 기본개념인 A, B, C, D, E의 의미를 쓰시오. [5점]

족집게 답안

인지적, 정서적, 행동적 상담의 기본개념

1) A(선행사건) : 내담자의 감정이나 행동에 영향을 미치는 사건이다.
2) B(비합리적 신념체계) : 선행 사건에 대한 비합리적 신념체계이다.
3) C(결과) : 비합리적 신념으로 인한 부적응적인 정서적·행동적 결과이다.
4) D(논박) : 비합리적 신념을 논리적으로 반박하는 것이다.
5) E(효과) : 논박으로 인해 비합리적 신념이 합리적 신념으로 전환된다.
6) F(감정) : 합리적 신념에서 비롯된 긍정적이고 수용적인 감정이다.

확장해 보기

암기비법 인역정 유행인

인지 · 정서 · 행동적 상담(REBT)의 기본원리

1) 인지는 인간의 정서를 결정하는 가장 중요한 요소이다.
2) 역기능적 사고는 정서장애의 중요한 결정 요인이다.
3) 정서적인 문제의 해결은 사고 분석에서 시작하는 것이 효과적이다.
4) 유전과 환경 등 다양한 요인들이 불합리한 사고를 초래한다.
5) 행동에 대한 과거의 영향보다는 현재에 초점을 둔다.
6) 인간이 갖고 있는 신념은 변한다고 믿는다.

012

'22(3), '18(3), '16(3), '15(2), '11(3), '10(1)

모집단에서 규준집단을 구성하기 위한 확률표집방법 3가지를 쓰고 각각에 대해 설명하시오. [6점]

족집게 답안

암기비법 단층집계

확률표집방법

1) 단순무선표집 : 모집단의 구성원들이 표본에 속할 확률이 동일하도록 무작위로 표집하는 방법이다.
2) 층화표집 : 모집단이 규모가 다른 몇 개의 이질적인 하위집단으로 구성되어 있을 때 사용하는 방법이다.
3) 집락표집 : 모집단을 서로 동질적인 하위집단으로 구분하여 집단 자체를 표집하는 방법이다.
4) 계층표집 : 모집단의 구성요소에 대해 일정한 순서에 따라, 매 K번째 요소를 추출하는 방법이다.

확장해 보기

표집자료의 오류 해결방법

1) 완곡화 : 수집된 자료가 정규분포의 모양을 갖추도록 점수를 가감한다.
2) 절미법 : 검사 점수가 한쪽으로 치우친 경우 편포의 꼬리를 잘라낸다.
3) 면적환산법 : 각 검사들의 백분위에 해당하는 Z점수를 찾는다.

013

'23(2), '21(3), '18(1), '13(1)

직업심리검사의 신뢰도를 추정하는 방법 3가지를 쓰고 설명하시오. [6점]

족집게 답안

신뢰도를 추정하는 방법

1) 검사 - 재검사 신뢰도 : 동일한 수검자에게 동일한 검사를 일정 시간간격을 두고 두 번 실시하여 얻은 두 점수 간의 상관계수를 토대로 신뢰도를 추정한다.
2) 동형검사 신뢰도 : 동일한 수검자에게 첫번째 시행한 검사와 동등한 유형의 검사를 실시하여 얻은 두 점수 간의 상관계수를 토대로 신뢰도를 추정한다.
3) 반분 신뢰도 : 어떤 집단에게 한 검사를 실시하고 그 검사의 문항을 동형이 되도록 두개의 검사로 나눈 다음, 두 점수 간의 상관계수를 토대로 신뢰도를 추정한다.
4) 문항내적합치도 : 한 검사 내 개개의 문항들을 독립된 검사로 보고 문항들 간의 일관성이나 합치성을 신뢰도로 규정한다.

확장해 보기

암기비법 **개문 문검신**

심리검사의 신뢰도에 영향을 주는 요인

1) 개인차 : 검사대상의 개인차가 클수록 신뢰도 계수도 커진다.
2) 문항 수 : 문항 수가 많으면 신뢰도는 어느 정도 높아지나, 문항 수를 무조건 늘린다고 해서 신뢰도가 정비례하여 커지는 것은 아니다.
3) 문항반응 수 : 문항반응 수는 적정 크기를 유지하는 것이 바람직하며, 이를 초과할 경우 신뢰도는 향상되지 않는다.
4) 검사유형 : 속도검사의 경우, 전후절반법으로 신뢰도를 추정하게 되면 후반부로 갈수록 시간이 부족하기 때문에 신뢰도는 낮아진다.
5) 신뢰도 추정방법 : 서로 다른 신뢰도 추정방법에 따른 신뢰도 계수는 각기 다를 수밖에 없다.

014

'16(1-2), '12(1), '06(1)

직업심리검사에서 측정의 기본 단위인 척도(Scale)의 4가지 유형을 쓰고 설명하시오. [8점]

족집게 답안

척도(Scale)

1) 명명척도 : 가장 낮은 수준의 척도로 숫자의 차이가 측정한 속성의 차이만을 나타내는 척도이다.
2) 서열척도 : 차이정보는 물론 순위관계에 대한 정보도 포함하는 척도이다.
3) 등간척도 : 차이정보와 순위정보는 물론 등간관계에 대한 정보도 포함하는 척도이다.
4) 비율척도 : 차이정보, 순위정보, 등간정보는 물론 수의 비율에 대한 정보도 포함하는 척도이다.

015

'23(1), '20(1), '13(2)

직업상담에서 검사 선택 시 4가지 고려사항을 쓰시오. [8점]

검사 선정 시 고려사항

1) 검사의 목적을 명확히 파악해야 한다.
2) 신뢰도와 타당도가 높은 검사방법을 사용해야 한다.
3) 내담자의 문제점을 정확히 파악해야 한다.
4) 시행상의 간편성, 경제성 등 실용적 측면을 고려해야 한다.
5) 검사선택에 있어서 내담자를 포함해야 한다.

확장해 보기

신타 만표실

직무분석 설문지 선택 시 평가준거

1) 신뢰성 : 설문지를 통해 얻어지는 결과는 일관성이 있어야 한다.
2) 타당성 : 설문지를 통해 얻어지는 결과는 정확해야 한다.
3) 만능성 : 다양한 목적을 충족시킬 수 있어야 한다.
4) 표준성 : 다른 직무와 비교 가능하도록 표준화되어야 한다.
5) 실용성 : 시간과 비용이 적게 들어야 한다.

016

'14(3)

다음 표에서 내담자 C의 점수가 7점이고, 평균과 표준편차가 아래와 같을 때 C의 표준점수 Z를 구하시오.(소수점 셋째자리에서 반올림할 것) [4점]

내담자	A	B	C	D	E	F	평균	표준편차
점수	3	6	7	10	14	20	10	5.77

족집게 답안

표준점수 Z

- 원점수 = 7, 평균 = 10, 표준편차 = 5.77
- Z 점수 = $\frac{\text{원점수 - 평균}}{\text{표준편차}} = \frac{7-10}{5.77}$ = - 0.519 = - 0.52(소수점 셋째자리에서 반올림)

∴C의 Z 점수는 - 0.52이다.

확장해 보기

표준점수에 따른 직무능력

직업상담사가 구직자 A와 B에게 각각 동형검사인 직무능력 검사인 I 형과 II 형을 실시한 결과, A는 115점, B는 124점을 얻었으나 검사유형이 다르기 때문에 직접 비교할 수 없다. A와 B 중 누가 더 높은 직무능력을 갖추었는지 각각의 표준점수를 구하고 이를 비교하시오. (Z점수는 소수점 둘째 자리까지 산출하시오.)

- A : 직무능력검사 I 형 표준화 집단 평균 : 100, 표준편차 : 7
- B : 직무능력검사 II 형 표준화 집단 평균 : 100, 표준편차 : 15

1) Z 점수(표준점수) = $\frac{\text{원점수 - 평균}}{\text{표준편차}}$

- A의 Z점수 : $\frac{115-100}{7}$ = 2.14
- B의 Z점수 : $\frac{124-100}{15}$ = 1.60

2) A의 Z점수가 B의 Z점수보다 높으므로, A가 B보다 더 높은 직무능력을 갖춘 것으로 볼 수 있다.

017

구조조정 당한 실직자의 심리적 특성 2가지와 이 내담자에게 적용할 수 있는 지도방법 2가지를 쓰시오. [4점]

족집게 답안

실직자의 심리적 특성과 지도방법

1) 심리적 특성
   ① 자신의 무능함과 무가치감을 느낄 수 있다.
   ② 실직에 대한 자괴감과 우울증에 빠질 수 있다.

2) 지도방법
   ① 자신이 무가치하다는 비합리적 신념을 논박을 통해서 합리적 신념으로 전환시켜야 한다.
   ② 실직이 새로운 전직의 기회가 될 수 있다는 자기수용적이고 긍정적 태도를 갖도록 한다.

확장해 보기

조직감축에서 살아남은 구성원들의 조직에 대한 반응

1) 살아남은 구성원들은 조직에 대한 신뢰감을 상실한다.
2) 더 많은 일을 해야 하고, 종종 불이익도 감수한다.
3) 살아남은 구성원들은 다른 직무나 낮은 수준의 직무로 이동하는 것을 감수한다.
4) 자신도 감축 대상이 될 수 있다는 불안감으로 조직 몰입에 어려움을 겪는다.
5) 분노나 공격적 성향의 표출로 인간관계의 악화를 초래한다.
6) 조직으로부터 이탈현상이 발생할 수 있다.

018

'16(3), '10(4), '09(2)

임금이 상승하면 노동공급곡선은 우상향한다. 이것이 참인지, 거짓인지, 불확실한지 판정하고 여가와 소득의 선택모형에 의거하여 그 이유를 설명하시오. [5점]

족집게 답안

여가와 소득의 선택모형에 따른 노동공급곡선

1) 불확실하다.

2) 이유

① 여가가 정상재인 경우 : 대체효과가 소득효과보다 클 때 노동공급곡선은 우상향, 작을 때는 후방굴절한다.

② 여가가 열등재인 경우 : 대체효과, 소득효과에 관계없이 노동공급곡선은 우상향 한다.

2020년 3회

001

'21(2),'16(2),'14(1),'13(3),'10(2),'09(2)

내담자의 흥미사정기법을 3가지 쓰고, 각각에 대해 설명하시오. [6점]

족집게 답안

흥미사정기법

1) 흥미평가기법 : 종이에 쓰여진 알파벳에 따라 흥밋거리를 기입하게 해서 내담자의 흥미를 사정하는 기법이다.
2) 직업선호도검사 : 홀랜드의 흥미유형과 연관지어 내담자의 흥미를 사정한다.
3) 직업카드분류법 : 직업선택의 동기를 알아보기 위해 직업카드를 선호군, 혐오군, 미결정 중성군으로 분류하도록 한다.
4) 작업경험 분석 : 내담자가 과거에 경험했던 작업들을 분석하여 직업 관련 선호도를 찾아내는 기법이다.

확장해 보기

수퍼의 흥미사정기법

1) 표현된 흥미 : 내담자에게 어떤 활동에 대해 좋고 싫음을 묻는 질문을 한다.
2) 조작된 흥미 : 활동에 대해 질문을 하거나 활동에 참여한 사람들이 어떻게 시간을 보내는지 관찰한다.
3) 조사된 흥미 : 다양한 활동에 대해 좋고 싫음을 묻는 표준화된 검사를 통해 흥미를 파악한다.

002

'22(2), '22(1), '21(1·2·3), '20(2), '18(1·3), '16(2), '04(2)

인지·정서·행동적(REBT) 상담의 기본개념인 A - B - C - D - E 모델의 의미를 쓰시오. [5점]

족집게 답안

인지적, 정서적, 행동적 상담의 기본개념

1) A(선행사건): 내담자의 감정이나 행동에 영향을 미치는 사건이다.
2) B(비합리적 신념체계): 선행 사건에 대한 비합리적 신념체계이다.
3) C(결과): 비합리적 신념으로 인한 부적응적인 정서적·행동적 결과이다.
4) D(논박): 비합리적 신념을 논리적으로 반박하는 것이다.
5) E(효과): 논박으로 인해 비합리적 신념이 합리적 신념으로 전환된다.
6) F(감정): 합리적 신념에서 비롯된 긍정적이고 수용적인 감정이다.

확장해 보기

인지적, 정서적, 행동적 상담의 기본개념의 적용

실직한 내담자

1) A(선행사건): 구체적 사건으로써 내담자의 실직
2) B(비합리적 신념체계): 실직이 곧 자신의 무가치함을 의미한다는 비합리적 신념체계
3) C(결과): 우울과 불안, 자괴감, 구직활동의 위축 등
4) D(논박): 실직이 곧 자신의 무가치함을 의미하는 것은 아니며, 누구나 실직할 수 있으므로 그에 집착하는 것은 옳지 않다는 논박
5) E(효과): 논박의 효과로 합리적인 신념을 통한 구직활동에의 노력
6) F(감정): 자신에 대한 수용적 태도와 긍정적 감정을 갖게 되는 것

003

'23(3), '07(1·2)

내담자와의 초기면담 수행 시 상담자가 유의해야 할 사항 4가지를 쓰시오. [4점]

족집게 답안

초기면담 수행 시 상담자가 유의해야 할 사항

1) 내담자와 촉진적 관계 형성하기
2) 내담자와 상담목표 및 전략 수립하기
3) 상담과정과 역할에 대해 명확히 하기
4) 상담과정에 필요한 과제물 부여하기
5) 내담자의 심리적 문제 파악하기
6) 비밀유지에 대해 설명하기

확장해 보기

상담자가 내담자에게 좋은 영향을 미치는 언어적·비언어적 행동

1) 언어적 행동

① 내담자에게 명료하고 이해 가능한 언어를 사용한다.
② 내담자의 기본적인 신호에 적절히 반응한다.
③ 긴장을 줄이기 위해 가끔 유머를 사용한다.
④ 내담자에게 개방적 질문과 언어적 강화를 사용한다.

2) 비언어적 행동

① 내담자와 기분 좋은 눈 맞춤을 유지한다.
② 내담자에게 가끔 미소를 지으며, 고개를 끄덕인다.
③ 내담자와 유사한 언어의 톤을 사용한다.
④ 내담자에게 몸을 가깝게 기울이며 상담한다.

004

'23(3), '18(2), '17(3), '15(3), '13(2), '12(1), '09(1)

정신역동적 직업상담 모형을 구체화시킨 보딘(Bordin)의 3단계 직업상담 과정을 쓰고, 각각에 대해 설명하시오.

[6점]

(보) 탐핵변

보딘(Bordin)의 직업상담 과정

1) 탐색과 계약설정(제1단계) : 내담자의 정신역동적 상태에 대한 탐색 및 상담전략에 대한 계약설정이 이루어진다.
2) 핵심결정(제2단계) : 내담자는 핵심결정을 통해 자신의 목표를 성격 변화 등으로 확대할 것인지 고민한다.
3) 변화를 위한 노력(제3단계) : 내담자는 자아인식 및 자아이해를 확대해 나가며 지속적으로 변화를 모색한다.

의정 자직확

보딘(Bordin)의 진로문제 심리적 원인

1) 의존성 : 진로문제를 스스로 해결하지 못하고 타인에게 의존하는 경우이다.
2) 정보부족 : 진로관련에 대한 정보의 부족으로 어려움을 겪는 경우이다.
3) 자아갈등 : 자아개념들 사이에서 내적갈등으로 인한 혼란이다.
4) 직업선택에 대한 불안 : 자신의 선택과 중요한 타인의 요구 간의 충돌에서 비롯되는 불안이다.
5) 확신부족 : 진로선택 이후에 자신의 선택에 대한 확신이 부족한 경우이다.

005

'23(1), '15(2)

내담자와의 상담목표 설정 시 유의사항 4가지를 쓰시오. [4점]

상담목표 설정 시 유의사항

1) 내담자와 함께 상담목표를 설정한다.
2) 내담자의 기대나 가치가 반영된 것을 상담목표로 설정한다.
3) 현실적으로 실현가능한 것을 상담목표로 설정한다.
4) 구체적인 것을 상담목표로 설정한다.
5) 상담자의 기술과 양립 가능한 것을 상담목표로 설정한다.
6) 구체적인 기한설정이 있어야 한다.

확장해 보기

기즈버스(Gysbers)의 직업상담 목표

1) 예언과 발달 : 생애진로발달상에서 내담자의 적성과 흥미를 탐색하고 확대하도록 돕는다.
2) 처치와 자극 : 내담자가 자신의 진로발달이나 직업문제에 대한 처치와 해결을 할 수 있도록 돕는다.
3) 결함과 유능 : 내담자가 자신의 결함보다는 유능에 초점을 두도록 돕는다.

006

'23(1), '18(2), '12(2), '09(1·3)

검사 - 재검사 신뢰도에 영향을 미치는 요인 4가지를 쓰시오. [4점]

검사 - 재검사에 영향을 미치는 요인

1) 두 검사 시행 사이의 시간 간격
2) 응답자 속성의 변화
3) 앞서 치른 검사 경험
4) 두 검사 시행 시 환경적 차이

확장해 보기

검사 - 재검사법의 단점

1) 성숙효과 : 두 검사 사이의 시간 간격이 너무 클 경우 측정대상의 속성이 변할 수 있다.
2) 이월효과(기억효과) : 두 검사 사이의 시간 간격이 너무 짧을 경우 앞에서 답한 것을 기억해 뒤의 응답 시 활용할 수 있다.
3) 반응민감성 : 검사를 치른 경험이 후속 반응에 영향을 줄 수 있다.
4) 시간 및 비용 소요 : 동일 검사를 두 번 실시함에 따라 시간과 비용이 많이 소요된다.

007

'23(3), '23(2), '23(1), '22(1), '21(1), '20(1·4), '19(2), '18(2), '16(1), '14(3), '09(1)

홀랜드(Holland)의 흥미에 관한 유형 6가지를 쓰시오. [6점]

암기비법 **현탐예 사진관**

홀랜드(Holland)의 흥미에 관한 6가지 유형

1) 현실형(R) : 실제적이며 현장에서 하는 일을 선호하나, 사회성이 부족하다.
2) 탐구형(I) : 과학적이며 탐구활동을 선호하나, 지도력이 부족하다.
3) 예술형(A) : 심미적이며 창조적인 활동을 선호하나, 규범적 성향이 부족하다.
4) 사회형(S) : 이타적이며 봉사활동을 선호하나, 기계적 활동능력이 부족하다.
5) 진취형(E) : 진취적이며 적극적인 활동을 선호하나, 체계적 활동능력이 부족하다.
6) 관습형(C) : 꼼꼼하며 질서정연한 일을 선호하나, 융통성이 부족하다.

확장해 보기

홀랜드 검사의 해석(SAE 유형)

1) 사회형(S)은 사람들과 함께 어울리는 일을 선호하고, 예술형(A)은 창의적인 일을 선호하며, 진취형(E)은 리더십이 뛰어나다.
2) 이 내담자는 사람과 함께 일하면서 창의적이며 사람들을 설득하고 선도하는 재능의 소유자로 상담치료사나 사회사업가 등의 직업군에 적합하다고 볼 수 있다.

008

'23(2), '20(4), '19(3), '16(1), '15(1·2), '10(1·4), '09(3)

구성타당도의 유형에 속하는 타당도 2가지를 쓰고 설명하시오. [4점]

 수변요

구성타당도

1) 수렴타당도 : 검사결과가 해당속성과 관련 있는 변수들과 높은 상관관계를 가지고 있을 때 수렴타당도는 높다.
2) 변별타당도 : 검사결과가 해당속성과 관련 없는 변수들과 낮은 상관관계를 가지고 있을 때 변별타당도는 높다.
3) 요인분석 : 검사문항들의 상관관계를 분석하여 상관이 높은 문항들을 요인으로 묶어주는 통계적 방법이다.

확장해 보기

 안내구준

타당도의 종류

1) 안면타당도 : 일반인이 문항을 읽고 얼마나 타당해 보이는지를 평가한다.
2) 내용타당도 : 검사 문항들이 측정 내용을 얼마나 잘 반영하고 있는지를 전문가의 논리적 분석과정으로 판단하는 주관적인 타당도이다.
3) 구성타당도 : 측정하고자 하는 개념들이 실제 측정도구에 의해 얼마나 제대로 측정되었는지를 평가한다.
수렴타당도, 변별타당도, 요인분석으로 구분한다.
4) 준거타당도 : 어떤 심리검사가 특정 준거와 어느 정도 관련성이 있는지를 알아보는 것이다.
동시타당도(공인타당도)와 예언타당도(예측타당도)로 구분한다.

009

'14(1)

지필검사나 면접 시 채점자 또는 평정자로 인해 발생하는 오차 유형 3가지를 쓰고 설명하시오. [6점]

족집게 답안

평정자로 인해 발생하는 오차의 유형

1) 후광효과로 인한 오차 : 수검자의 인상에서 비롯되는 채점자의 오차이다.
2) 관용의 오차 : 채점자가 가급적 후한 점수를 주려는 경향에서 비롯되는 오차이다.
3) 중앙집중 경향의 오차 : 채점자가 가급적 중간점수를 주려는 경향에서 비롯되는 오차이다.
4) 논리적 오차 : 채점자가 한 특성의 점수를 알고 있는 것이 다른 특성의 평정에 영향을 미치는 오차이다.

확장해 보기

검사자의 강화효과·기대효과·코칭효과

1) 강화효과 : 검사자가 수검자에게 제공하는 물질적·언어적 보상이 검사결과에 영향을 미칠 수 있다.
2) 기대효과 : 검사자가 수검자에게 어떤 기대를 나타내는 것이 검사결과에 영향을 미칠 수 있다.
3) 코칭효과 : 검사자가 수검자에게 하는 코칭 행위가 검사결과에 영향을 미칠 수 있다.

010

'18(1), '16(1), '14(2), '13(1), '10(3)

심리검사 유형 중 투사적 검사의 장점과 단점을 각각 3가지씩 쓰시오. [6점]

족집게 답안

투사적 검사의 장점과 단점

1) 장점
① 내담자의 다양하고 독특한 반응을 이끌어 낼 수 있다.
② 내담자의 의도적인 방어를 방지할 수 있다.
③ 내담자의 풍부하고 심층적인 심리적 특성을 반영할 수 있다.

2) 단점
① 검사의 신뢰도나 타당도가 매우 부족하다.
② 여러 상황적 변인들이 검사반응에 영향을 미친다.
③ 검사를 채점하고 해석할 때 고도의 전문성이 요구된다.

확장해 보기

객관식 검사의 장점과 단점

1) 장점
① 검사의 실시가 간편하다.
② 시간과 노력이 절감된다.
③ 검사의 신뢰도와 타당도가 검증되어 있다.
④ 검사의 객관성이 보장되어 있다.
⑤ 부적합한 응답을 최소화할 수 있다.
⑥ 비용적 측면에서 경제적이다.

2) 단점
① 수검자가 사회적으로 바람직한 방향으로 검사문항에 대해 반응할 수 있다.
② 수검자가 한 가지 답에만 집중적으로 반응할 경우 검사 반응이 오염될 수 있다.
③ 수검자의 의도에 따라 자신이 보이고 싶은 방향으로 반응할 수 있다.
④ 수검자의 감정이나 신념 등 심리 내적 특성을 다루는 데 한계가 있다.
⑤ 수검자의 응답 범위가 제한될 수 있다.

011

'21(1), '18(2), '14(2), '11(1)

스트롱(Strong) 직업흥미검사의 하위척도 3가지를 쓰고 설명하시오. [6점]

스트롱(Strong) 직업흥미검사의 하위척도

1) 일반직업분류(GOT) : 흥미영역에 대한 정보를 제공하며, 홀랜드의 직업선택이론에 의한 6가지 유형으로 구성되어 있다.
2) 기본흥미척도(BIS) : 일반직업분류를 특정흥미들로 세분화한 것으로, 6가지 흥미유형에 대한 구체적인 정보를 얻을 수 있다.
3) 개인특성척도(PSS) : 업무 유형, 학습 유형, 리더십 유형, 모험심 유형들에 대한 개인의 선호도를 측정한다.

확장해 보기

진로개발평가 시 사용가능 검사(경력결정검사)

1) 진로성숙도검사(CMI) : 크라이티스가 개발한 검사로써, 태도척도와 능력척도로 구성되어 있으며 진로선택 내용과 과정이 통합적으로 반영되었다.
2) 진로발달검사(CDI) : 수퍼가 개발한 검사로써, 경력관련 의사결정에 대한 참여준비도를 측정하기 위한 것이다. 학생들의 진로발달과 진로성숙도를 측정한다.
3) 자기직업상황(MVS) : 홀랜드가 개발했으며, 직업적 정체성 형성 여부를 파악하고 직업선택에 필요한 정보 및 환경, 개인적 장애가 무엇인지 알려준다.
4) 진로신념검사(CBI) : 크롬볼츠가 개발했으며, 내담자로 하여금 자아인식 및 세계관에 대한 문제를 확인하도록 돕는다.
5) 경력결정검사(CDS) : 오시포가 개발했으며, 경력관련 의사결정 실패에 관한 정보를 제공하기 위한 검사이다.

012

'18(1), '14(3), '13(2))

직무분석은 직무기술서나 작업자명세서를 만들고 이로부터 얻어진 정보를 여러모로 활용하는 것을 목적으로 한다. 이와 같은 직무분석으로 얻어진 정보의 용도를 4가지 쓰시오. [4점]

족집게 답안

직무분석 정보의 용도

1) 모집 및 선발
2) 교육 및 훈련
3) 배치 및 경력개발
4) 직무평가 및 직무수행평가
5) 직무재설계 및 작업환경 개선
6) 인력수급계획의 수립

확장해 보기

직무분석의 유형

1) 과제 중심 직무분석 : 직무에서 수행하는 과제나 활동이 어떤 것들인지 파악하는 데 초점을 둔다.
   예 기능적 직무분석(FJA : Functional Job Analysis) : 직무정보를 자료(Data), 사람(People), 사물(Thing) 기능으로 분석한다.
2) 작업자 중심 직무분석 : 직무를 수행하는 데 요구되는 지식, 기술, 능력, 경험 등 작업자의 재능에 초점을 둔다.
   예 직위분석질문지(PAQ : Position Analysis Questionaire) : 직무수행에 요구되는 지식, 기술, 능력 등의 인간적 요건들을 밝히는 데 목적을 둔 표준화된 분석도구이다.

013

'22(3), '17(3), '15(2)

진로성숙도검사(CMI)의 능력척도 3가지를 쓰고 설명하시오. [6점]

족집게 답안

진로성숙도검사(CMI)의 능력척도

1) 자기평가 : 자신의 성격, 흥미 등을 명확히 지각하고 이해하는 능력이다.
2) 직업정보 : 직업에 관한 정보 등을 획득하고 분석하는 능력이다.
3) 목표선정 : 자아와 직업세계에 대한 지식을 토대로 직업목표를 선정하는 능력이다.
4) 계획 : 직업목표를 달성하기 위해 계획을 수립하는 능력이다.
5) 문제해결 : 진로결정 과정에서 장애가 되는 문제들을 해결하는 능력이다.

확장해 보기

진로성숙도검사(CMI)의 태도척도

1) 결정성 : 선호하는 진로의 방향에 대한 확신의 정도이다.
   예 "나는 선호하는 진로를 자주 바꾸고 있다."
2) 참여도(관여도) : 진로선택 과정에 능동적으로 참여하는 정도이다.
   예 "나는 졸업할 때까지는 진로선택 문제에 별로 신경을 쓰지 않겠다."
3) 독립성 : 진로선택을 독립적으로 할 수 있는 정도이다.
   예 "나는 부모님이 정해 주시는 직업을 선택하겠다."
4) 지향성(성향) : 진로결정에 필요한 사전 이해와 준비의 정도이다.
   예 "일하는 것이 무엇인지에 대해 생각한 바가 거의 없다."
5) 타협성 : 진로선택 시 욕구와 현실에 타협하는 정도이다.
   예 "나는 하고 싶기는 하나 할 수 없는 일을 생각하느라 시간을 보내곤 한다."

014

'23(3), '23(1), '08(1)

한국직업사전에 수록된 부가직업정보 중 정규교육, 숙련기간, 직무기능의 의미를 쓰시오. [6점]

족집게 답안

정규교육/숙련기간/직무기능

1) 정규교육 : 해당 직업의 직무를 수행하는 데 필요한 일반적인 정규교육수준을 의미하는 것으로, 해당 직업 종사자의 평균 학력을 나타내는 것은 아니다.
2) 숙련기간 : 해당 직업의 직무를 평균적으로 수행하는 데 필요한 각종 교육, 훈련, 숙련기간을 의미한다. 단, 향상훈련은 포함되지 않는다.
3) 직무기능 : 해당 직업 종사자가 직무를 수행하는 과정에서 자료, 사람, 사물과 관련된 특성을 나타낸다.

확장해 보기

정규교육/숙련기간/직무기능

1) 정규교육 6단계 수준

수준	교육정도	수준	교육정도
1	6년 이하(초졸 정도)	4	12년 초과~14년 이하(전문대졸 정도)
2	6년 초과~9년 이하(중졸 정도)	5	14년 초과~16년 이하(대졸 정도)
3	9년 초과~12년 이하(고졸 정도)	6	16년 초과(대학원 이상)

2) 숙련기간의 수준

수준	숙련기간	수준	숙련기간	수준	숙련기간
1	약간의 시범정도	4	3개월 초과~6개월 이하	7	2년 초과~4년 이하
2	시범 후 30일 이하	5	6개월 초과~1년 이하	8	4년 초과~10년 이하
3	1개월 초과~3개월 이하	6	1년 초과~2년 이하	9	10년 초과

3) 직무기능(DPT)

① 자료(Data) : 정보, 지식, 개념 등 세 가지 종류의 활동으로 배열되어 있으며, 각 활동은 중첩되어 배열 간의 복잡성이 존재한다.
② 사람(People) : 자문, 협의, 교육, 감독, 오락제공, 설득, 말하기-신호, 서비스 제공 등의 활동이며, 인간과 인간처럼 취급되는 동물을 다루는 것을 포함한다.
③ 사물(Thing) : 설치, 정밀작업, 제어조작, 조작운전, 수동조작, 유지, 투입-인출, 단순작업 등의 활동이며, 물질, 재료, 기계, 공구, 설비 등을 다루는 것을 포함한다.

015

'23(3), '16(3)

아래의 주어진 내용을 보고 물음에 답하시오. [6점]

노동공급	임금	한계수입생산
5	6	62
6	8	50
7	10	38
8	12	26
9	14	14
10	16	2

(1) 노동공급이 7단위일 때 한계노동비용을 구하시오(단, 계산과정을 제시하시오).

(2) 이윤극대화가 이루어지는 노동공급과 임금을 구하시오(단, 계산과정을 제시하시오).

족집게 답안

한계노동비용과 이윤극대화

1) 한계노동비용(MC_L) = $\frac{\text{총노동비용의 증가분}(\Delta C)}{\text{노동투입량의 증가분}(\Delta L)}$

노동공급	임금	총임금	한계노동비용	한계 수입생산
5	6	5×6=30	-	62
6	8	6×8=48	$\frac{48-30}{6-5}=18$	50
7	10	7×10=70	$\frac{70-48}{7-6}=22$	38
8	12	8×12=96	$\frac{96-70}{8-7}=26$	26
9	14	9×14=126	$\frac{126-96}{9-8}=30$	14
10	16	10×16=160	$\frac{160-126}{10-9}=34$	2

∴노동공급이 7단위일 때, 한계노동비용은 22이다.

2) 이 시장은 노동공급의 증가에 따라 단위당 임금이 상승하는 수요독점 노동시장이다.
수요독점 노동시장에서는, '한계노동비용=한계수입생산'에서 이윤의 극대화가 이루어진다.
한계노동비용(MC_L)=한계수입생산(MRP_L)=26이므로
이윤극대화가 이루어지는 노동공급과 임금은 노동공급이 8, 시간당 임금이 12일 때이다.
∴노동공급 : 8, 시간당 임금 : 12이다.

016

'21(3), '20(4), '16(2), '12(1), '08(3)

한국표준산업분류에서 통계단위의 산업을 결정하는 방법 3가지를 쓰시오. [6점]

통계단위의 산업을 결정하는 방법

1) 생산단위의 산업활동은 그 생산단위가 수행하는 주된 산업활동의 종류에 따라 결정된다.
2) 해당 활동의 종업원 수 및 노동시간, 임금 또는 설비의 정도에 의하여 결정한다.
3) 계절에 따라 정기적으로 산업을 달리하는 사업체는 조사대상기간 중 산출액이 많았던 활동에 의하여 분류된다.
4) 휴업 중 또는 자산을 청산 중인 사업체의 산업은 영업 중 또는 청산을 시작하기 이전의 산업활동에 의하여 결정한다.
5) 단일사업체의 보조단위는 그 사업체의 일개 부서로 포함한다.

확장해 보기

한국표준산업분류(KSIC)의 적용원칙

1) 생산단위는 산출물뿐만 아니라 투입물과 생산공정 등을 함께 고려하여 그들의 활동을 가장 정확하게 설명된 항목에 분류해야 한다.
2) 복합적인 활동단위는 우선적으로 최상급 분류단계(대분류)를 정확히 결정하고, 순차적으로 중, 소, 세, 세세분류 단계 항목을 결정하여야 한다.
3) 산업활동이 결합되어 있는 경우에는 그 활동단위의 주된 활동에 따라서 분류하여야 한다.
4) 수수료 또는 계약에 의하여 활동을 수행하는 단위는 동일한 산업활동을 자기계정과 자기책임하에서 생산하는 단위와 같은 항목에 분류하여야 한다.
5) 공식적 생산물과 비공식적 생산물, 합법적 생산물과 불법적인 생산물을 달리 분류하지 않는다.

017

'23(1), '18(2), '17(3), '12(3), '11(3), '10(2), '09(1)

임금의 하방경직성의 의미를 설명하고, 임금의 하방경직성의 원인 5가지를 쓰시오 [6점]

족집게 답안

암기비법 최강 노화장 효

임금의 하방경직성의 의미와 원인

1) 의미 : 한번 오른 임금이 경제여건의 변화에도 떨어지지 않은 채 그 수준을 유지하려는 경향을 말한다.

2) 이유

① 최저임금제 실시

② 강력한 노동조합의 존재

③ 노동자의 역선택 발생 가능성

④ 화폐환상

⑤ 장기 근로계약

⑥ 효율성 임금제

확장해 보기

효율성임금제

1) 개념 : 근로자의 생산성을 높이기 위해 시장임금보다 더 높은 임금을 지급하는 것이다.

2) 장점

① 우수한 근로자 채용 및 노동의 질 향상

② 근로자의 사직 감소에 따른 신규채용 및 훈련에 드는 비용 감소

③ 대규모 사업장에서의 통제 상실 방지

④ 기업에 대한 충성심과 귀속감의 증대

3) 단점

① 기업 간 임금격차

② 이중노동시장의 형성

③ 지역 또는 산업 간 노동력 수급의 불균형으로 구조적 실업 초래

018

'23(1), '22(3), '20(2·4), '16(2), '12(3), '09(2·3), '07(1)

한국표준직업분류의 포괄적인 업무에 대한 직업분류 원칙을 적용하는 순서대로 쓰고, 각각 예를 들어 설명하시오. [9점]

암기비법 **포주최생**

포괄적인 업무에 대한 직업분류 원칙

1) 주된 직무 우선원칙 : 수행되는 직무내용과 분류항목의 직무내용을 비교하여 상관성이 가장 많은 항목에 분류한다.
   예 교육과 진료를 겸하는 의대교수는 강의·연구 등(교육)과 진료·처치 등(의료)의 직무내용을 파악하여 관련 항목이 많은 분야로 분류한다.
2) 최상급 직능수준 우선원칙 : 수행된 직무가 상이한 수준의 훈련과 경험을 필요로 한다면, 가장 높은 수준의 직무를 필요로 하는 일에 분류한다.
   예 조리와 배달의 직무비중이 같을 경우에는, 조리의 직능수준이 높으므로 조리사로 분류한다.
3) 생산업무 우선원칙 : 제회의 생산과 공급이 같이 이뤄지는 경우, 생산단계에 관련된 업무를 우선적으로 분류한다.
   예 한 사람이 빵을 생산하고 판매도 하는 경우, 제빵사로 분류한다

암기비법 **다취수조**

다수 취업 종사자의 의미와 분류원칙

1) 의미

한 사람이 전혀 상관성이 없는 두가지 이상의 직업에 종사하는 경우를 말한다.

2) 분류원칙

① 취업시간 우선의 원칙 : 더 긴 시간을 투자하는 직업으로 결정한다.
② 수입 우선의 원칙 : 수입이 더 많은 직업으로 결정한다.
③ 조사 시 최근의 직업 원칙 : 조사시점을 기준으로 최근에 종사한 직업으로 결정한다.

2020년 4회

001

'23(2), '17(1), '09(2), '03(3)

수퍼(Super)의 직업발달 5단계를 쓰고 설명하시오. [5점]

족집게 답안

수퍼(Super)의 직업발달 5단계

1) 성장기 : 자아개념을 발달시키는 시기이며, 욕구와 환상이 지배적이나 점차 흥미와 능력을 중시하게 된다.
2) 탐색기 : 미래에 대한 계획을 세우고 적합한 직업을 탐색하는 시기이다.
3) 확립기 : 자신에게 적합한 분야를 발견해서 생활의 기반을 확립하는 시기이다.
4) 유지기 : 자신의 자리를 유지하려고 노력하며 안정된 삶을 살아가는 시기이다.
5) 쇠퇴기 : 직업에서 은퇴한 후 새로운 역할과 활동을 찾게 되는 시기이다.

확장해 보기

수퍼(Super)의 진로발달단계의 하위단계

1) 성장기의 하위단계
   ① 환상기 : 욕구가 지배적이며, 환상적인 역할수행이 중시된다.
   ② 흥미기 : 진로의 목표를 결정하는 데 흥미가 중요 요인이 된다.
   ③ 능력기 : 직업에서 요구하는 조건을 고려하며 능력을 중시하게 된다.
2) 탐색기의 하위단계
   ① 잠정기 : 자신의 욕구, 흥미, 능력, 가치 등이 잠정적인 진로의 기초가 된다.
   ② 전환기 : 현실적 요인들이 점차 직업의식과 직업활동의 기초가 된다.
   ③ 시행기 : 자신이 적합하다고 본 직업을 최초로 가지게 된다.

002

'23(3), '23(2), '23(1), '13(3)

직업심리검사는 측정내용에 따라 극대수행검사와 습관적 수행검사로 분류된다. 두 검사에 대해 설명하고 각각의 대표적인 유형 2가지를 쓰시오. [8점]

족집게 답안

극대수행검사와 습관적 수행검사

1) 극대수행검사(최대수행검사)
   ① 개념 : 제한시간 내 수검자의 능력을 최대한 발휘하게 하는 인지적 검사이며, 성능검사이다.
   ② 유형 : 지능검사, 적성검사, 성취도검사

2) 습관적 수행검사(정서적 검사)
   ① 개념 : 일상생활에서 수검자의 습관적인 행동을 검토하는 비인지적 검사이며, 성향검사이다.
   ② 유형 : 성격검사, 흥미검사, 태도검사

확장해 보기

심리검사의 분류

실시 방식에 따른 분류

1) 실시시간 기준
   ① 속도검사 : 시간제한 있고 쉬운 문제로 구성되어 있으며, 문제해결력보다는 숙련도를 측정한다(예 웩슬러 지능검사의 소검사).
   ② 역량검사 : 시간제한 없고 어려운 문제로 구성되어 있으며, 숙련도보다는 문제해결력을 측정한다(예 수학 경시대회).

2) 수검자 수 기준
   ① 개인검사 : 검사자와 수검자의 일대일 방식으로 이루어지는 검사이며, 수검자의 심층적 분석에 유리하다(예 한국판 웩슬러 지능검사(K-WAIS), 일반직업적성검사(GATB), 주제통각검사(TAT), 로샤검사 등).
   ② 집단검사 : 여러 명의 수검자를 한번에 검사하는 방식이며, 시간과 비용면에서 효율적이다(예 미네소타 다면적인성검사(MMPI), 캘리포니아 성격검사(CPI) 마이어스-브릭스 성격유형검사(MBTI) 등).

3) 검사도구 기준
   ① 지필검사 : 종이에 인쇄된 문항에 응답하는 방식이다(예 각종 국가자격시험, MMPI, MBTI 등).
   ② 수행검사 : 수검자가 도구를 다루어야 하는 방식이다(예 운전면허 주행시험, 웩슬러 지능검사의 토막짜기 소검사, 일반 직업적성검사의 동작검사 등).

사용목적에 따른 분류

1) 규준참조검사 : 개인의 점수를 다른 사람들의 점수와 비교하는 상대평가 검사이다(예 심리검사, 선발검사 등).

2) 준거참조검사 : 개인의 점수를 어떤 기준검사와 비교하는 절대평가 검사이다(예 다수의 국가자격시험 등).

측정내용에 따른 분류

1) 극대수행검사(최대수행검사) : 일정 시간 내 자신의 능력을 최대한 발휘하게 하는 인지적 검사이며, 성능검사이다.
   ① 지능검사 : 스탠포드 - 비네 지능검사, 한국판 웩슬러 성인용지능검사(K - WAIS) 등
   ② 적성검사 : 일반적성검사(GATB)
   ③ 성취도검사 : 학업성취도검사

2) 습관적 수행검사(정서적 검사) : 일상생활에서의 습관적인 행동을 검토하는 비인지적 검사로써, 성향검사이다.
   ① 성격검사 : MBTI, MMPI, CPI, 로샤검사 등
   ② 흥미검사 : 직업선호도검사, 쿠더직업흥미검사, 스트롱 - 캠벨 흥미검사
   ③ 태도검사 : 직무만족도검사(JSS) 등

검사장면에 따른 분류

1) 축소상황검사 : 실제 장면과 같지만 과제나 직무를 매우 축소시킨 검사이다.

2) 모의장면검사 : 실제 장면과 거의 유사한 장면을 인위적으로 만들어 놓은 검사이다.

3) 경쟁장면검사 : 작업장면과 같은 상황에서 실제 문제나 작업을 제시하고 경쟁적으로 문제해결을 요구하는 검사이다.

003

'23(2), '22(1), '21(1), '20(1·3), '19(2), '18(2), '16(1), '14(3), '09(1), '08(1), '07(1)

홀랜드(Holland)의 흥미에 관한 6가지 유형을 쓰시오. [6점]

현탐예 사진관

홀랜드(Holland)의 흥미에 관한 유형

1) 현실형(R) : 실제적이며 현장에서 하는 일을 선호하나, 사회성이 부족하다.
2) 탐구형(I) : 과학적이며 탐구활동을 선호하나, 지도력이 부족하다.
3) 예술형(A) : 심미적이며 창조적인 활동을 선호하나, 규범적 성향이 부족하다.
4) 사회형(S) : 이타적이며 봉사활동을 선호하나, 기계적 활동능력이 부족하다.
5) 진취형(E) : 진취적이며 적극적인 활동을 선호하나, 체계적 활동능력이 부족하다.
6) 관습형(C) : 꼼꼼하며 질서정연한 일을 선호하나, 융통성이 부족하다.

확장해 보기

홀랜드 이론이 적용된 검사도구

1) 직업선호도검사(VPI : Vocation Preference Inventory)
2) 자기방향탐색검사(SDS : Self Directd Search)
3) 직업탐색검사(VEIK : Vocational Exploration and Insigt Kit)
4) 자기직업상황검사(MVS : My Vocational Situation)
5) 경력의사결정검사(CDM : Career Decision Making)
6) 스트롱 - 캠벨 흥미검사(SCII : Strong - Campbell Interest Inventory)

004

'20(3), '19(3), '16(1), '15(1·2), '10(1·4), '09(3), '08(1), '06(3), '03(1·3)

구성타당도를 분석하는 방법 3가지를 쓰고 설명하시오. [6점]

암기비법 **수변요**

구성타당도

1) 수렴타당도 : 검사결과가 해당속성과 관련 있는 변수들과 높은 상관관계를 가지고 있을 때 수렴타당도는 높다.
2) 변별타당도 : 검사결과가 해당속성과 관련 없는 변수들과 낮은 상관관계를 가지고 있을 때 변별타당도는 높다.
3) 요인분석 : 검사문항들의 상관관계를 분석하여 상관이 높은 문항들을 요인으로 묶어주는 통계적 방법이다.

확장해 보기

준거타당도

1) 의미

검사와 준거 간의 상관관계를 분석해서 검사의 타당도를 평가하는 방법이다.

2) 종류

① 동시타당도 : 현재 행위에 초점을 맞춘 것으로, 새로운 검사와 준거를 동시에 측정해서 두 결과 간의 상관계수를 추정한다.
예 근무성적이 좋은 재직자가 검사점수도 높았다면, 해당검사는 준거타당도를 갖췄다고 볼 수 있다.

② 예언타당도 : 미래 행위에 초점을 맞춘 것으로, 검사점수와 미래행위 측정치 간의 상관계수를 추정한다.
예 입사시험 성적이 높은 사람이 이후 근무성적에서도 높은 점수를 받았다면, 해당 입사시험은 예언타당도가 높다고 할 수 있다.

005

'21(3), '13(1-3)

발달적 직업상담에서 수퍼(Super)는 진단이라는 용어 대신에 평가라는 말을 사용했다. 수퍼(Super)가 제시한 평가의 종류 3가지를 쓰고 설명하시오. [6점]

족집게 답안

발달적 직업상담에서 수퍼(Super)의 평가

1) 문제평가 : 내담자가 겪고 있는 문제와 직업상담에 대한 기대가 평가된다.
2) 개인평가 : 내담자의 신체적·심리적·사회적 상태에 대한 통계자료 및 심리검사, 사례연구 등으로 개인에 대한 평가가 이루어진다.
3) 예언평가 : 문제평가와 개인평가를 토대로 내담자가 성공하고 만족할 수 있을지에 대한 예언이 이루어진다.

확장해 보기

발달적 직업상담에서 진로자서전과 의사결정일기

1) 진로자서전 : 내담자가 과거에 학과선택, 일 경험 등 어떤 의사결정 방식을 했는지 알아보기 위해 과거의 일상적 결정들을 자유롭게 기술하게 한다.
2) 의사결정일기 : 내담자가 매일 어떤 의사결정 방식을 하는지 알아보기 위해 현재의 일상적인 결정들을 자유롭게 기술하게 한다.

006

'23(2)

틴슬레이와 브래들리(Tinsley & Bradley)가 제시한 검사해석의 4단계를 설명하시오. [4점]

족집게 답안

틴슬래이와 브래들리의 검사해석 단계

1) 해석 준비단계 : 상담자는 검사결과와 내담자의 정보가 통합되어 어떻게 해석되는지를 검토한다.
2) 내담자 준비시키는 단계 : 상담자는 내담자가 검사결과에 대한 해석을 받아들일 수 있도록 준비시킨다.
3) 결과 전달단계 : 상담자는 내담자에게 이해하기 쉬운 용어를 사용하여 검사결과의 의미를 전달한다.
4) 추후활동단계 : 상담자는 검사결과에 대해 내담자가 어떻게 이해했는지를 확인한다.

확장해 보기

심리검사 해석 시 주의사항

1) 내담자가 이해하기 쉬운 언어를 사용한다.
2) 해석에 대한 내담자의 반응을 고려한다.
3) 주관적 판단을 배제한다.
4) 중립적이고 무비판적 자세를 견지한다.
5) 진점수의 범위를 말해주는 것이 좋다.
6) 내담자와 함께 해석하며 내담자 스스로 진로를 결정하도록 도와주어야 한다.

007

'22(2), '21(3), '18(1), '16(2), '15(1), '14(3), '10(1), '09(2)

윌리암슨(Williamson)이 분류한 직업상담의 문제유형을 4가지를 쓰고 설명하시오. [4점]

족집게 답안

윌리암슨(Williamson)의 진로선택 문제(변별진단)

1) 직업 무선택 또는 미선택 : 직접 직업을 결정한 경험이 없거나, 선호하는 몇 가지의 직업이 있음에도 어느 것을 선택할지를 결정하지 못하는 경우
2) 직업선택의 확신부족(불확실한 선택) : 직업을 선택했지만 자신의 선택에 자신이 없어 타인에게서 성공하리라는 위안을 받고자 하는 경우
3) 흥미와 적성의 불일치(흥미와 적성의 모순) : 흥미를 느끼는 직업에 대해서 수행능력이 부족하거나, 적성에 맞는 직업에 대해서 흥미를 느끼지 못하는 경우
4) 어리석은 선택(현명하지 못한 직업선택) : 자신의 능력보다 훨씬 낮은 능력이 요구되는 직업을 선택하거나 안정된 직업만을 추구하는 경우

확장해 보기 암기비법 **분종진 예상추**

윌리암슨(Williamson)의 특성-요인 직업상담 과정

1) 분석(제1단계) : 내담자 분석을 위해 심리검사 및 자료수집, 표준화검사 등이 사용된다.
2) 종합(제2단계) : 내담자에 대한 이해를 얻기 위해 수집한 자료들을 종합한다.
3) 진단(제3단계) : 내담자 문제의 원인을 탐색하며, 문제해결을 위해 진단하는 단계이다.
4) 예측(제4단계) : 진단의 결과를 통해 직업문제에 대해 예측하는 단계이다.
5) 상담(제5단계) : 내담자와 직업문제에 대해 상담하고 문제를 치료한다.
6) 추수지도(제6단계) : 내담자가 바람직한 행동을 하도록 계속적인 지도를 한다.

008

'23(3), '18(1), '12(1)

성능검사와 성향검사에 해당하는 검사를 각각 3가지씩 쓰시오. [6점]

족집게 답안

성능검사와 성향검사

1) 성능검사(인지적 검사, 극대수행검사)
   ① 한국판 웩슬러 성인용 지능검사 (K - WAIS)
   ② 일반적성검사 (GATB)
   ③ 학업성취도 검사 (교과시험)
2) 성향검사(정서적 검사, 습관적 수행검사)
   ① 마이어스 - 브릭스 성격유형 검사 (MBTI)
   ② 미네소타 다면적 인성검사 (MMPI)
   ③ 직업선호도 검사 (VPI)

확장해 보기

심리검사의 측정내용에 따른 분류

1) 성능검사(인지적 검사, 극대수행검사) : 일정 시간 내 자신의 능력을 최대한 발휘하게 하는 인지적 검사이며, 극대수행검사이다.
   ① 지능검사 : 스탠포드 - 비네 지능검사, 한국판 웩슬러 성인용 지능검사
   ② 적성검사 : 일반직업적성 검사(GATB)
   ③ 성취도검사 : 학업성취도 검사
2) 성향검사(정서적 검사, 습관적 수행검사) : 일상생활에서의 습관적인 행동을 검토하는 비인지적 검사로써, 습관적 수행검사이다.
   ① 성격검사 : MBTI(마이어스 - 브릭스 성격유형검사), MMPI(미네소타 다면적 인성검사), CPI(캘리포니아 성격검사), 로샤검사 등
   ② 흥미검사 : VPI(직업선호도검사), KOIS(쿠더직업흥미검사), SCII(스트롱 - 캠벨 흥미검사) 등
   ③ 태도검사 : 직무만족도검사(JSS) 등

009

'23(1), '19(1), '17(3), '15(1), '13(3), '11(3)

집단상담의 장점과 단점을 각각 3가지씩 쓰시오. [6점]

족집게 답안

집단상담의 장점과 단점

1) 장점

① 내담자들이 개인상담보다 더 쉽게 받아들이는 경향이 있다.
② 시간과 경제적인 측면에서 효율적이다.
③ 타인과 상호교류를 할 수 있는 능력이 개발된다.
④ 타인을 통한 대리학습의 기회가 부여된다.
⑤ 집단 구성원들 간의 피드백을 통해 자기탐색을 돕는다.
⑥ 구체적인 실천경험과 현실검증의 기회를 가진다.

2) 단점

① 개인의 문제가 심층적으로 다루어지지 않을 수 있다.
② 적합한 집단을 구성하기가 어렵다.
③ 비밀을 유지하기가 힘들다.
④ 개인의 특성이 발휘되기 어렵다.
⑤ 집단상담에 대한 경험이 부족한 지도자는 집단의 운영을 어렵게 한다.

확장해 보기

암기비법 **청황 흑백적녹**

6개의 생각하는 모자(six thinking hats)

1) 에드워드 드 보노(Edward de Bono)가 개발한 것으로, 의사결정을 촉진하기 위한 기법으로 활용된다.

2) 색상의 의미

- **청**색 : 합리적으로 방향성을 조절하는 사회자로서의 역할을 한다.
- **황**색 : 낙관적이며, 모든 일이 잘 될 것이라고 생각한다.
- **흑**색 : 비관적이고 비판적이며, 모든 일이 잘 안 될 것이라고 생각한다.
- **백**색 : 본인과 직업들에 대한 사실들만을 고려한다.
- **적**색 : 직관에 의존하고, 직감에 따라 행동한다.
- **녹**색 : 새로운 대안들을 찾으려 노력하고, 문제들을 다른 각도에서 바라본다.

010

'23(3), '12(2)

현재 사용되고 있는 흥미검사의 종류 5가지를 쓰시오. [5점]

족집게 답안

흥미검사의 종류

1) 직업선호도검사(VPI ; Vocational Preference Inventory)
2) 자기방향탐색(SDS ; Self Directed Search)
3) 스트롱-캠벨 흥미검사(SCII ; Strong-Campbell Interest Inventory)
4) 쿠더 직업흥미검사(KOIS ; Kuder Occupational Interest Survey)
5) 경력의사결정검사(CDM ; Career Decision Making System)

확장해 보기

직업적응과 관련된 검사도구(Lofquist & Dawis)

1) 미네소타 중요도 질문지(MIQ) : 개인이 일의 환경에 대해 지니는 20가지 욕구와 6가지의 가치관을 측정하는 도구로, 190개의 문항으로 구성되어 있다.
2) 미네소타 직무기술 질문지(MJDQ) : 일의 환경이 20가지 욕구를 만족시켜 주는 정도를 측정한다.
3) 미네소타 직무만족 질문지(MSQ) : 능력의 사용, 성취, 승진, 활동 등 직무만족의 원인이 되는 일의 강화요인을 측정한다.

011

'23(3), '22(1), '12(2)

인지·정서 상담기법의 기본가정, 기본개념, 상담의 목표를 쓰시오. [6점]

족집게 답안

인지·정서 상담기법

1) 기본 가정 : 인간은 합리적·비합리적 사고가 동시에 가능한 존재이며, 인간의 정서적 문제는 비합리적 사고에서 비롯된다.
2) 기본 개념 : 문제해결을 위해 비합리적 사고를 합리적 사고로 전환하고자 A-B-C-D-E-F 모형을 적용한다.
3) 상담의 목표 : 자기수용과 자기존중 등을 통해 합리적인 신념으로의 변화를 모색한다.

확장해 보기

실직자의 심리적 특성과 지도방법

1) 심리적 특성
   ① 자신의 무능함과 무가치감을 느낄 수 있다.
   ② 실직에 대한 자괴감과 우울증에 빠질 수 있다.
2) 지도방법
   ① 자신이 무가치하다는 비합리적 신념을 논박을 통해서 합리적 신념으로 전환시켜야 한다.
   ② 실직이 새로운 전직의 기회가 될 수 있다는 자기수용적이고 긍정적 태도를 갖도록 한다.

012

'22(2), '14(3), '13(2)

직업상담사가 갖추어야 할 자질 3가지를 쓰시오. [6점]

직업상담사의 자질

1) 내담자에 대해 존중하는 자세를 지녀야 한다.
2) 진로발달과 의사결정에 관한 지식을 갖추어야 한다.
3) 직업정보에 대해 과학적인 분석력을 지녀야 한다.
4) 직업문제에 대한 전문성이 있어야 한다.
5) 내담자가 믿고 따를 수 있는 매력이 있어야 한다.

확장해 보기

전신매

상담사의 특성(스트롱과 슈미트)

1) 전문성 : 상담사는 개인에 대한 분석과 직업세계에 대한 이해에 있어서 전문가여야 한다.
2) 신뢰성 : 상담사는 내담자에게 신뢰감을 줄 수 있어야 한다.
3) 매력 : 상담사는 내담자가 믿고 따를 수 있는 매력이 있어야 한다.

013

'23(2), '17(3), '15(2)

한국직업사전의 부가직업정보 중 육체활동의 구분 4가지를 쓰시오. [4점]

족집게 답안

육체활동의 구분

1) 균형감각 2) 웅크림 3) 손사용 4) 언어력 5) 청각 6) 시각

확장해 보기

육체활동의 구분

1) 균형감각 : 손, 발, 다리 등을 이용하여 사다리, 계단, 밧줄 등을 올라가거나 움직이는 물체 위를 걷거나 뛸 때 신체의 균형을 유지하는 것이다.
2) 웅크림 : 몸을 앞으로 굽히거나 뒤로 젖히는 동작, 무릎을 꿇거나 손과 발로 이동하는 동작 등을 하는 것이다
3) 손사용 : 일정기간의 손사용 숙련기간을 거쳐 통상적인 손사용이 아닌, 정밀함과 숙련을 필요로 한다.
4) 언어력 : 말로 생각이나 의사를 교환하거나 표현하는 것으로 정보나 오락 제공을 목적으로 말을 하는 것이다.
5) 청각 : 단순히 일상적인 대화내용 청취여부가 아니라, 작동하는 기계의 소리를 듣고 이상 유무를 판단하거나 논리적인 결정을 내리는 청취활동을 하는 것이다.
6) 시각 : 일상적인 눈 사용이 아닌 시각적 인식을 통해 반복적인 판단을 하거나 물체의 길이나 넓이 및 재질과 형태 등을 알아내기 위한 거리와 공간관계를 판단하며, 색의 차이도 판단할 수 있어야 한다.

014

'22(3), '21(1), '19(1), '17(3), '16(3), '12(3), '11(3)

직무분석방법을 3가지 쓰고 설명하시오. [6점]

족집게 답안

직무분석방법(답안 I)

1) 최초분석법 : 분석대상 직무자료가 드물거나 해당분야의 전문가가 거의 없는 경우 사용하는 방법이다.
2) 비교확인법 : 지금까지 분석된 자료를 참고하여 현재의 직무상태를 비교·확인하는 방법이다.
3) 데이컴법 : 교과과정을 개발하는데 활용되며, 교육목표와 교육내용을 단시간내 추출하는데 효과적이다.

확장해 보기

암기비법 면관체 설녹중

직무분석방법(최초분석법, 답안 II)

1) 면접법 : 직무분석자가 특정직무에 대해 오랜 경험과 전문지식 등을 갖고 있는 직무담당자와의 면접을 통해 분석한다.
2) 관찰법 : 직무분석자가 사업장에서 작업자가 수행하는 직무활동을 관찰하고 그 결과를 기술한다.
3) 체험법 : 직무분석자가 직무활동을 직접 체험함으로써 생생한 자료를 얻는다.
4) 설문지법 : 현장의 작업자 등에게 설문지를 배부하여 직무내용을 기술하게 한다.
5) 녹화법 : 단순하고 반복적이며, 장시간 관찰이 불가능할 때 사용된다.
6) 중요사건기법(결정적사건법) : 직무수행에 결정적 역할을 한 사건을 중심으로 직무요건을 추론한다.

015

'22(1), '19(1), '17(3), '15(2·3), '14(2), '11(3), '10(1·2·3), '09(2)

주어진 예시를 보고 다음을 계산하시오. [6점]

• 만 15세 이상 인구 수 : 35,986천 명 • 비경제활동 인구 수 : 14,716천 명 • 취업자 수 : 20,149천 명
(자영업자 : 5,646천 명, 무급가족종사자 : 1,684천 명, 상용근로자 : 6,113천 명, 임시근로자 : 4,481천 명, 일용근로자 : 2,225천 명)

1) 실업률을 구하시오(단, 소수 셋째 자리에서 반올림 하시오).

2) 임금근로자 수를 구하시오.

3) 경제활동참가율을 구하시오(단, 소수 셋째 자리에서 반올림 하시오).

족집게 답안

실업률/임금근로자 수/경제활동참가율

1) 실업률 = $\frac{\text{실업자 수}}{\text{경제활동인구 수}} \times 100$

- 경제활동인구 수 = 15세 이상 인구 수 - 비경제활동인구 수
 = 35,986 - 14,716 = 21,270(천 명)
- 실업자 수 = 경제활동인구 수 - 취업자 수
 = 21,270 - 20,149 = 1,121(천 명)
- 실업률(%) = $\frac{1,121\text{천 명}}{21,270\text{천 명}} \times 100$ = 5.27033(%)

∴ 실업률(%)은 5.27%(소수 셋째자리에서 반올림)이다.

2) 임금근로자 수 = 취업자 수 - 비임금근로자 수(자영업주 + 무급가족종사자)
 = 20,149천 명 - (5,646천 명 + 1,684천 명) = 12,819천 명

∴ 임금근로자 수는 12,819천 명이다.

3) 경제활동참가율(%) = $\frac{\text{경제활동인구 수}}{\text{15세 이상 인구 수}} \times 100$

 = $\frac{21,270\text{천 명}}{35,986\text{천 명}} \times 100$ = 59.106(%)

∴ 경제활동참가율(%)은 59.11%(소수 셋째자리에서 반올림)이다.

016

'23(1), '22(3), '20(2·3), '16(2), '12(3), '09(2·3), '07(1)

한국표준직업분류의 분류원칙 중 포괄적인 업무에 대한 분류원칙 3가지를 예를 들어 설명하시오. [6점]

족집게 답안

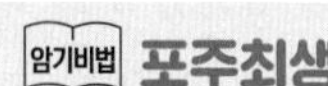

포주최생

포괄적인 업무에 대한 직업분류 원칙

1) 주된 직무 우선원칙 : 수행되는 직무내용과 분류항목의 직무내용을 비교하여 상관성이 가장 많은 항목에 분류한다.
   예 교육과 진료를 겸하는 의대교수는 강의·연구 등(교육)과 진료·처치 등(의료)의 직무내용을 파악하여 관련 항목이 많은 분야로 분류한다.
2) 최상급 직능수준 우선원칙 : 수행된 직무가 상이한 수준의 훈련과 경험을 필요로 한다면, 가장 높은 수준의 직무를 필요로 하는 일에 분류한다.
   예 조리와 배달의 직무비중이 같을 경우에는, 조리의 직능수준이 높으므로 조리사로 분류한다.
3) 생산업무 우선원칙 : 재화의 생산과 공급이 같이 이뤄지는 경우, 생산단계에 관련된 업무를 우선적으로 분류한다.
   예 한 사람이 빵을 생산하고 판매도 하는 경우, 제빵사로 분류한다.

확장해 보기

직업분류의 일반원칙

1) 포괄성의 원칙 : 모든 직무는 어떤 수준에서든지 분류에 포괄되어야 한다.
2) 배타성의 원칙 : 동일하거나 유사한 직무는 같은 단위직업으로 분류되어야 한다.

017

'23(3), '23(1), '22(1), '21(3), '20(3), '16(2), '12(1), '08(3)

한국산업분류(10차)에서 산업결정방법과 산업분류의 적용원칙을 각각 3가지 쓰시오. [6점]

 생종 계휴단 생복 산수공

산업결정방법과 산업분류의 적용원칙

1) 산업결정방법

① 생산단위의 산업활동은 그 생산단위가 수행하는 주된 산업활동의 종류에 따라 결정된다.

② 해당 활동의 종업원 수 및 노동시간, 임금 또는 설비의 정도에 의하여 결정한다.

③ 계절에 따라 정기적으로 산업을 달리하는 사업체는 조사대상기간 중 산출액이 많았던 활동에 의하여 분류된다.

④ 휴업 중 또는 자산을 청산 중인 사업체의 산업은 영업 중 또는 청산을 시작하기 이전의 산업활동에 의하여 결정한다.

⑤ 단일사업체의 보조단위는 그 사업체의 일개 부서로 포함한다.

2) 산업분류의 적용원칙

① 생산단위는 산출물뿐만 아니라 투입물과 생산공정 등을 함께 고려하여 그들의 활동을 가장 정확하게 설명된 항목에 분류해야 한다.

② 복합적인 활동단위는 우선적으로 최상급 분류단계(대분류)를 정확히 결정하고, 순차적으로 중, 소, 세, 세세분류 단계 항목을 결정하여야 한다.

③ 산업활동이 결합되어 있는 경우에는 그 활동단위의 주된 활동에 따라서 분류하여야 한다.

④ 수수료 또는 계약에 의하여 활동을 수행하는 단위는 동일한 산업활동을 자기계정과 자기책임하에서 생산하는 단위와 같은 항목에 분류하여야 한다.

⑤ 공식적 생산물과 비공식적 생산물, 합법적 생산물과 불법적인 생산물을 달리 분류하지 않는다.

018

'14(3), '12(1), '09(1)

어떤 기업의 2019년 근로자 수가 40명, 생산량이 100개, 생산물단가는 10원, 자본비용이 150원이었으나, 2020년에는 근로자 수는 50명, 생산량은 120개, 생산물단가는 12원, 자본비용은 200원으로 올랐다고 가정하자. 생산성 임금제에 근거할 때 이 기업의 2020년 적정임금상승률을 계산하시오(단, 소수점 발생시 반올림하여 소수 첫째 자리로 표현하시오). [4점]

족집게 답안

생산성 임금제의 적정임금상승률

	2019년	2020년
근로자 수	40명	50명
생산량	100개	120개
생산물단가	10원	12원
자본비용	150원	200원

$$1\text{인당 부가가치 노동생산성} = \frac{\text{생산량} \times \text{생산물 단가}}{\text{노동투입량}}$$

$$2019\text{년 }1\text{인당 부가가치 노동생산성} = \frac{100\text{개} \times 10\text{원}}{40\text{명}} = 25\text{원}$$

$$2020\text{년 }1\text{인당 부가가치 노동생산성} = \frac{120\text{개} \times 12\text{원}}{50\text{명}} = 28.8\text{원}$$

$$\text{부가가치 }1\text{인당 노동생산성 상승률}(\%) = \frac{\text{당해 부가가치 노동생산성} - \text{이전해 부가가치 노동생산성}}{\text{이전해 부가가치 노동생산성}} \times 100$$

$$= \frac{28.8\text{원} - 25\text{원}}{25\text{원}} \times 100 = 15.2\%$$

따라서, 2020년도 적정임금상승률은 부가가치 노동생산성상승률과 같은 15.2%이다.

∴ 이 기업의 2020년도 적정임금상승률은 15.2(%)이다.

확장해 보기

생산성 임금제

1) 생산성 임금제에서는 적정임금의 상승률(명목임금 상승률)을 부가가치 노동생산성 상승률과 일치시키는 방향으로 산정한다.

2) $\text{부가가치 노동생산성} = \frac{\text{생산량} \times \text{생산물 단가}}{\text{노동투입량}}$

3) 자본비용은 부가가치 노동생산성과 관련이 없다.

VOCATIONAL
COUNSELOR

동형 문제

직업상담사 2급
1차 실기 기출문제&해설

문제달인 신의손 유튜브 바로가기

동형문제 1회

001

보딘(Bordin)은 정신역동적상담을 체계화하면서 직업문제의 진단에 관한 새로운 관점을 제시하였다. 그가 제시한 직업문제의 심리적 원인 5가지를 쓰고 설명하시오. [5점]

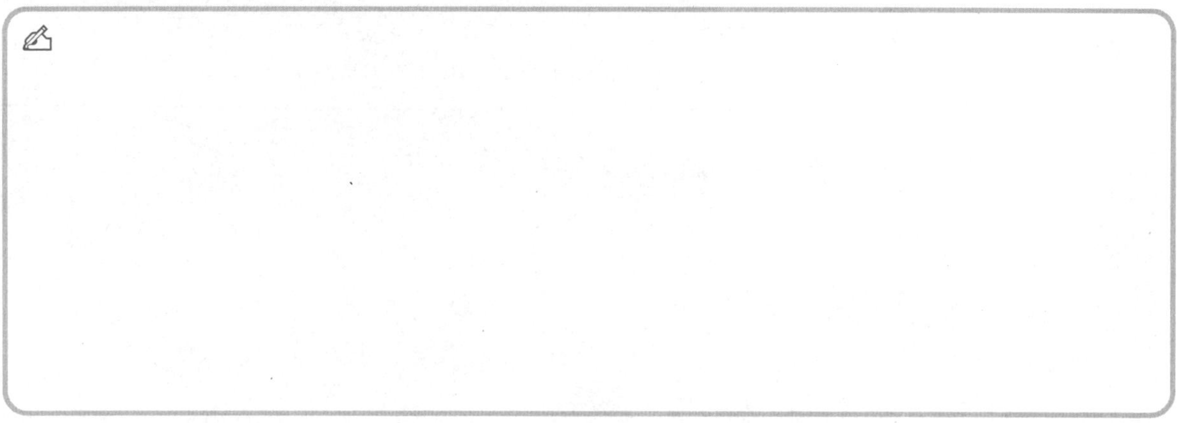

ANSWER

1) 의존성 : 진로문제를 스스로 해결하지 못하고 타인에게 의존하는 경우이다.
2) 정보부족 : 진로관련에 대한 정보의 부족으로 어려움을 겪는 경우이다.
3) 자아갈등 : 자아개념들 사이에서 내적갈등으로 인해 혼란을 겪는 경우이다.
4) 직업선택에 대한 불안 : 자신의 선택과 중요한 타인의 요구 간의 충돌에서 비롯되는 불안이다.
5) 확신부족 : 진로선택 이후에 자신의 선택에 대한 확신이 부족한 경우이다.

002

내담자의 흥미사정 기법 3가지를 쓰고, 각각에 대해 설명하시오. [6점]

ANSWER

1) 흥미평가기법 : 종이에 쓰여진 알파벳에 따라 흥밋거리를 기입하게 해서 내담자의 흥미를 사정하는 기법이다.
2) 직업선호도검사 : 홀랜드의 흥미유형과 연관지어 내담자의 흥미를 사정한다.
3) 직업카드분류법 : 직업선택의 동기를 알아보기 위해 직업카드를 선호군, 혐오군, 미결정 중성군으로 분류하도록 한다.
4) 작업경험 분석 : 내담자가 과거에 경험했던 작업들을 분석하여 직업 관련 선호도를 찾아내는 기법이다.

003

검사 - 재검사 신뢰도에 영향을 미치는 요인 4가지를 쓰시오. [4점]

1) 두 검사 시행 사이의 시간 간격
2) 응답자 속성의 변화
3) 앞서 치른 검사 경험
4) 두 검사 시행 시 환경적 차이

004

아들러(Adler)의 개인주의 상담과정의 목표 4가지를 쓰시오. [4점]

ANSWER

1) 내담자가 패배감을 극복하고 열등감을 감소시킬 수 있도록 돕는다.
2) 내담자가 잘못된 가치와 목표를 수정하도록 돕는다.
3) 내담자가 잘못된 동기를 수정하도록 돕는다.
4) 내담자가 사회적 관심을 갖도록 돕는다.
5) 내담자가 사회의 구성원으로 기여하도록 돕는다.
6) 내담자가 타인과 동질감을 갖도록 돕는다.

005

구성타당도의 유형에 속하는 타당도 3가지를 쓰고 설명하시오. [6점]

ANSWER

1) 수렴타당도 : 검사결과가 해당속성과 관련 있는 변수들과 높은 상관관계를 가지고 있을 때 수렴타당도는 높다.
2) 변별타당도 : 검사결과가 해당속성과 관련 없는 변수들과 낮은 상관관계를 가지고 있을 때 변별타당도는 높다.
3) 요인분석 : 검사문항들의 상관관계를 분석하여 상관이 높은 문항들을 요인으로 묶어주는 통계적 방법이다..

006

수퍼(Super)의 직업발달 5단계를 쓰고 설명하시오. [5점]

ANSWER

1) 성장기 : 자아개념을 발달시키는 시기이며, 욕구와 환상이 지배적이나 점차 흥미와 능력을 중시하게 된다.
2) 탐색기 : 미래에 대한 계획을 세우고 적합한 직업을 탐색하는 시기이다.
3) 확립기 : 자신에게 적합한 분야를 발견해서 생활의 기반을 확립하는 시기이다.
4) 유지기 : 자신의 자리를 유지하려고 노력하며 안정된 삶을 살아가는 시기이다.
5) 쇠퇴기 : 직업에서 은퇴한 후 새로운 역할과 활동을 찾게 되는 시기이다.

007

표준화된 심리검사에는 집단내 규준이 포함되어 있다. 집단내 규준의 3가지 종류를 쓰고 설명하시오. [6점]

ANSWER

1) 백분위 점수 : 표준화된 집단의 점수분포에서 한 개인의 상대적 위치를 나타내는 점수이다.
2) 표준점수 : 표준편차를 사용하여 개인의 점수가 평균으로부터 떨어져 있는 거리를 표시한 것이다.
3) 표준등급 : 원점수를 1~9까지의 구간으로 구분하여 각 구간마다 일정한 점수나 등급을 부여한 것이다.

008

집단상담의 장점과 단점을 각각 3가지씩 쓰시오. [6점]

ANSWER

1) 장점

① 내담자들이 개인상담보다 더 쉽게 받아들이는 경향이 있다.
② 시간과 경제적인 측면에서 효율적이다.
③ 타인과 상호교류를 할 수 있는 능력이 개발된다.
④ 타인을 통한 대리학습의 기회가 부여된다.
⑤ 집단 구성원들 간의 피드백을 통해 자기탐색을 돕는다.
⑥ 구체적인 실천경험과 현실검증의 기회를 가진다.

2) 단점

① 개인의 문제가 심층적으로 다루어지지 않을 수 있다.
② 적합한 집단을 구성하기가 어렵다.
③ 비밀을 유지하기가 힘들다.
④ 개인의 특성이 발휘되기 어렵다.
⑤ 집단상담에 대한 경험이 부족한 지도자는 집단의 운영을 어렵게 한다.

009

하렌(Harren)의 진로의사결정 유형 3가지를 쓰고 설명하시오. [6점]

ANSWER

1) 합리적 유형 : 의사결정에 논리적이고 합리적으로 접근하며, 결정에 대한 책임을 수용한다.
2) 직관적 유형 : 감정을 사용하여 직관적으로 의사결정을 하며, 결정에 대한 책임은 수용하지만 미래를 위한 활동은 거의 하지 않는다.
3) 의존적 유형 : 의사결정에 대해 의존적이며, 개인적 책임을 부정하고 외부로 책임을 돌리는 경향이 높다.

010

특성 - 요인 직업상담에서 브레이필드(Brayfield)가 제시한 직업정보의 3가지 기능을 쓰고 설명하시오. [6점]

ANSWER

1) 정보적 기능 : 직업정보 제공을 통해 내담자의 의사결정을 돕고 직업선택에 대한 지식을 증가시킨다.
2) 재조정 기능 : 내담자가 자신의 선택이 현실에 비추어 부적당했는지를 점검 및 재조정하도록 한다.
3) 동기화 기능 : 내담자가 의사결정과정에 적극적으로 참여하도록 동기화시킨다.

011

심리검사는 사용목적에 따라 규준참조검사와 준거참조검사로 분류된다. 규준참조검사와 준거참조검사의 의미를 각각 예를 들어 설명하시오. [6점]

ANSWER

1) 규준참조검사 : 개인의 점수를 다른 사람들의 점수와 비교하는 상대평가 검사이다.
예 심리검사, 선발검사 등
2) 준거참조검사 : 개인의 점수를 어떤 기준검사와 비교하는 절대평가 검사이다.
예 다수의 국가자격시험 등

012

인지·정서적 상담이론에서 비합리적 신념의 뿌리를 이루고 있는 것으로 가정한 3가지 당위성을 쓰고, 각각 예를 들어 설명하시오. [6점]

ANSWER

1) 자신에 대한 당위성 : "나는 반드시 훌륭한 사람이 되어야만 한다."
2) 타인에 대한 당위성 : "타인은 반드시 나를 정당하게 대해야만 한다."
3) 세상에 대한 당위성 : "세상은 반드시 내가 원하는 방향으로 가야만 한다."

013

한국표준산업분류에서 산업과 산업활동 및 산업활동의 범위를 기술하시오. [6점]

ANSWER

1) 산업 : 유사한 성질을 갖는 산업활동에 주로 종사하는 생산단위의 집합을 말한다.
2) 산업활동 : 각 생산단위가 노동, 자본, 원료 등 자원을 투입하여 재화 또는 서비스를 생산 또는 제공하는 일련의 활동과정이다.
3) 산업활동의 범위 : 영리적 · 비영리적 활동이 모두 포함되나, 가정 내의 가사활동은 제외된다.

014

최저임금제의 기대효과를 5가지 쓰시오. [5점]

ANSWER

1) 소득 분배의 개선
2) 노동력의 질적 향상
3) 공정 경쟁의 확보
4) 경기 활성화에 기여
5) 기업의 근대화 및 산업구조의 고도화 촉진
6) 산업평화의 유지
7) 복지국가의 실현

015

산업별로 임금격차가 발생하는 원인 3가지를 쓰고 설명하시오. [6점]

ANSWER

1) 노동생산성의 차이 : 산업 간에 노동생산성의 차이가 클수록 산업 간 임금격차는 커진다.
2) 노동조합의 존재 여부 : 노동조합의 존재 여부 또는 노동조합의 임금 교섭력이 클수록 산업 간 임금격차는 커진다.
3) 산업별 집중도의 차이 : 산업별 집중도는 제품시장에서의 독과점 정도를 나타낸다. 따라서, 산업별 집중도가 클수록 산업 간 임금격차는 커진다.

016

기혼여성의 경제활동참가율을 결정하는 요인을 5가지 쓰시오. [5점]

ANSWER

1) 시장임금의 증감
2) 법적·제도적 장치의 유무
3) 남편소득의 증감
4) 자녀수 증감
5) 가계생산기술의 발달 여부
6) 고용시장의 발달 여부
7) 여성의 교육 수준

017

한국표준직업분류(KSCO)에서 포괄적 업무의 분류 원칙 3가지를 순서대로 사례를 들어 설명하시오.

[6점]

ANSWER

1) 주된 직무 우선원칙 : 수행되는 직무내용과 분류항목의 직무내용을 비교하여 상관성이 가장 많은 항목에 분류한다.
   예 교육과 진료를 겸하는 의대교수는 강의·연구 등(교육)과 진료·처치 등(의료)의 직무내용을 파악하여 관련 항목이 많은 분야로 분류한다.

2) 최상급 직능수준 우선원칙 : 수행된 직무가 상이한 수준의 훈련과 경험을 필요로 한다면, 가장 높은 수준의 직무를 필요로 하는 일에 분류한다.
   예 조리와 배달의 직무비중이 같을 경우에는, 조리의 직능수준이 높으므로 조리사로 분류한다.

3) 생산업무 우선원칙 : 재화의 생산과 공급이 같이 이뤄지는 경우, 생산단계에 관련된 업무를 우선적으로 분류한다.
   예 한 사람이 빵을 생산하고 판매도 하는 경우, 제빵사로 분류한다.

018

아래의 주어진 표를 보고 물음에 답하시오. [6점]

시간당 임금	6,000원	7,000원	8,000원	9,000원	10,000원
A기업의 노동수요량	24	23	22	21	20
B기업의 노동수요량	26	24	22	20	18

(1) 시간당 임금이 8,000원에서 9,000원으로 인상될 때 각 기업의 노동수요의 임금탄력성을 구하시오 (단, 소수 둘째자리로 나타내시오).

(2) 각 기업의 노동조합이 임금인상을 시도할 때, 실행가능성이 높은 기업과 그 이유를 설명하시오.

ANSWER

1) 노동수요의(임금)탄력성 = $\dfrac{\text{노동수요량의 변화율(\%)}}{\text{임금의 변화율(\%)}}$

① A기업의 임금탄력성 : $\left|\dfrac{\dfrac{21-22}{22}\times 100}{\dfrac{9,000-8,000}{8,000}\times 100}\right|$

$= \left|\dfrac{-4}{11}\right|$ = 0.36(단, 절대값 사용)

∴ A기업의 임금탄력성은 0.36(소수 둘째자리로 표시)이다.

② B기업의 임금탄력성 : $\left|\dfrac{\dfrac{20-22}{22}\times 100}{\dfrac{9,000-8,000}{8,000}\times 100}\right|$

$= \left|\dfrac{-8}{11}\right|$ = 0.73(단, 절대값 사용)

∴ B기업의 임금탄력성은 0.73(소수 둘째자리 반올림)이다.

2) A 기업의 임금탄력성이 B기업보다 비탄력적이므로 A기업의 임금인상 실현가능성이 높다.

이유 : 노동조합의 임금 교섭력은 노동수요의(임금)탄력성이 비탄력적일수록 유리하다. 노동수요의(임금)탄력성이 비탄력적이면 임금을 높게 인상해도 고용량 감소가 적기 때문이다.

동형문제 2회

001

윌리암슨(Williamson)이 분류한 직업상담의 문제유형 중 3가지를 쓰고 설명하시오. [6점]

ANSWER

1) 직업 무선택 또는 미선택 : 직접 직업을 결정한 경험이 없거나, 선호하는 몇 가지의 직업이 있음에도 어느 것을 선택할지를 결정하지 못하는 경우
2) 직업선택의 확신부족 : 직업을 선택했지만 자신의 선택에 자신이 없어 타인에게서 성공하리라는 위안을 받고자 하는 경우
3) 흥미와 적성의 불일치 : 흥미를 느끼는 직업에 대해서 수행능력이 부족하거나, 적성에 맞는 직업에 대해서 흥미를 느끼지 못하는 경우
4) 어리석은 선택 : 자신의 능력보다 훨씬 낮은 능력이 요구되는 직업을 선택하거나 안정된 직업만을 추구하는 경우

002

심리검사 유형 중 투사적 검사의 장점과 단점을 각각 3가지씩 쓰시오. [6점]

ANSWER

1) 장점
   ① 내담자의 다양하고 독특한 반응을 이끌어 낼 수 있다.
   ② 내담자의 의도적인 방어를 방지할 수 있다.
   ③ 내담자의 풍부하고 심층적인 심리적 특성을 반영할 수 있다.
2) 단점
   ① 검사의 신뢰도나 타당도가 매우 부족하다.
   ② 여러 상황적 변인들이 검사반응에 영향을 미친다.
   ③ 검사를 채점하고 해석할 때 고도의 전문성이 요구된다.

003

노동수요의 탄력성을 결정하는 4가지 요인을 쓰시오. [4점]

ANSWER

1) 생산물 수요의 탄력성
2) 총생산비에 대한 노동비용의 비중
3) 노동의 대체 가능성
4) 노동 이외 생산요소의 공급 탄력성

004

게슈탈트 상담기법 중 3가지를 쓰고, 각각에 대해 설명하시오. [6점]

ANSWER

1) 꿈작업: 내담자로 하여금 꿈을 현실로 재현하도록 하여 꿈의 각 부분을 연기하게 한다.
2) 빈의자 기법: 내담자가 빈 의자를 앞에 놓고 어떤 사람이 실제 앉아 있는 것처럼 상상하면서 이야기를 한다.
3) 과장하기: 내담자로 하여금 행동이나 언어를 과장하여 표현하게 함으로써 자신의 감정을 명확히 자각하도록 한다.
4) 자기 부분들과의 대화: 내담자에게 자신의 내재되어 있는 상반된 자아와 대화를 시도하게 함으로써 자기 부분들을 통합시킨다.
5) 숙제의 사용: 내담자에게 상담 상황에서 학습한 사실들을 실생활에 적용시킬 수 있는 기회를 제공한다.
6) 역할연기: 과거나 미래의 한 장면을 현재의 장면으로 상상하게 하여 실제 행동으로 연기해 보도록 한다.

005

심리검사에서 준거타당도 계수의 크기에 영향을 미치는 요인을 3가지 쓰고 설명하시오. [6점]

ANSWER

1) 표집오차: 모집단 조사를 위한 표본의 표집오차가 검사의 준거타당도 계수에 영향을 미친다.
2) 준거측정치의 신뢰도: 준거타당도 계산을 위한 준거측정치의 신뢰도가 검사의 준거타당도 계수에 영향을 미친다.
3) 준거측정치 타당도: 준거왜곡으로 인한 준거측정치의 타당도가 검사의 준거타당도 계수에 영향을 미친다.
4) 범위제한: 준거타당도 계산을 위해 수집한 자료들이 전체 범위를 포괄하지 못하는 경우 상관계수의 크기는 작아진다.

006

인지적, 정서적, 행동적 상담의 기본개념인 A-B-C-D-E-F의 의미를 쓰시오. [6점]

ANSWER

1) A(선행사건) : 내담자의 감정이나 행동에 영향을 미치는 사건이다.
2) B(비합리적 신념체계) : 선행 사건에 대한 비합리적 신념체계이다.
3) C(결과) : 비합리적 신념으로 인한 부적응적인 정서적·행동적 결과이다.
4) D(논박) : 비합리적 신념을 논리적으로 반박하는 것이다.
5) E(효과) : 논박으로 인해 비합리적 신념이 합리적 신념으로 전환된다.
6) F(감정) : 합리적 신념에서 비롯된 긍정적이고 수용적인 감정이다.

007

반분신뢰도 추정을 위해 가장 많이 사용하는 방법 3가지를 쓰고, 각각에 대해 설명하시오. [6점]

ANSWER

1) 전후절반법(전후반분법) : 전체검사를 문항순서에 따라 전반부와 후반부로 반분하여 두 점수 간의 상관계수를 추정한다.
2) 기우절반법(기우반분법) : 전체검사를 문항번호에 따라 홀수와 짝수로 반분하여 두 점수 간의 상관계수를 추정한다.
3) 짝진 임의배치법 : 전체검사를 문항의 난이도와 문항과 총점 간의 상관계수를 토대로 가까운 두 문항끼리 짝을 지은 후 반분한다.

008

심리검사의 신뢰도에 영향을 주는 요인을 5가지 쓰시오. [5점]

ANSWER

1) 개인차 : 검사대상의 개인차가 클수록 신뢰도 계수도 커진다.
2) 문항 수 : 문항 수가 많으면 신뢰도는 어느 정도 높아지나, 문항 수를 무조건 늘린다고 해서 신뢰도가 정비례하여 커지는 것은 아니다.
3) 문항반응 수 : 문항반응 수는 적정 크기를 유지하는 것이 바람직하며, 이를 초과할 경우 신뢰도는 향상되지 않는다.
4) 검사유형 : 속도검사의 경우, 전후절반법으로 신뢰도를 추정하게 되면 후반부로 갈수록 시간이 부족하기 때문에 신뢰도는 낮아진다.
5) 신뢰도 추정방법 : 서로 다른 신뢰도 추정방법에 따른 신뢰도 계수는 각기 다를 수밖에 없다.

009

진로시간전망검사 중 코틀(Cottle)의 원형검사에서 시간전망 개입의 3가지 차원을 쓰고, 각각에 대해 설명하시오. [6점]

ANSWER

1) 방향성 : 미래의 방향성을 이끌어내고 미래에 대한 희망을 심어준다.
2) 변별성 : 미래를 현실처럼 느끼게 하고 미래 계획에 대한 긍정적 태도를 강화시키며, 목표설정을 촉구한다.
3) 통합성 : 현재의 행동과 미래의 결과를 연결시키며, 계획기술의 연습을 통해 진로인식을 증진시킨다.

010

인터넷을 이용한 사이버 상담의 필요성을 5가지 쓰시오. [5점]

ANSWER

1) 상담의 경제성 및 효율성이 높다.
2) 내담자의 익명성이 보장되어 보다 솔직한 상담이 가능하다.
3) 심리적 편안함과 친밀감을 가질 수 있다.
4) 가명을 이용한 상담사례 소개 및 대처방안의 제시가 가능하다.
5) 문제해결을 위한 자료탐색이 용이하다.
6) 내담자의 주도로 자기성찰 능력이 향상된다.

011

보딘의 정신역동적상담에서 사용하는 상담기법 3가지를 쓰고 설명하시오. [6점]

ANSWER

1) 명료화 : 내담자의 문제를 요약해줌으로써 명료하게 재인식시켜 주는 것이다.
2) 비교 : 두가지 이상의 주제들 사이에 나타난 유사성이나 차이점들을 비교한다.
3) 소망-방어체계에 대한 해석 : 내담자로 하여금 진로에 대한 자신의 내적 동기와 진로결정과정 사이의 관계를 인식하도록 돕는다.

012

직무분석방법 중 최초분석법에 해당하는 방법을 3가지만 쓰고 설명하시오. [6점]

ANSWER

1) 면접법 : 직무분석자가 특정직무에 대해 오랜 경험과 전문지식 등을 갖고 있는 직무담당자와의 면접을 통해 분석한다.
2) 관찰법 : 직무분석자가 사업장에서 작업자가 수행하는 직무활동을 관찰하고 그 결과를 기술한다.
3) 체험법 : 직무분석자가 직무활동을 직접 체험함으로써 생생한 자료를 얻는다.
4) 설문지법 : 현장의 작업자 등에게 설문지를 배부하여 직무내용을 기술하게 한다.
5) 녹화법 : 단순하고 반복적이며, 장시간 관찰이 불가능할 때 사용된다.
6) 중요사건기법(결정적사건법) : 직무수행에 결정적 역할을 한 사건을 중심으로 직무요건을 추론한다.

013

스트롱(Strong) 직업흥미검사의 하위척도 3가지를 쓰고 설명하시오. [6점]

ANSWER

1) 일반직업분류(GOT) : 흥미영역에 대한 정보를 제공하며, 홀랜드의 직업선택이론에 의한 6가지 유형으로 구성되어 있다.
2) 기본흥미척도(BIS) : 일반직업분류를 특정흥미들로 세분화한 것으로, 6가지 흥미유형에 대한 구체적인 정보를 얻을 수 있다.
3) 개인특성척도(PSS) : 업무 유형, 학습 유형, 리더십 유형, 모험심 유형들에 대한 개인의 선호도를 측정한다.

014

인지적 명확성의 부족을 나타내는 내담자 유형 6가지를 쓰시오. [6점]

ANSWER

1) 단순 오정보
2) 복잡한 오정보
3) 가정된 불가능
4) 구체성의 결여
5) 원인과 결과의 착오
6) 무력감
7) 비난하기
8) 양면적 사고
9) 파행적 의사소통
10) 강박적 사고
11) 걸러내기
12) 고정성
13) 잘못된 의사결정 방식
14) 자기인식의 부족

015

한국표준직업분류(KSCO)에서 직무 유사성의 판단기준 4가지를 쓰시오. [4점]

ANSWER

1) 직무수행자에게 필요한 지식
2) 경험
3) 기능
4) 직무수행자가 입직하기 위해 필요한 요건

016

한국직업사전에 수록된 부가 직업정보를 5가지만 쓰시오. [5점]

ANSWER

1) 정규교육
2) 육체활동
3) 숙련기간
4) 직무기능
5) 작업장소
6) 작업환경
7) 작업강도
8) 자격·면허
9) 유사명칭
10) 관련직업
11) 조사연도
12) 표준산업분류코드
13) 표준직업분류코드

017

심리검사 제작을 위한 예비문항 제작 시 고려해야 할 5가지 사항을 쓰시오. [5점]

1) 문항의 적절성 : 성별, 종교, 인종, 문화 등 특정집단에 유리하도록 제작해서는 안된다.
2) 문항의 난이도 : 수검자의 수준에 따라 난이도를 적절하게 구성한다.
3) 문항의 구조화 : 문항 내용은 구체적이고 명확해야 한다.
4) 문항의 동기유발 : 문항은 수검자로 하여금 학습동기를 유발할 수 있어야 한다.
5) 문항의 참신성 : 기존검사에 중복되지 않는 새로운 문항을 제시한다.
6) 문항의 중립성 : 특정집단에 불쾌감을 주는 문항이 포함되지 않도록 주의한다.

018

완전경쟁시장에서 A제품을 생산하는 어떤 기업의 단기생산함수가 다음과 같을 때, 이 기업의 이윤극대화를 위한 최적고용량을 도출하고 그 근거를 설명하시오(단, 생산물 단가는 100원, 단위당 임금은 150원). [6점]

노동투입량(단위)	0	1	2	3	4	5	6
총생산량(개)	0	2	4	7	8.5	9	9

ANSWER

노동의 한계생산량(MP_L) = $\frac{\text{총생산량의 증가분}(\Delta TP)}{\text{노동투입량의 증가분}(\Delta L)}$

노동의 한계생산물가치(VMP_L) = P(가격) × MP_L(노동의 한계생산량)이다.

이에 따라 표를 작성해보면 아래와 같다(P = 100, 임금 = 150)

노동투입량(단위)	0	1	2	3	4	5	6
총생산량(개)	0	2	4	7	8.5	9	9
한계생산량	0	2	2	3	1.5	0.5	0
한계생산물가치	0	200	200	300	150	50	0

기업의 이윤극대화는,

노동의 한계생산물가치(VMP_L) = 임금률(W) = 150에서 이루어지므로 최적고용량은 4단위이다.

∴ 이 기업의 이윤극대화를 위한 최적고용량은 4단위이다.

동형문제 3회

001

심리검사의 사용목적 3가지를 쓰고 설명하시오. [6점]

ANSWER 1

1) 자기이해의 증진 : 내담자에게 과학적이고 객관적인 검사결과를 제시하여 자신에 대한 올바른 이해를 토대로 합리적인 의사결정을 하도록 돕는다.
2) 분류 및 진단 : 내담자에 관한 흥미, 성격, 적성 등의 자료를 파악하여 내담자로 하여금 문제의 원인 파악과 문제 해결을 위한 도구로 활용하도록 한다.
3) 예측 : 심리검사를 통해 내담자가 미래에 부일 행동이나 반생 가능한 결과들을 예측한다.

ANSWER 2

1) 개인적 측면 : 개인으로 하여금 심리검사를 통해 자신의 개성과 적성을 발견하도록 한다.
2) 진단적 측면 : 심리검사를 통해 개인의 장·단점과 직업문제를 진단할 수 있다.
3) 조사 및 연구적 측면 : 특정집단의 행동적·심리적 상황에 대한 조사 및 연구를 통해 해당집단의 특징을 규명할 수 있다.
4) 예측적 측면 : 심리검사를 통해 개인의 특성을 파악하여 개인의 수행행동을 예측할 수 있다.

002

내담자중심 상담기법에서 상담자의 태도 3가지를 쓰시오. [6점]

ANSWER

1) 일치성과 진실성 : 상담자는 진실하고 개방적이어야 한다.
2) 공감적 이해 : 상담자는 내담자의 내면세계를 마치 자신의 것처럼 이해하고 느껴야 한다.
3) 무조건적인 수용 : 상담자는 내담자를 무조건적이고 긍정적으로 존중해야 한다.

003

부처(Butcher)의 집단직업상담의 3단계 모델을 쓰고 설명하시오. [6점]

ANSWER

1) 탐색단계 : 자기개방, 흥미와 적성에 대한 측정, 측정결과에 대한 피드백, 불일치에 대한 해결 등이 이루어진다.
2) 전환단계 : 자기 지식을 직업세계와 연결하며, 일과 삶의 가치에 대한 조사, 자신의 가치에 대한 피드백 등이 이루어진다.
3) 행동단계 : 목표설정 및 목표달성을 위한 자원의 탐색과 정보수집, 즉각적이고 장기적인 의사결정 등이 이루어진다.

004

실존주의 상담자들이 내담자의 궁극적 관심사와 관련하여 중요하게 생각하는 주제 3가지를 쓰시오.

[6점]

ANSWER 1

1) 자유와 책임 : 인간은 자기결정적인 존재로서, 자신의 삶을 선택할 자유와 책임이 있다.
2) 삶의 의미성 : 인간은 자신의 삶의 의미를 찾기 위해 노력한다.
3) 죽음과 비존재 : 인간은 자신이 죽는다는 것을 스스로 자각한다.
4) 진실성 : 인간은 자신의 실존을 회복하기 위한 진실성 있는 노력을 해야 한다.

ANSWER 2

1) 죽음 : 죽음의 불가피성은 삶을 더욱 가치 있게 만든다.
2) 자유 : 인간은 자기결정적인 존재로서, 자신의 삶을 선택할 자유와 책임이 있다.
3) 고립 : 인간은 자신의 실존적 고립에 대해 인정하고 직면함으로써 타인과 보다 성숙한 관계를 맺을 수 있다.
4) 무의미성 : 인간은 자신의 삶에서 끊임없이 어떤 의미를 추구한다.

005

내담자와의 초기면담 수행 시 상담자가 유의해야 할 사항 4가지를 쓰시오. [4점]

ANSWER

1) 내담자와 촉진적 관계 형성하기
2) 내담자와 상담목표 및 전략 수립하기
3) 상담과정과 역할에 대해 명확히 하기
4) 상담과정에 필요한 과제물 부여하기
5) 내담자의 심리적 문제 파악하기
6) 비밀유지에 대해 설명하기

006

로(Roe)의 욕구이론에 따른 5가지 가설을 쓰시오. [5점]

ANSWER

1) 개인이 가지고 있는 잠재적 특성의 발달에는 한계가 있다.
2) 개인의 유전적 특성의 발달 정도는 자신의 경험과 사회·경제적 배경 및 문화 배경에 의해 영향을 받는다.
3) 개인의 흥미와 태도는 자신의 경험에 따라 발달유형이 결정된다.
4) 심리적 에너지는 흥미를 결정하는 중요한 요소이다.
5) 개인의 욕구와 만족의 강도는 성취동기의 유발 정도에 따라 결정된다.

007

직업심리검사는 측정내용에 따라 극대수행검사와 습관적 수행검사로 분류된다. 두 검사에 대해 설명하고 각각의 대표적인 유형 2가지를 쓰시오. [6점]

ANSWER

1) 극대수행검사(최대수행검사)
   ① 개념 : 제한시간 내 수검자의 능력을 최대한 발휘하게 하는 인지적 검사이며, 성능검사이다.
   ② 유형 : 지능검사, 적성검사, 성취도검사
2) 습관적 수행검사(정서적 검사)
   ① 개념 : 일상생활에서 수검자의 습관적인 행동을 검토하는 비인지적 검사이며, 성향검사이다.
   ② 유형 : 성격검사, 흥미검사, 태도검사

008

발달적 직업상담에서 직업상담사가 사용할 수 있는 기법 중 '진로자서전'과 '의사결정일기'를 각각 설명하시오. [4점]

ANSWER

1) 진로자서전 : 내담자가 과거에 학과선택, 일 경험 등 어떤 의사결정 방식을 했는지 알아보기 위해 과거의 일상적 결정들을 자유롭게 기술하게 한다.
2) 의사결정일기 : 내담자가 매일 어떤 의사결정 방식을 하는지 알아보기 위해 현재의 일상적인 결정들을 자유롭게 기술하게 한다.

009

어떤 기업의 2019년 근로자 수가 40명, 생산량이 100개, 생산물단가는 10원, 자본비용이 150원이었으나, 2020년에는 근로자 수는 50명, 생산량은 120개, 생산물단가는 12원, 자본비용은 200원으로 올랐다고 가정하자. 생산성 임금제에 근거할 때 이 기업의 2020년 적정임금상승률을 계산하시오(단, 소수점 발생시 반올림하여 소수 첫째 자리로 표현하시오). [6점]

ANSWER

1인당 부가가치 노동생산성 = $\frac{\text{생산량} \times \text{생산물 단가}}{\text{노동투입량}}$

2019년 1인당 부가가치 노동생산성 = $\frac{100\text{개} \times 10\text{원}}{40\text{명}}$ = 25원

2020년 1인당 부가가치 노동생산성 = $\frac{120\text{개} \times 12\text{원}}{50\text{명}}$ = 28.8원

부가가치 1인당 노동생산성 상승률(%) = $\frac{\text{당해 부가가치 노동생산성 - 이전해 부가가치 노동생산성}}{\text{이전해 부가가치노동생산성}} \times 100$

$= \frac{28.8\text{원} - 25\text{원}}{25\text{원}} \times 100 = 15.2\%$

따라서, 2020년도 적정임금상승률은 부가가치 노동생산성상승률과 같은 15.2%이다.

∴ 이 기업의 2020년도 적정임금상승률은 15.2(%)이다.

010

노만(Norman)이 제안한 성격 5요인(Big - 5)의 구성요인을 쓰고 설명하시오. [5점]

ANSWER

1) 외향성 : 타인과의 상호작용을 원하고 타인의 관심을 끌고자 하는 정도를 측정한다.
2) 호감성 : 타인과 편안하고 조화로운 관계를 유지하려는 정도를 측정한다.
3) 성실성 : 사회적 규범이나 원칙 등을 기꺼이 지키려는 정도를 측정한다.
4) 정서적 불안정성 : 정서적으로 얼마나 안정되어 있는지의 정도를 측정한다.
5) 경험에 대한 개방성 : 세계에 대한 관심 및 호기심, 다양한 경험에 대한 포용력 정도를 측정한다.

011

심리검사 사용의 윤리적 문제와 관련하여 지켜야할 사항을 6가지 쓰시오. [6점]

ANSWER

1) 평가기법을 이용할 때는 수검자가 이해하기 쉬운 용어로 설명해야 한다.
2) 새로운 기법을 표준화할 때는 기존의 과학적 절차를 충분히 지켜야 한다.
3) 심리검사는 신뢰도와 타당도가 높은 검사를 사용해야 한다.
4) 심리검사의 결과는 사용목적에 맞게 제한적으로 사용되어야 한다.
5) 평가결과가 시대에 뒤떨어질 수 있음을 인정해야 한다.
6) 적절한 훈련이나 교습을 받은 사람들이 심리검사를 실시해야 한다.

012

정신분석적상담에서 내담자가 직접적으로 불안을 통제할 수 없을 때, 사용하는 무의식적인 방어기제 3가지를 쓰고 설명하시오. [6점]

ANSWER

1) 억압 : 의식에서 받아들이기 곤란한 죄의식이나 충동 등을 무의식으로 밀어내는 것이다.
2) 부인 : 고통이나 충동 등을 무의식적으로 부정하는 것이다.
3) 합리화 : 수용되기 어려운 자신의 언행을 정당화하는 것이다.
4) 반동형성 : 무의식적 소망이나 충동을 본래 의도와 달리 반대 방향으로 바꾸는 것이다.
5) 투사 : 자신의 행동과 생각을 다른 사람의 것처럼 생각하며 남을 탓하는 것이다.
6) 주지화 : 고통스러운 문제를 둔화시키기 위해 추론, 분석 등의 지적능력을 사용하는 것이다.

013

내담자의 흥미를 사정하는 목적을 5가지 쓰시오. [5점]

ANSWER

1) 여가선호와 직업선호 구별하기
2) 자기인식 발전시키기
3) 직업탐색 조장하기
4) 직업대안 규명하기
5) 직업 · 교육상 불만족 원인 규명하기

014

직업심리검사의 신뢰도를 추정하는 방법 3가지를 쓰고 설명하시오. [6점]

ANSWER

1) 검사 - 재검사 신뢰도: 동일한 수검자에게 동일한 검사를 일정 시간간격을 두고 두 번 실시하여 얻은 두 점수 간의 상관계수를 토대로 신뢰도를 추정한다.
2) 동형검사 신뢰도: 동일한 수검자에게 첫번째 시행한 검사와 동등한 유형의 검사를 실시하여 얻은 두 점수 간의 상관계수를 토대로 신뢰도를 추정한다.
3) 반분 신뢰도: 어떤 집단에게 한 검사를 실시하고 그 검사의 문항을 동형이 되도록 두 개의 검사로 나눈 다음, 두 점수 간의 상관계수를 토대로 신뢰도를 추정한다.
4) 문항내적합치도: 한 검사 내 개개의 문항들을 독립된 검사로 보고 문항들 간의 일관성이나 합치성을 신뢰도로 규정한다.

015

직무분석은 직무기술서나 작업자명세서를 만들고 이로부터 얻어진 정보를 여러모로 활용하는 것을 목적으로 한다. 이와 같은 직무분석으로 얻어진 정보의 용도를 5가지 쓰시오. [5점]

ANSWER

1) 모집 및 선발
2) 교육 및 훈련
3) 배치 및 경력개발
4) 직무평가 및 직무수행평가
5) 직무재설계 및 작업환경 개선
6) 인력수급계획의 수립

016

노동수요 특성별 임금격차를 발생하게 하는 경쟁적 요인을 5가지를 쓰시오. [5점]

ANSWER

1) 인적자본량 : 기업 간의 차별적 제품생산, 생산공정의 특유성 등에 의해 형성된 것으로 임금격차를 유발한다.
2) 근로자의 생산성 격차 : 인적자본의 투자 차이는 근로자의 생산성 차이를 유발하며 그에 따라 임금격차가 발생한다.
3) 보상적 임금격차 : 직업의 불리한 여건을 감안하여 임금을 결정하게 되면 임금격차가 발생한다.
4) 시장의 단기적 불균형 : 단기적 노동수요의 증가는 노동공급의 비탄력성으로 즉시 노동공급 증가로 이어지지 않으므로 단기적 임금격차가 발생한다.
5) 효율성 임금정책 : 기업의 생산성 향상을 위한 고임금 정책은 유사 직종 간의 임금격차를 유발한다.

017

여가와 소득의 선택모형에서 여가의 대체효과와 소득효과의 의미를 쓰고, 여가가 정상재일 때와 열등재일 때 소득증가에 따른 노동공급의 변화를 설명하시오. [7점]

ANSWER

1) 의미

① 대체효과 : 임금상승으로 여가에 활용하는 시간이 비싸짐으로써 여가시간을 줄이고 노동공급을 증가시키는 것이다.

② 소득효과 : 임금상승으로 실질소득이 증가함으로써 노동공급을 줄이고 여가시간을 늘리는 것이다.

2) 노동공급의 변화 : 여가가 정상재인 경우 노동공급곡선은 우상향하다가 임금이 일정수준을 넘어서면 후방으로 굴절하지만, 열등재인 경우엔 임금수준과 무관하게 우상향 한다.

018

동일한 근로시간에 대하여 탄광 근로자는 월 200만 원을 받고 봉제공은 월 100만 원을 받는다고 할 때, 이 두 직종 간에 임금 격차가 발생하는 원인을 설명하는 것으로 보상적 임금격차가 있다. 보상적 임금격차의 개념 및 보상적 임금격차가 발생하는 원인을 3가지를 쓰시오. [6점]

ANSWER

1) 개념 : 어떤 직종의 불리한 측면을 상쇄시키려 추가적인 보상을 해 줌으로써 나타나는 임금격차이다.

2) 원인

① 고용의 안정성 여부
② 작업의 쾌적함 여부
③ 교육훈련 비용의 여부
④ 책임의 정도
⑤ 성공 또는 실패의 가능성

동형문제 4회

001

수퍼(Super)의 발달적 직업상담 6단계를 순서대로 쓰시오. [6점]

ANSWER

1) 문제탐색 및 자아개념 묘사(제1단계) : 비지시적 방법으로 문제를 탐색하고 자아개념을 묘사한다.
2) 심층적 탐색(제2단계) : 지시적 방법으로 심층적 탐색을 위한 문제를 설정한다.
3) 자아수용 및 자아통찰(제3단계) : 비지시적 방법으로 사고와 감정을 명료화하여 자아수용 및 자아통찰을 얻는다.
4) 현실검증(제4단계) : 지시적 방법으로 심리검사, 직업정보 등을 통해 수집된 자료들을 탐색하여 현실을 검증한다.
5) 태도와 감정의 탐색과 처리(제5단계) : 비지시적 방법으로 현실검증에서 얻어진 태도와 감정을 탐색하고 처리한다.
6) 의사결정(제6단계) : 비지시적방법으로 대안적 행위들에 대한 고찰을 통해 의사결정을 한다.

002

한국표준산업분류(KSIC)에서 산업분류의 의미와 산업분류 기준 3가지를 쓰시오. [6점]

ANSWER 1

1) 산업분류의 의미 : 생산단위가 주로 수행하는 산업활동을 그 유사성에 따라 체계적으로 유형화한 것이다.

2) 산업분류 기준

① 산출물의 특성

② 투입물의 특성

③ 생산활동의 일반적인 결합형태

003

문항의 난이도와 변별력을 특정점수의 의미로 예를 들어 설명하시오. [6점]

ANSWER

1) 문항의 난이도 : 문항의 쉽고 어려운 정도를 나타내는 것으로, 문항 난이도 지수가 높을수록 쉬운 문제이다.

예 수검자 70%가 정확히 맞힌 문항(P = 0.70)은 30%가 정확히 맞힌 문항(p = 0.30)에 비해 난이도가 낮다.

2) 문항의 변별도 : 고득점을 얻은 사람과 저득점을 얻은 사람을 구별하는 변별력을 말한다.

예 문항 난이도가 극단적으로 높거나(P = 0.00) 극단적으로 낮은(P = 1.00) 문항들로만 구성된 검사는 변별력이 떨어진다.

004

윌리암슨(Williamson)의 특성 - 요인이론에서 검사의 해석 단계에서 사용하는 상담기법 3가지를 쓰고, 각각에 대해 설명하시오. [6점]

ANSWER

1) 직접 충고 : 검사결과를 토대로 상담자가 내담자에게 자신의 견해를 직접적으로 솔직하게 표현하는 것이다.
2) 설득 : 상담자가 내담자에게 검사 자료를 제시하며 합리적인 의사결정을 하도록 설득하는 것이다.
3) 설명 : 상담자가 검사자료 및 정보를 내담자가 이해할 수 있도록 설명하여 내담자의 진로선택을 돕는 것이다.

005

진로상담 과정에서 관계수립을 위한 기본상담기법 5가지를 쓰시오. [5점]

ANSWER

1) 공감 : 내담자가 전달하려는 내용에서 더 나아가 내면적 감정까지도 반영하는 것이다.
2) 수용 : 상담자가 내담자의 얘기에 집중하고 있으며, 내담자를 인격적으로 존중하고 있음을 보여주는 것이다.
3) 경청 : 내담자의 언어적, 비언어적 표현에 주목하면서 내담자의 생각과 감정을 이해하려고 노력하는 것이다.
4) 반영 : 내담자의 생각과 말을 상담자가 다른 참신한 말로 부연하는 것이다.
5) 명료화 : 어떤 문제의 혼란스러운 감정과 갈등을 가려내어 분명히 해주는 것이다.
6) 해석 : 내담자가 진술하지 않은 내용이나 개념을 그의 과거 경험이나 진술을 토대로 추론해서 말하는 것이다.
7) 직면 : 내담자가 모르고 있거나 인정하기를 거부하는 생각에 대해 스스로 모순점을 파악하도록 하는 기법이다.

006

의사교류분석 상담기법에서 주장하는 자아상태 3가지를 쓰고 설명하시오. [6점]

ANSWER

1) 부모자아 : 어릴 때 부모로부터 받은 영향을 그대로 재현하는 자아상태로써, 개인의 가치관이나 신념 등을 나타낸다.
2) 성인자아 : 현실을 합리적이고 객관적으로 판단하며, 문제에 대한 적절한 해결책을 찾는 자아상태이다.
3) 아동자아 : 어린애처럼 행동하거나 어린애 감정을 그대로 표현하는 자아상태이다.

007

노동조합의 임금효과 중 이전효과와 위협효과에 대해 설명하시오. [6점]

ANSWER

1) 이전효과 : 노동조합 조직부문에서 해고된 근로자들이 비조직부문에 몰려 비조직부문의 임금을 하락시키는 효과이다.
2) 위협효과 : 노동조합이 조직될 것을 두려워하여 비조직부문 기업이 이전보다 임금을 더 많이 인상시키는 효과이다.

008

반두라(Bandura)의 사회인지이론에서 진로발달의 개인적 결정요인 3가지를 쓰고 설명하시오. [6점]

ANSWER

1) 자기효능감 : 목표과업을 계획하고 수행할 수 있다는 자신의 능력에 대한 신념이다.
2) 결과기대(성과기대) : 특정과업을 수행했을 때 일어날 결과에 대한 평가를 말한다.
3) 개인적 목표 : 특정목표를 실행하고 성취하기 위한 개인의 의도를 말한다.

009

부정적인 심리검사 결과가 나온 내담자에게 검사결과를 통보하는 방법 4가지를 쓰시오. [4점]

ANSWER

1) 내담자가 검사결과에 충격을 받지 않도록 주의한다.
2) 적절한 해석을 담은 설명과 함께 전달한다.
3) 내담자의 방어를 최소화하기 위한 노력을 한다.
4) 어려운 용어의 사용을 피하고 일상적인 용어를 사용한다.
5) 검사결과를 내담자가 오해하지 않도록 주의한다.
6) 타인에게 검사결과가 알려지지 않도록 비밀보장에 유의한다.

010

정신역동적 직업상담 모형을 구체화시킨 보딘(Bordin)의 3단계 직업상담 과정을 쓰고, 각각에 대해 설명하시오. [6점]

ANSWER

1) 탐색과 계약설정(제1단계) : 내담자의 정신역동적 상태에 대한 탐색 및 상담전략에 대한 계약설정이 이루어진다.
2) 핵심결정(제2단계) : 내담자는 핵심결정을 통해 자신의 목표를 성격 변화 등으로 확대할 것인지 고민한다.
3) 변화를 위한 노력(제3단계) : 내담자는 자아인식 및 자아이해를 확대해 나가며 지속적으로 변화를 모색한다.

011

스트레스로 인해 직장에서 발생할 수 있는 행동반응 5가지를 쓰시오. [5점]

ANSWER

1) 직무수행 감소　　2) 직무 불만족
3) 지각 및 결근　　4) 이직
5) 알코올, 약물 등에의 의존도 심화
6) 공격적 성향으로 인한 인간관계 악화

012

준거타당도의 종류 2가지를 쓰고 예를 들어 설명하시오. [6점]

1) 예언타당도(예측타당도): 미래 행위에 초점을 맞춘 것으로, 검사점수와 미래행위 측정치 간의 상관계수를 추정한다.
   예 입사시험 성적이 높은 사람이 이후 근무성적에서도 높은 점수를 받았다면, 해당 입사시험은 예언타당도가 높다고 할 수 있다.
2) 동시타당도(공인타당도): 현재 행위에 초점을 맞춘 것으로, 새로운 검사와 준거를 동시에 측정해서 두 결과 간의 상관계수를 추정한다.
   예 근무성적이 좋은 재직자가 검사점수도 높았다면, 해당검사는 준거타당도를 갖췄다고 볼 수 있다.

013

학습촉진기법(적응행동증진기법)을 3가지 쓰고 설명하시오. [6점]

ANSWER

1) 강화: 내담자의 행동에 대해 적절하게 긍정적·부정적 반응을 보임으로써 내담자의 바람직한 행동을 강화시킨다.
2) 변별학습: 자신의 직업결정 능력 등을 검사도구를 사용하여 변별하고 비교해보도록 하는 것이다.
3) 사회적 모델링과 대리학습: 타인의 행동에 대한 관찰과 모방을 통해 내담자의 학습을 촉진한다.
4) 행동조성: 행동을 단계별로 세분화하여 단계마다 강화를 제공함으로써 학습을 촉진한다.
5) 상표제도(토큰경제): 내담자의 바람직한 행동이 이루어질 때마다 그에 상응하는 보상을 하는 것이다.

014

일반직업상담의 5단계 과정을 쓰시오. [5점]

ANSWER 1

1) 관계형성 : 상담자와 내담자 간의 상호존중을 바탕으로 신뢰감의 관계를 형성한다.
2) 진단 및 측정 : 표준화된 심리검사를 통해 내담자의 흥미, 적성 등을 진단하고 측정한다.
3) 목표설정 : 내담자가 원하는 목표를 설정하고 목표의 우선순위를 결정한다.
4) 개입 : 상담자는 처치나 중재 등의 개입을 통하여 내담자의 목표달성을 돕는다.
5) 평가 : 상담자와 내담자는 상담목표의 도달 정도와 개입이 얼마나 효과적이었는지를 평가한다.

ANSWER 2

1) 관계수립 및 문제의 평가 : 상담자는 내담자와 수용적 상담관계를 수립하여 내담자의 진로선택 시 발생하는 문제들을 평가한다.
2) 상담목표의 설정 : 상담자는 내담자와 함께 상담목표를 설정한다.
3) 문제해결을 위한 개입 : 상담자는 직업정보 수집과 의사결정 촉진 등의 방법을 동원하여 내담자의 문제해결을 위해 개입한다.
4) 훈습 : 상담자의 개입과정 연장으로써 내담자의 진로 준비과정을 재확인한다.
5) 종결 : 상담자는 내담자와 함께 합의한 목표에 충분히 도달했는지를 확인한다.

015

융(Jung)이 제안한 4단계 치료과정을 순서대로 쓰시오. [4점]

ANSWER

1) 고백단계(제1단계): 내담자는 의식적·무의식적 비밀을 고백함으로써 치료자와 치료적 동맹관계를 형성한다.
2) 명료화단계(제2단계): 내담자가 자신의 무의식적 내용을 명료화하여 통찰과 의식의 확장을 얻도록 하는 것을 목표로 한다.
3) 교육단계(제3단계): 내담자의 페르소나와 자아에 초점을 맞춰 현실적인 사회에 적응하도록 한다.
4) 변형단계(제4단계): 내담자와 치료자 간의 상호작용을 통해 의식과 무의식에 관한 문제들을 해결하고 자기실현을 이루는 과정이다.

016

한국직업사전의 부가직업정보 중 작업강도는 해당 직업의 직무를 수행하는 데 필요한 육체적 힘의 강도를 나타낸 것으로 5단계로 분류하였다. 5단계를 쓰고 설명하시오. [5점]

ANSWER

1) 아주 가벼운 작업: 최고 4kg의 물건을 들어올리고, 때때로 장부·대장·소도구 등을 들어올리거나 운반한다.
2) 가벼운 작업: 최고 8kg의 물건을 들어올리고, 4kg 정도의 물건을 빈번히 들어올리거나 운반한다.
3) 보통 작업: 최고 20kg의 물건을 들어올리고, 10kg 정도의 물건을 빈번히 들어올리거나 운반한다.
4) 힘든 작업: 최고 40kg의 물건을 들어올리고, 20kg 정도의 물건을 빈번히 들어올리거나 운반한다.
5) 아주 힘든 작업: 40kg 이상의 물건을 들어올리고, 20kg 이상의 물건을 빈번히 들어올리거나 운반한다.

017

벡(Beck)의 인지적 상담에서 인지적 오류 3가지를 쓰고 설명하시오. [6점]

ANSWER

1) 임의적 추론(자의적 추론) : 어떤 결론을 지지하는 증거가 없음에도 임의적으로 결론을 내린다.
2) 잘못된 명명 : 극히 드문 일을 근거로 해서 완전히 부정적으로 생각한다.
3) 개인화 : 자신과 관련 없는 사건을 자신 때문에 생겼다고 생각한다.
4) 선택적 추상화 : 상황의 긍정적 양상은 여과시키고 부정적인 세부사항에 머문다.
5) 과일반화 : 특정 사건의 결과를 관계없는 상황에 적용시켜 일반화한다.
6) 이분법적 사고(흑백논리) : 어떤 현상을 흑과 백의 두가지 종류로만 파악하여 극단적으로 이분법화 한다.
7) 과장 및 축소 : 사건의 중대성과 관계없이 특정 의미를 과대 또는 축소하는 것이다.
8) 긍정격하 : 자신의 긍정적 경험을 부정적 경험으로 전환시키는 것이다.

018

주어진 예시를 보고 다음을 계산하시오. [6점]

- 만 15세 이상 인구 수 : 35,986천 명
- 비경제활동 인구 수 : 14,716천 명
- 취업자 수 : 20,149천 명

(자영업자 : 5,646천 명, 무급가족종사자 : 1,684천 명, 상용근로자 : 6,113천 명, 임시근로자 : 4,481천 명, 일용근로자 : 2,225천 명)

(1) 실업률을 구하시오(소수 둘째자리에서 반올림 하시오).

(2) 임금근로자 수를 구하시오.

ANSWER

1) 실업률 = $\frac{\text{실업자 수}}{\text{경제활동인구 수}} \times 100$

경제활동인구 수 = 15세 이상 인구 수 - 비경제활동인구 수

= 35,986천 명 - 14,716천 명 = 21,270(천 명)

실업자 수 = 경제활동인구 수 - 취업자 수

= 21,270천 명 - 20,149천 명 = 1,121(천 명)

실업률(%) = $\frac{1,121\text{천명}}{21,270\text{천명}} \times 100 = 5.27033(\%)$

∴ 실업률(%)은 5.3%(소수 둘째자리에서 반올림)이다.

2) 임금근로자 수 = 취업자 수 - 비임금근로자 수(자영업자 + 무급가족종사자)

= 20,149천 명 - (5,646천 명 + 1,684천 명)

= 12,819천 명

∴ 임금근로자 수는 12,819천 명이다.

동형문제 5회

001

내담자와의 상담목표 설정 시 유의사항 4가지를 쓰시오. [4점]

ANSWER

1) 내담자와 함께 상담목표를 설정한다.
2) 내담자의 기대나 가치가 반영된 것을 상담목표로 설정한다.
3) 현실적으로 실현가능한 것을 상담목표로 설정한다.
4) 구체적인 것을 상담목표로 설정한다.
5) 상담자의 기술과 양립 가능한 것을 상담목표로 설정한다.
6) 구체적인 기한설정이 있어야 한다.

002

홀랜드(Holland)의 흥미에 관한 유형 6가지를 쓰시오. [6점]

ANSWER 1

1) 현실형(R): 실제적이며 현장에서 하는 일을 선호하나, 사회성이 부족하다.
2) 탐구형(I): 과학적이며 탐구활동을 선호하나, 지도력이 부족하다.
3) 예술형(A): 심미적이며 창조적인 활동을 선호하나, 규범적 성향이 부족하다.
4) 사회형(S): 이타적이며 봉사활동을 선호하나, 기계적 활동능력이 부족하다.
5) 진취형(E): 진취적이며 적극적인 활동을 선호하나, 체계적 활동능력이 부족하다.
6) 관습형(C): 꼼꼼하며 질서정연한 일을 선호하나, 융통성이 부족하다.

003

발달적 직업상담에서 수퍼(Super)는 진단이라는 용어 대신에 평가라는 말을 사용했다. 수퍼(Super)가 제시한 평가의 종류 3가지를 쓰고 설명하시오. [6점]

ANSWER

1) 문제평가: 내담자가 겪고 있는 문제와 직업상담에 대한 기대가 평가된다.
2) 개인평가: 내담자의 신체적·심리적·사회적 상태에 대한 통계자료 및 심리검사, 사례연구 등으로 개인에 대한 평가가 이루어진다.
3) 예언평가: 문제평가와 개인평가를 토대로 내담자가 성공하고 만족할 수 있을지에 대한 예언이 이루어진다.

004

현재 사용되고 있는 흥미검사의 종류 4가지를 쓰시오. [4점]

ANSWER

1) 직업선호도검사(VPI)
2) 자기방향탐색(SDS)
3) 스트롱 - 캠벨 흥미검사(SCII)
4) 쿠더 직업흥미검사(KOIS)
5) 경력의사결정검사(CDM)

005

측정의 신뢰성을 높이기 위해서는 측정오차를 줄여야 한다. 측정오차를 최대한 줄이기 위한 방법 5가지를 쓰시오. [5점]

ANSWER

1) 표준화된 검사를 사용한다.
2) 검사의 실시와 채점 과정을 표준화한다.
3) 검사문항을 누구에게나 동일한 이해가 가능하도록 구성한다.
4) 검사의 문항 수와 반응 수를 늘린다.
5) 검사의 신뢰도에 나쁜 영향을 미치는 문항들을 제거한다.
6) 검사조건을 균일하게 유지하여 오차변량을 줄인다.

006

크라이티스(Crites)의 포괄적 직업상담의 상담과정 3단계를 단계별로 설명하시오. [6점]

ANSWER

1) 진단(제1단계) : 내담자의 진로문제를 진단하기 위해 관련 자료를 수집한다.
2) 명료화 또는 해석(제2단계) : 상담자와 내담자가 협력해서 의사결정 과정을 방해하는 내담자의 문제를 명료화하거나 해석한다.
3) 문제해결(제3단계) : 내담자가 자신의 문제를 확인하고 적극적으로 참여하여 문제해결을 위해 어떤 행동을 취할 것인지를 결정한다.

007

톨버트(Tolbert)가 제시한 집단직업상담의 과정에서 나타나는 5가지 활동유형을 쓰시오. [5점]

ANSWER

1) 자기탐색 : 상호 수용적 분위기 속에서 자기의 감정, 태도, 가치 등을 탐색한다.
2) 상호작용 : 직업목표에 대한 집단 구성원들 간의 상호 피드백이 이루어진다.
3) 개인적 정보의 검토 및 목표와의 연결 : 개인적 정보의 검토와 직업적 목표와의 연결이 이루어진다.
4) 직업적·교육적 정보의 획득 및 검토 : 직업적·교육적 정보를 획득하고 직업세계에서의 성공 가능성을 검토한다.
5) 합리적인 의사결정 : 목표의 대안행동을 탐색하고 실천을 위한 합리적인 의사결정을 한다.

008

한국표준직업분류(KSCO)에서 다수직업 종사자의 의미와 분류원칙 3가지를 순서대로 쓰고 설명하시오. [7점]

ANSWER

1) 의미 : 한 사람이 전혀 상관성이 없는 두가지 이상의 직업에 종사하는 경우를 말한다.

2) 분류원칙

① 취업시간 우선의 원칙 : 더 긴 시간을 투자하는 직업으로 결정한다.

② 수입 우선의 원칙 : 수입이 더 많은 직업으로 결정한다.

③ 조사시 최근의 직업 원칙 : 조사시점을 기준으로 최근에 종사한 직업으로 결정한다.

009

실직한 후, "나는 무능하다"라는 부정적인 자동적 사고가 떠올라 우울감에 빠진 내담자에게 벡(Beck)의 인지행동적 상담을 할 때, 이 내담자의 부정적인 사고를 반박하고 합리적인 사고로 전환 시킬 수 있는 방법 3가지를 쓰고 설명하시오. [6점]

ANSWER

1) 정서적 기법 : 내담자의 부정적인 자동적 사고를 파악하여 합리적 정서를 유도한다.

2) 언어적 기법 : 내담자의 부정적인 사고를 논박하여 내담자의 언어를 변화시킨다.

3) 행동적 기법 : 목표행동을 수행하게 함으로써 인지변화를 촉구한다.

010

표준화를 위해 수집한 자료가 정규분포에서 벗어나는 것을 해결하기 위한 방법 3가지를 쓰고, 각각에 대해 설명하시오. [6점]

ANSWER

1) 완곡화 : 수집된 자료가 정규분포의 모양을 갖추도록 점수를 가감한다.
2) 절미법 : 검사 점수가 한쪽으로 치우친 경우 편포의 꼬리를 잘라낸다.
3) 면적환산법 : 각 검사들의 백분위에 해당하는 Z점수를 찾는다.

011

의사교류분석 상담(TA)의 제한점 3가지를 쓰시오. [6점]

ANSWER

1) 주요 개념들이 인지적이므로 지적능력이 낮은 내담자에게는 부적절하다.
2) 주요 개념들이 추상적이어서 실제 적용이 어렵다.
3) 주요 개념들에 대한 실증적 연구를 과학적인 증거로 채택하기 어렵다.
4) 내담자가 상담의 내용을 이해할 수는 있어도 실제로 느끼기는 어렵다.

012

심리검사에서 선다형이나 '예, 아니요' 등 객관식 형태의 자기보고형 검사(설문지 형태의 검사)가 가지는 장점과 단점을 각각 3가지씩 쓰시오. [6점]

ANSWER

1) 장점

① 검사의 실시가 간편하다.

② 시간과 노력이 절감된다.

③ 검사의 신뢰도와 타당도가 검증되어 있다.

④ 검사의 객관성이 보장되어 있다.

⑤ 부적합한 응답을 최소화할 수 있다.

⑥ 비용적 측면에서 경제적이다.

2) 단점

① 수검자가 사회적으로 바람직한 방향으로 검사문항에 대해 반응할 수 있다.

② 수검자가 한 가지 답에만 집중적으로 반응할 경우 검사 반응이 오염될 수 있다.

③ 수검자의 의도에 따라 자신이 보이고 싶은 방향으로 반응할 수 있다.

④ 수검자의 감정이나 신념 등 심리 내적 특성을 다루는 데 한계가 있다.

⑤ 수검자의 응답 범위가 제한될 수 있다.

013

한국표준직업분류(KSCO)에서 직업으로 보지 않는 활동 5가지를 쓰시오. [5점]

ANSWER

1) 이자, 주식배당, 임대료 등 자산 수입이 있는 경우
2) 연금법, 국민기초생활 보장법, 국민연금법 및 고용보험법 등 사회보장이나 민간보험에 의한 수입이 있는 경우
3) 경마, 경륜, 경정, 복권 등에 의한 배당금이나 주식투자에 의한 시세차익이 있는 경우
4) 예·적금 인출, 보험금 수취, 차용 또는 토지나 금융자산을 매각하여 수입이 있는 경우
5) 자기 집의 가사활동에 전념하는 경우
6) 교육기관에 재학하며 학습에만 전념하는 경우
7) 시민봉사활동 등 무급 봉사적인 일에 종사하는 경우.
8) 사회복지시설 수용자의 시설 내 경제활동
9) 수형자의 활동과 같이 법률에 의한 강제노동을 하는 경우
10) 도박, 강도, 절도, 사기, 매춘, 밀수 등 불법적인 활동의 경우

014

아래 주어진 자료를 보고 경제활동참가율을 구하시오(단, 소수점 둘째 자리에서 반올림 하시오). [5점]

취업자 400만 명, 실업자 20만 명, 비경제활동인구가 200만 명일 때 경제활동참가율을 구하시오(단, 소수점 둘째 자리에서 반올림 하시오).

ANSWER

경제활동 참가율(%) = $\dfrac{\text{경제활동인구 수}}{\text{15세 이상 인구 수}} \times 100$

경제활동인구 수 = 취업자 수 + 실업자 수
= 400만 명 + 20만 명 = 420만 명

15세 이상 인구 수 = 경제활동인구 수 + 비경제활동인구 수
= 420만 명 + 200만 명 = 620만 명

경제활동참가율(%) = $\dfrac{\text{420만 명}}{\text{620만 명}} \times 100 = 67.74(\%)$

∴ 경제활동참가율은 67.7%(소수점 둘째자리에서 반올림)이다.

015

펄스(Perls)가 주장한 형태주의 상담의 인간에 대한 가정을 3가지 쓰시오. [6점]

ANSWER

1) 인간은 완성을 추구하는 경향이 있다.
2) 인간은 자신의 현재의 욕구에 따라 게슈탈트를 완성한다.
3) 인간은 전경과 배경의 원리에 따라 세상을 경험한다.
4) 인간의 행동은 그것의 구성요소인 부분의 합보다 큰 전체이다.
5) 인간의 행동은 행동이 일어난 상황과 관련해서 의미 있게 이해될 수 있다.

016

직무 스트레스의 조절변인 3가지를 쓰시오. [3점]

1) A/B 성격유형
2) 통제 위치(소재)
3) 사회적 지원(지지)

017

부가급여의 의미를 예를 들어 설명하고, 사용자와 근로자가 선호하는 이유를 각각 2가지씩 쓰시오.

[8점]

ANSWER

1) 의미 : 사용자가 근로자에게 지급하는 화폐 임금이 아닌 모든 형태의 보상을 말한다.

예 사용자 부담의 퇴직연금 적립금, 사회보험료, 교육훈련비, 유급휴가, 자녀 학자금 지원 등이 있다.

2) 선호 이유

① 사용자

ㄱ. 임금규제의 회피 수단

ㄴ. 절세효과

ㄷ. 양질의 근로자 유치

ㄹ. 근로자의 장기근속 유도

② 근로자

ㄱ. 근로소득세 부담 감소

ㄴ. 연기된 보상의 조세상 혜택

ㄷ. 현물형태 급여의 대량 할인

018

내부노동시장의 형성요인 3가지를 쓰고 설명하시오. [6점]

ANSWER

1) 숙련의 특수성 : 기업이 숙련의 특수성을 보존하기 위해 내부 노동력을 유지하려고 노력함으로써 내부노동시장이 형성된다.
2) 현장훈련 : 실제 직무수행에 사용되는 선임자의 기술 및 숙련이 현장훈련을 통해 후임자에게로 전수됨으로써 내부노동시장이 형성된다.
3) 기업내 관습 : 고용의 안정성에서 형성된 기업내 관습은 노동관계의 각종 사항을 규율함으로써 내부노동시장을 형성하는 요인이 된다.
4) 기업의 규모와 장기근속 : 기업의 규모와 장기근속은 조직 내 업무분담과 인원을 관리하기 위한 조직을 형성시킴으로써 내부노동시장을 형성하게 된다.

동형문제 6회

001

로저스(Rogers)의 인간중심 상담의 철학적 가정을 5가지 쓰시오. [5점]

ANSWER

1) 개인은 가치를 지닌 유일한 존재이다.
2) 개인은 적극적인 성장력을 지닌 존재이다.
3) 개인은 선하고 이성적이며, 믿을 수 있는 존재이다.
4) 개인은 훌륭한 사람이 되는데 유용한 자원을 가지고 있다.
5) 개인은 의사결정과 장래선택의 권리를 가지고 있다.
6) 개인은 주관적 생활에 초점을 두어야 한다.

002

모집단에서 규준집단을 구성하기 위한 확률표집방법 3가지를 쓰고, 각각에 대해 설명하시오. [6점]

ANSWER 1

1) 단순무선표집 : 모집단의 구성원들이 표본에 속할 확률이 동일하도록 무작위로 표집하는 방법이다.
2) 층화표집 : 모집단이 규모가 다른 몇 개의 이질적인 하위집단으로 구성되어 있을 때 사용하는 방법이다.
3) 집락표집 : 모집단을 서로 동질적인 하위집단으로 구분하여 집단 자체를 표집하는 방법이다.
4) 계층표집 : 모집단의 구성요소에 대해 일정한 순서에 따라, 매 K번째 요소를 추출하는 방법이다.

003

고트프레드슨(Gottfredson)의 직업과 관련된 개인발달의 4단계를 쓰고, 각각에 대해 설명하시오. [6점]

ANSWER

1) 힘과 크기 지향성(3~5세) : 사고과정이 구체화되며, 어른이 된다는 것의 의미를 알게 된다.
2) 성역할 지향성(6~8세) : 자아개념이 성의 발달에 의해서 영향을 받게 된다.
3) 사회적 가치 지향성(9~13세) : 사회적 가치를 인지하면서 상황 속 자아를 인식하게 된다.
4) 내적, 고유한 자아 지향성(14세 이후) : 자아성찰과 사회적 가치의 인식에 따라 직업적 포부가 발달한다.

004

한국표준직업분류(KSCO)에서 직업분류의 일반원칙을 2가지 쓰고 설명하시오. [4점]

ANSWER

1) 포괄성의 원칙 : 모든 직무는 어떤 수준에서든지 분류에 포괄되어야 한다.
2) 배타성의 원칙 : 동일하거나 유사한 직무는 같은 단위직업으로 분류되어야 한다.

005

진로개발을 평가하는 데 사용되는 방법으로 진로결정척도(CDS)가 있다. 이 방법 외에 진로개발을 평가할 때 사용될 수 있는 검사를 3가지 쓰시오. [3점]

ANSWER

1) 진로성숙도검사(CMI)
2) 진로발달검사(CDI)
3) 자기직업상황(MVS)
4) 진로신념검사(CBI)

006

윌리암슨(Williamson)의 특성 - 요인이론 중 인간본성에 대한 기본가정을 3가지만 쓰시오. [6점]

ANSWER

1) 인간은 선과 악의 잠재력을 모두 가지고 있다.
2) 선의 본질은 자아의 완전한 실현이다.
3) 인간의 선한 생활을 결정하는 것은 자기 자신이다.
4) 인간은 선을 실현하는 과정에서 타인의 도움을 필요로 한다.
5) 인간은 누구나 자신만의 독특한 세계관을 가지고 있다.

007

생애진로사정(LCA)의 구조 4가지에 대해 쓰시오. [4점]

ANSWER

1) 진로사정 : 내담자의 직업경험, 교육 또는 훈련과정과 관련된 문제들, 여가활동 등에 대해 사정한다.
2) 전형적인 하루 : 내담자가 의존적인지 또는 독립적인지, 자발적인지 또는 체계적인지 자신의 성격차원을 파악하도록 돕는다.
3) 강점과 장애 : 내담자가 스스로 생각하는 자신의 주요 강점과 장애에 대해 질문한다.
4) 요약 : 내담자로 하여금 자신에 대해 알게 된 내용을 요약해 보도록 함으로써 자기인식을 증진시킨다.

008

체계적 둔감화의 의미를 쓰고, 그 단계를 설명하시오. [7점]

ANSWER

1) 의미 : 불안자극을 단계적으로 높여가며 노출시킴으로써, 내담자의 불안반응을 경감 또는 제거시키는 행동수정기법이다.

2) 단계

① 근육이완훈련(제1단계) : 근육이완훈련을 통해 몸의 긴장을 풀도록 한다.

② 불안위계목록작성(제2단계) : 낮은 수준의 자극에서 높은 수준의 자극으로 불안위계목록을 작성한다.

③ 불안위계목록에 따른 둔감화(제3단계) : 불안유발상황을 단계적으로 상상하도록 해서 불안반응을 점진적으로 경감 또는 제거시킨다.

009

정신분석적 상담에서 필수적 개념인 불안의 3가지 유형을 쓰고 설명하시오. [6점]

ANSWER

1) 현실적 불안 : 현실에서 실제적 위험을 지각함으로써 느끼는 불안이다.

2) 신경증적 불안 : 자아와 원초아 간의 갈등이며, 자아가 원초아를 통제하지 못할 경우 발생하는 불안이다.

3) 도덕적 불안 : 원초아와 초자아 간의 갈등에서 생기는 것으로, 본질적인 자기양심에 대한 불안이다.

010

내담자와 관련된 정보를 수집하고 내담자의 행동을 이해하고 해석하는 데 기본이 되는 상담기법을 6가지 쓰시오. [6점]

ANSWER

1) 가정 사용하기
2) 의미 있는 질문하기
3) 전이된 오류 정정하기
4) 분류 및 재구성하기
5) 저항감 재인식하기
6) 근거 없는 믿음 확인하기
7) 왜곡된 사고 확인하기
8) 반성의 장 마련하기
9) 변명에 초점 맞추기

011

역량검사와 속도검사에 대해서 설명하시오. [4점]

ANSWER

1) 역량검사: 시간제한이 없고 어려운 문제들로 구성되어 있으며, 숙련도보다는 문제해결력을 측정한다.
2) 속도검사: 시간제한을 두고 쉬운 문제들로 구성되어 있으며, 문제해결력보다는 숙련도를 측정한다.

012

한국표준산업분류에서 생산단위의 활동형태를 쓰고 설명하시오. [6점]

ANSWER

1) 주된 산업활동 : 생산된 재화나 제공된 서비스 중에서 부가가치가 가장 큰 활동이다.
2) 부차적 산업활동 : 주된 활동 이외의 재화 생산 및 서비스 제공 활동을 말한다.
3) 보조적 활동 : 주된 활동과 부차적 활동을 지원하며 회계, 운송, 구매, 창고, 수리 서비스 등이 포함된다.

013

에드워드 드 보노(Edward de Bono)가 개발한 6개의 생각하는 모자(six thinking hats)에서 황색, 백색, 적색에 대해 설명하시오. [6점]

ANSWER

1) 황색 : 낙관적이며, 모든 일이 잘 될 것이라고 생각한다.
2) 백색 : 본인과 직업들에 대한 사실들만을 고려한다.
3) 적색 : 직관에 의존하고, 직감에 따라 행동한다.
4) 청색 : 합리적으로 방향성을 조절하는 사회자로서의 역할을 한다.
5) 흑색 : 비관적이고 비판적이며, 모든 일이 잘 안 될 것이라고 생각한다.
6) 녹색 : 새로운 대안들을 찾으려 노력하고, 문제들을 다른 각도에서 바라본다.

014

진로성숙도검사(CMI)의 태도척도 3가지를 쓰고 설명하시오. [6점]

ANSWER

1) 결정성 : 선호하는 진로의 방향에 대한 확신의 정도이다.
2) 참여도(관여도) : 진로선택 과정에 능동적으로 참여하는 정도이다.
3) 독립성 : 진로선택을 독립적으로 할 수 있는 정도이다.
4) 지향성(성향) : 진로결정에 필요한 사전 이해와 준비의 정도이다.
5) 타협성 : 진로선택 시 욕구와 현실에 타협하는 정도이다.

015

한국표준산업분류에서 통계단위의 산업을 결정하는 방법 3가지를 쓰시오. [6점]

ANSWER

1) 생산단위의 산업활동은 그 생산단위가 수행하는 주된 산업활동의 종류에 따라 결정된다.
2) 해당 활동의 종업원 수 및 노동시간, 임금 또는 설비의 정도에 의하여 결정한다.
3) 계절에 따라 정기적으로 산업을 달리하는 사업체는 조사대상기간 중 산출액이 많았던 활동에 의하여 분류된다.
4) 휴업 중 또는 자산을 청산 중인 사업체의 산업은 영업 중 또는 청산을 시작하기 이전의 산업활동에 의하여 결정한다.
5) 단일사업체의 보조단위는 그 사업체의 일개 부서로 포함한다.

016

한국직업사전에 수록된 부가직업정보 중 정규교육, 숙련기간, 직무기능의 의미를 쓰시오. [6점]

ANSWER

1) 정규교육 : 해당 직업의 직무를 수행하는 데 필요한 일반적인 정규교육수준을 의미하는 것으로, 해당 직업 종사자의 평균 학력을 나타내는 것은 아니다.
2) 숙련기간 : 해당 직업의 직무를 평균적으로 수행하는 데 필요한 각종 교육, 훈련, 숙련기간을 의미한다. 단, 향상훈련은 포함되지 않는다.
3) 직무기능 : 해당 직업 종사자가 직무를 수행하는 과정에서 자료, 사람, 사물과 관련된 특성을 나타낸다.

017

임금의 하방경직성의 의미를 설명하고, 임금의 하방경직성의 원인 5가지를 쓰시오. [7점]

ANSWER

1) 의미 : 한번 오른 임금이 경제여건의 변화에도 떨어지지 않은 채 그 수준을 유지하려는 경향을 말한다.
2) 이유

① 최저임금제 실시 ② 강력한 노동조합의 존재 ③ 노동자의 역선택 발생 가능성
④ 화폐환상 ⑤ 장기 근로계약 ⑥ 효율성 임금제

018

다음은 완전경쟁시장에서 휴대용 의자를 생산하는 S사의 생산표이다. 이 회사가 생산하는 휴대용 의자의 개당 가격이 2,000원이고, 근로자의 임금은 10,000원일 때, 다음에 답하시오. **[6점]**

근로자 수(명)	0	1	2	3	4	5
시간당 생산량(개)	0	10	18	23	27	30

(1) 근로자 수가 5명일 때, 노동의 평균생산량을 구하시오.

(2) S사가 이윤을 극대화하기 위해 고용해야 할 근로자 수와 노동의 한계생산량을 구하시오.

ANSWER

1) 노동의 평균생산량(AP_L) = $\frac{\text{총생산량(TP)}}{\text{노동투입량(L)}}$

노동의 평균생산량(AP_L) = $\frac{30}{5}$ = 6(개)

∴ 평균생산량(AP_L)은 6(개)이다.

2) 노동의 한계생산량(MP_L) = $\frac{\text{총생산량증가분}(\Delta TP)}{\text{노동투입량증가분}(\Delta L)}$

노동의 한계생산물가치(VMP_L) = $P \cdot MP_L$(단, P는 가격, MP_L은 한계생산량)이므로 표를 작성하면 아래와 같다.

5근로자 수(명)	0	1	2	3	4	5
시간당 생산량(개)	0	10	18	23	27	30
MP_L	0	10	8	5	4	3
VMP_L	0	20,000	16,000	10,000	8,000	6,000

기업의 이윤극대화 조건은, 노동의 한계생산물가치($VMP_L = P \cdot MP_L$) = 임금률(W)(단, P는 가격)에서 이루어지므로 2,000(P) × MP_L = 10,000(W)이다. 그러므로 MP_L = 5, 근로자 수 3(명)에서 이윤극대화가 이루어진다.

∴ 근로자 수는 3(명), 노동의 한계생산량(MP_L)은 5(개)이다.

동형문제 7회

001

수퍼(Super)의 진로발달단계 중 성장기의 하위단계와 탐색기의 하위단계에 대해 각각 설명하시오.

[6점]

ANSWER

1) 성장기의 하위단계

① 환상기 : 욕구가 지배적이며, 환상적인 역할수행이 중시된다.

② 흥미기 : 진로의 목표를 결정하는 데 흥미가 중요 요인이 된다.

③ 능력기 : 직업에서 요구하는 조건을 고려하며 능력을 중시하게 된다.

2) 탐색기의 하위단계

① 잠정기 : 자신의 욕구, 흥미, 능력, 가치 등이 잠정적인 진로의 기초가 된다.

② 전환기 : 현실적 요인들이 점차 직업의식과 직업활동의 기초가 된다.

③ 시행기 : 자신이 적합하다고 본 직업을 최초로 가지게 된다.

002

윌리암슨(Williamson)의 특성-요인 직업상담 6단계 과정을 쓰고 설명하시오. [6점]

ANSWER 1

1) 분석(제1단계) : 내담자 분석을 위해 심리검사 및 자료수집, 표준화검사 등이 사용된다.
2) 종합(제2단계) : 내담자에 대한 이해를 얻기 위해 수집한 자료들을 종합한다.
3) 진단(제3단계) : 내담자 문제의 원인을 탐색하며, 문제해결을 위해 진단한다.
4) 예측(제4단계) : 진단의 결과를 통해 직업문제에 대해 예측한다.
5) 상담(제5단계) : 내담자와 직업문제에 대해 상담하고 문제를 치료한다.
6) 추수지도(제6단계) : 내담자가 바람직한 행동을 하도록 계속적인 지도를 한다.

003

직업적응이론에서 직업성격 차원의 성격요소 중 3가지를 쓰고 설명하시오. [6점]

ANSWER

1) 민첩성 : 정확성보다 속도를 중시한다.
2) 역량 : 근로자의 평균활동 수준을 의미한다.
3) 리듬 : 활동에 대한 다양성을 의미한다.
4) 지구력 : 다양한 활동수준의 기간을 의미한다.

004

어떤 나라의 경제활동참가율은 50%이고, 생산가능인구와 취업자가 각각 100만명, 40만명이라고 할 때, 이 나라의 실업률을 구하시오. [4점]

ANSWER

- 경제활동 참가율(%) = $\frac{\text{경제활동인구 수}}{\text{15세 이상 인구 수}} \times 100$

$50(\%) = \frac{\text{경제활동인구 수}}{\text{100만 명}} \times 100$

∴ 경제활동인구 수는 50만 명

- 경제활동인구 수 = 취업자 수 + 실업자 수 이므로,

50만 명 = 40만 명 + 실업자 수

∴ 실업자 수는 10만 명

- 실업률(%) = $\frac{\text{실업자 수}}{\text{경제활동인구 수}}$ 이므로,

$= \frac{\text{10만 명}}{\text{50만 명}} \times 100$

∴ 실업률은 20(%)이다.

005

Brown의 가치중심적 진로접근모형의 기본 명제 중 3가지를 쓰시오. [6점]

ANSWER

1) 개인이 우선권을 부여하는 가치들은 얼마되지 않는다.
2) 우선순위가 높은 가치들은 생애역할 선택에 가장 중요한 결정요인이 되기도 한다.
3) 가치는 환경 속에서 가치를 담은 정보를 획득함으로써 학습된다.
4) 생애만족은 중요한 모든 가치들을 만족시키는 생애역할들에 의존한다.
5) 한 역할의 특이성은 역할 안에 있는 필수적인 가치들의 만족 정도와 직접 관련된다.
6) 생애역할에서의 성공은 학습된 기술, 인지적·정의적·신체적 적성 등 다양한 요인들에 의해 주로 결정된다.

006

직무기술서에 포함되는 정보 5가지를 쓰시오. [5점]

ANSWER

1) 직무의 명칭, 급수, 보고체계, 임금 등과 같은 직무 정의에 관한 정보
2) 직무에서 사용하는 기계, 도구, 장비, 기타 보조장비
3) 직무에서 사용하는 원재료, 반가공품, 물질, 기타 물품
4) 재료로부터 최종 산물을 만들어 내는 방식
5) 직무의 목적을 달성하기 위해 작업자가 하는 과제나 활동
6) 직무가 이루어지는 물리적·심리적·정서적 환경 등

007

직무분석 방법 중 결정적 사건법의 단점을 3가지 쓰시오. [6점]

ANSWER

1) 일상적 수행과 관련된 지식, 기술, 능력이 배제될 수 있다.
2) 과거의 결정적 사건들이 왜곡되어 기술될 수 있다.
3) 추론과정에서 직무분석가의 주관이 개입될 수 있다.

008

한국표준직업분류(KSCO)에서 직업으로 규명되기 위한 요건을 4가지 쓰시오. [4점]

ANSWER

1) 일의 계속성 : 계속해서 하는 일이어야 한다.
2) 경제성 : 노동의 대가에 따른 수입이 있어야 한다.
3) 윤리성 : 비윤리적인 직업이 아니어야 한다.
4) 사회성 : 사회적으로 가치 있는 일이어야 한다.
5) 비속박성 : 속박된 상태의 활동이 아니어야 한다.

009

'자기보고식 가치사정하기'에서 가치사정법 6가지를 쓰시오. [6점]

ANSWER

1) 체크목록 가치에 순위 매기기
2) 과거의 선택 회상하기
3) 절정경험 조사하기
4) 자유시간과 금전의 사용
5) 백일몽 말하기
6) 존경하는 사람 기술하기

010

긴즈버그(Ginzberg)의 진로발달 단계 중 현실기의 3가지 하위단계를 쓰고, 각각에 대해 설명하시오. [6점]

ANSWER

1) 탐색단계 : 직업선택에 필요한 교육과 경험을 갖기 위해 다양한 직업을 탐색한다.
2) 구체화 단계 : 자신의 여러 특성을 고려하여 직업목표를 구체화시킨다.
3) 특수화(정교화) 단계 : 자신의 직업결정에 대해 정교한 계획을 세우고 전문화된 의사결정을 한다.

011

크라이티스(Crites)의 직업상담 문제 유형 중 현실성의 3가지 유형에 대해 설명하시오. [6점]

ANSWER

1) 비현실형 : 흥미를 느끼는 분야가 있지만 그 분야에 적성이 없는 유형
2) 불충족형 : 흥미를 느끼는 분야가 있지만 자신의 적성수준보다 낮은 적성을 요구하는 직업을 선택하는 유형
3) 강압형 : 적성 때문에 선택했지만 그 직업에 흥미가 없는 유형

012

사용자가 사직률이 낮은 근로자를 선호하는 이유와 낮은 사직률이 사회적으로 좋지 않은 영향을 주는 이유를 각각 2가지씩 쓰시오. [4점]

ANSWER

1) 사용자가 사직률이 낮은 근로자를 선호하는 이유
   ① 기업 특수적 인적자본을 유지할 수 있다.
   ② 인적자본의 유지를 통해 생산성 증대를 이룰 수 있다.
   ③ 신규인력 충원에 소요되는 채용비용과 교육비용 등을 절감할 수 있다.
2) 근로자의 낮은 사직률이 사회적으로 좋지 않은 영향을 주는 이유
   ① 고용시장이 경직되어 신규인력이 진입하기 어렵다.
   ② 산업구조 변화에 따른 적절한 노동인력수급이 어렵다.
   ③ 기술 변화에 따른 신규기술인력의 신속한 도입이 어렵다.

013

아들러(Adler)가 주장한 열등감 콤플렉스의 원인 3가지를 쓰시오. [6점]

ANSWER

1) 기관열등감 : 부모로부터 물려받은 신체적 불완전에서 비롯된 콤플렉스이다.
2) 과잉보호 : 부모의 과잉보호에 따른 자신감 부족에서 비롯된 콤플렉스이다.
3) 양육태만 : 부모의 양육태만에 따른 자존감 부족에서 비롯된 콤플렉스이다.

014

웩슬러 지능검사에 동작성 척도를 포함시킴으로써 얻게 된 장점을 3가지 쓰시오. [6점]

ANSWER

1) 수검자의 문제해결 능력을 직접 관찰할 수 있다.
2) 수검자의 문자해독에 대한 문제점을 해소할 수 있다.
3) 수검자의 동작수행에서 다양한 행동을 알아볼 수 있다.
4) 수검자의 지속적인 주의력과 집중력을 엿볼 수 있다.

015

인적자본에 대한 투자의 대상을 3가지만 쓰고, 각각에 대해 설명하시오. [6점]

ANSWER

1) 정규교육 또는 학교교육 : 정규교육을 통해 기본적이고 체계적인 지식과 기술을 습득하게 된다.
2) 현장훈련 : 취업 후 사업장에서 작업 등을 통해 획득하는 기술훈련을 말한다.
3) 이주 : 일정 수준의 인적자본을 축적한 근로자는 자기가치 증진을 위한 곳으로 이동한다.
4) 건강 : 건강에 대한 투자는 노동공급시간을 일정하게 유지시키고 노동력의 질을 상승시킨다.
5) 정보 : 노동시장에 대한 정확한 정보는 구직자에게 직업적성과 자신의 기술수준에 부합하는 일자리를 찾도록 도움을 준다.

016

생애진로사정(LCA)의 구조 중 진로사정의 3가지 부분을 각각 설명하시오. [6점]

ANSWER

1) 일의 경험 : 내담자의 일의 경험과 관련하여 좋았던 점과 싫었던 점에 대해 사정한다.
2) 교육 또는 훈련과정 : 내담자의 교육 또는 훈련과정과 관련하여 좋았던 점과 싫었던 점에 대해 사정한다.
3) 여가시간 : 내담자의 여가시간 활용에 대해 사정한다.

017

고용정보를 미시정보와 거시정보로 나누어 각각 2가지씩 쓰시오. [4점]

ANSWER

1) 미시정보
   ① 구인 및 구직 정보
   ② 근로조건에 대한 정보
   ③ 직업훈련 정보
2) 거시정보
   ① 경제 및 산업동향 정보
   ② 노동시장 동향 정보
   ③ 직종별·업종별 인력수급현황 정보

018

노동수요 L_D = 5,000 - 2W이고, 시간당 임금이 W = 2,000원 일 때 노동수요 임금탄력성의 절댓값과 근로자의 수입이 얼마인지를 계산하시오. [7점]

ANSWER

1) 노동수요의 탄력성 = $\dfrac{\text{노동수요량의 변화율(\%)}}{\text{임금의 변화율(\%)}} = \dfrac{\dfrac{\text{노동수요량의 변동분}}{\text{원래의 노동수요량}} \times 100}{\dfrac{\text{임금의 변동분}}{\text{원래의 임금}} \times 100}$

$$= \dfrac{\dfrac{\Delta L_D}{L_D}}{\dfrac{\Delta W}{W}} = \dfrac{\Delta L_D \cdot W}{\Delta W \cdot L_D} = \dfrac{\Delta L_D}{\Delta W} \cdot \dfrac{W}{L_D}$$

L_D = 5,000 - 2W에서, 기울기($\dfrac{\Delta L_D}{\Delta W}$)가 - 2이므로 ∴ $\dfrac{\Delta L_D}{\Delta W}$ = - 2…①

시간당 임금(W) = 2,000 …②

L_D = 5,000 - 2W에 ②를 대입하면

노동수요(L_D) = 5,000 - (2 × 2,000) = 1,000 이다.…③

노동수요의(임금)탄력성 = $\dfrac{\Delta L_D}{\Delta W} \cdot \dfrac{W}{L_D}$ 에서 ①, ②, ③을 각각 대입하면

$$= -2 \times \left(\dfrac{2,000}{1,000}\right) = -4$$

∴ 노동수요 탄력성의 절댓값 : 4

2) 근로자의 총 수입 = 노동공급량(L_S) × 시간당 임금(W)이다.

시간당 임금 2,000원은 균형임금이므로 이 임금수준에서 노동수요량은 곧, 노동공급량이다.

따라서 시간당 임금이 2,000원인 경우,

노동공급량(L_S) = 노동수요량(L_D) = 5,000 - (2 × 2,000) = 1,000(시간)이다.

그러므로, 근로자의 수입 = 1,000(시간) × 2,000(원) = 2,000,000(원)

∴ 근로자의 총 수입은 2백만 원이다.

동형문제 8회

001

교류분석 상담이론에서 상담자가 내담자의 이해를 위해 사용하는 분석유형 3가지를 쓰시오. [6점]

ANSWER

1) 구조분석 : 내담자의 성격에 대한 자아상태를 부모, 성인, 아동자아로 구분하여 자아의 내용과 기능을 이해하도록 돕는다.
2) 교류분석 : 두 사람 간의 의사소통 과정에서 나타나는 상보교류, 교차교류, 이면교류를 파악하여 효율적인 교류가 이루어지도록 돕는다.
3) 라켓 및 게임분석 : 내담자로 하여금 부적응적인 라켓감정과 이를 유발하는 게임을 깨닫게 하여 긍정적인 자아상태가 되도록 돕는다.
4) 각본분석 : 내담자의 과거 제한적인 각본신념이 효율적인 신념으로 전환되도록 돕는다.

002

립탁(Liptak)이 제시한 비자발적 실직을 경험한 내담자들에게서 나타나는 5가지 비합리적 신념을 쓰시오. [5점]

ANSWER 1

1) 완벽한 직업탐색 계획을 세워야만 한다라는 비합리적 신념
2) 오로지 직업탐색 과정에만 전념해야 한다라는 비합리적 신념
3) 직업탐색 기술을 배울 필요가 없다라는 비합리적 신념
4) 진로상담자가 알아서 직업을 잘 찾아 줄 것이다라는 비합리적 신념
5) 취업면접 후 취업이 이루어지지 않으면 모든 게 끝이다라는 비합리적 신념

003

사회인지적 진로이론(SCCT)의 3가지 영역모델을 쓰고 설명하시오. [6점]

ANSWER

1) 흥미모형 : 자기효능감과 결과기대는 개인의 흥미발달에 직접적인 영향을 미친다.
2) 선택모형 : 개인차와 환경에 영향을 받은 학습경험이 자기효능감과 결과기대에 영향을 준다.
3) 수행모형 : 개인의 능력, 자기효능감, 결과기대 및 수행목표 등을 통해 수행수준과 수행의 지속성을 설명한다.

004

생애진로사정의 의미와 이를 통해 얻을 수 있는 정보 3가지를 쓰시오. [7점]

ANSWER

1) 의미 : 내담자와 처음 만났을 때 사용할 수 있는 구조화된 면접법으로써, 내담자에 대한 기초적인 직업상담 정보를 얻는 질적인 평가 절차이다.

2) 알 수 있는 정보

① 내담자의 직업경험과 교육수준을 나타내는 객관적 정보를 얻을 수 있다.

② 내담자의 기술과 유능성에 대한 자기평가 및 상담자의 평가정보를 얻을 수 있다.

③ 내담자의 가치관 및 자기인식의 정도를 얻을 수 있다.

005

직업상담에서 내담자 이해를 위한 질적 측정도구 3가지를 쓰고 설명하시오. [6점]

ANSWER

1) 자기효능감 척도 : 어떤 과제를 어느정도 수준으로 수행할 수 있는 능력을 갖추었다고 스스로 판단하는지의 정도를 측정한다.

2) 카드분류 : 내담자의 가치관, 흥미, 직무기술, 라이프 스타일 등의 선호형태를 측정하는 데 유용하다.

3) 제노그램 : 내담자의 가족이나 선조들의 직업특징에 대한 시각적 표상을 얻기 위해 도표를 만드는 것이다.

4) 역할놀이 : 내담자의 수행행동을 나타낼 수 있는 업무상황을 제시해 준다.

006

펄스는 게슈탈트 상담이론에서 인간의 인격은 양파 껍질을 까는 것과 같다고 했다. 그가 주장한 신경증의 층에서 3가지를 쓰고 설명하시오. [6점]

ANSWER

1) 피상층(허위층) : 진실한 마음이 없이 상투적으로 대하는 거짓된 상태이다.
2) 공포층(연기층) : 개인은 자신의 고유한 모습으로 살아가지 않고 부모나 주위환경의 기대역할에 따라 행동하며 살아간다.
3) 곤경층(교착층) : 자신의 역할연기를 자각하게 되면서 같은 역할을 수행하는 데 곤경스러움을 경험하게 된다.
4) 내파층(내적파열층) : 그동안 억압해 온 자신의 욕구를 인식하게 되지만 겉으로 나타내지 못하고 안으로 억제한다.
5) 외파층(외적파열층) : 자신의 감정이나 욕구를 더 이상 억제하지 않고 외부로 표출한다.

007

심리검사의 실시방식에 따른 분류 3가지를 쓰시오. [3점]

ANSWER

1) 실시시간 기준 : 속도검사와 역량검사
2) 수검자 수 기준 : 개인검사와 집단검사
3) 검사도구 기준 : 지필검사와 수행검사

008

아들러(Adler)의 개인주의 상담 생활양식 유형 중 3가지를 쓰고 설명하시오. [6점]

ANSWER

1) 지배형 : 지배적이고 독선적이며 사회적 관심이 거의 없다.
2) 기생형(획득형) : 다른 사람에게 기생하면서 자신의 욕구를 충족시킨다.
3) 회피형(도피형) : 실패에 대한 두려움으로 일상에서 회피하려는 행동을 보인다.
4) 사회적으로 유용한 형 : 자신과 타인의 욕구를 동시에 충족시키며 삶의 목표를 실현하기 위해 노력하는 사회적으로 유용한 형이다.

009

크롬볼츠(Krumboltz)의 사회학습이론에서 개인의 진로선택에 영향을 미치는 요인 3가지를 쓰시오.

[6점]

ANSWER

1) 유전적 요인과 특별한 능력 : 물려받거나 생득적인 개인의 특성들이다.
2) 환경조건과 사건 : 보통 개인의 통제를 벗어나는 사회적, 문화적, 정치적, 경제적 사항들이다.
3) 학습경험 : 개인이 과거에 학습한 경험은 현재 또는 미래의 교육적·직업적 의사결정에 영향을 미친다.
4) 과제접근 기술 : 목표설정, 가치 명료화, 대안 형성, 직업적 정보획득 등을 포함하는 기술이다.

010

상담에서 상담자와 내담자의 대화를 가로막을 수 있는 상담자의 반응을 3가지만 쓰고 설명하시오.

[6점]

ANSWER

1) 너무 이른 조언 : 내담자의 특성 파악이 안된 상태에서 상담자의 너무 이른 조언은 부적절하다.
2) 가르치기 : 상담자의 가르치는 행위는 내담자의 방어반응과 의존적 태도를 유발한다.
3) 지나친 질문 : 상담자의 지나친 질문은 내담자를 수동적으로 만들 수 있다.

011

검사점수의 변량에 영향을 미치는 요인 중 개인의 일시적이고 일반적인 특성을 4가지 쓰시오. [4점]

ANSWER

1) 개인의 건강
2) 개인의 피로 상태
3) 개인의 검사에 대한 동기
4) 개인의 정서적 불안 정도
5) 개인의 검사에 대한 이해 정도
6) 개인의 검사 받는 요령

012

홀랜드의 육각형 모델과 해석 차원 중에서 3가지를 쓰고 설명하시오. [6점]

ANSWER

1) 일관성 : 어떤 쌍들은 다른 유형의 쌍들보다 더 많은 공통점을 가지고 있다.
2) 변별성(차별성) : 개인의 흥미유형은 특정 흥미유형과 매우 유사한 반면, 다른 흥미유형과는 차별적이다.
3) 일치성 : 개인의 흥미유형과 개인이 소속되고자 하는 환경의 유형이 서로 부합하는 정도를 말한다.
4) 정체성 : 성격적 측면에서는 개인의 목표, 흥미, 재능에 대한 명확성을 말하고, 환경적 측면에서는 조직의 투명성 및 안정성 등을 말한다.
5) 계측성(타산성) : 육각형 모델에서 유형들 간의 거리는 가까울수록 서로 유사한 성향을 보이며, 멀어질수록 대조적 성향을 보인다.

013

한국표준직업분류(KSCO)에서 '일의 계속성'에 해당하는 경우를 4가지 쓰시오. [4점]

ANSWER

1) 매일, 매주, 매월 등 주기적으로 행하는 것
2) 계절적으로 행해지는 것
3) 명확한 주기는 없으나 계속적으로 행해지는 것
4) 현재 하고 있는 일을 계속적으로 행할 의지와 가능성이 있는 것

014

한국표준직업분류(KECO)에서 제시한 직업분류의 개념인 직능, 직능수준, 직능유형에 대해 설명하시오. [6점]

ANSWER

1) 직능 : 직무의 업무와 과업을 수행하는 능력을 말한다.

2) 직능수준 : 직무수행능력의 높낮이를 말한다.

3) 직능유형 : 직무수행에 요구되는 지식분야, 사용도구 및 장비, 투입되는 원재료, 생산된 재화와 서비스의 종류와 관련된다.

015

노동공급의 결정요인을 4가지만 쓰시오. [4점]

ANSWER

1) 노동공급 시간

2) 인구 수

3) 경제활동 참가율

4) 노동력의 질

5) 동기부여와 사기

6) 일에 대한 노력의 강도

7) 임금지불 방식

016

어떤 국가의 고용동향이 아래와 같을 때, 질문에 답하시오. [8점]

(단위 : 만 명)

경제활동인구	비경제활동인구	임금근로자	비임금근로자
350	150	190	140

(1) 이 국가의 실업률을 구하시오(소수 둘째자리로 표시하시오).

(2) 이 국가의 경제활동참가율을 구하시오.

(3) 자영업주가 90만 명일 때 무급가족종사자는 최소한 얼마인가?

(4) 고용률을 구하시오.

ANSWER

1) 실업률

취업자 수 = 임금 근로자 수 + 비임금 근로자 수
= 190만 명 + 140만 명 = 330만 명

실업자 수 = 경제활동인구 수 - 취업자 수
= 350만 명 - 330만 명 = 20만 명

$$실업률(\%) = \frac{실업자\ 수}{경제활동인구\ 수} \times 100$$

$$= \frac{20만\ 명}{350만\ 명} \times 100 = 5.71(\%)$$

∴ 실업률은 5.71%(소수 둘째자리로 표시)이다.

2) 경제활동참가율

15세 이상 인구 수 = 경제활동인구 수 + 비경제활동인구 수
= 350만 명 + 150만 명 = 500만 명

$$경제활동참가율(\%) = \frac{경제활동인구\ 수}{15세\ 이상\ 인구\ 수} \times 100$$

$$= \frac{350만\ 명}{500만\ 명} \times 100 = 70(\%)$$

∴ 경제활동참가율은 70%이다.

3) 자영업주 수가 90만 명일 때 무급가족종사자 수

비임금근로자 수 = 자영업주 수 + 무급가족종사자 수

무급가족종사자 수 = 비임금근로자 수 - 자영업주 수
= 140만 명 - 90만 명 = 50만 명

∴ 무급가족종사자 수는 50만 명이다.

4) 고용률

15세 이상 인구 수 = 350만 명 + 150만 명 = 500만 명

취업자 수 = 임금 근로자 수 + 비임금 근로자 수
= 190(만명) + 140(만명) = 330만 명

$$고용률(\%) = \frac{취업자\ 수}{15세\ 이상\ 인구\ 수} \times 100$$

$$= \frac{330만\ 명}{500만\ 명} \times 100 = 66(\%)$$

∴ 고용률은 66%이다.

017

회사원인 A씨는 복권에 당첨되어 100억원의 당첨금을 받게 되었다. A씨의 복권 당첨에 따른 노동공급과 여가선호의 변화를 대체효과와 소득효과를 사용하여 설명하시오. [5점]

ANSWER

1) 여가가 정상재인 경우 : 일반적으로 대체효과가 소득효과보다 클 때 노동공급곡선은 우상향, 작을 때는 후방굴절한다. 그러나 A씨의 경우는 복권당첨으로 인한 비근로소득의 증가로 소득효과만 있으므로, 노동공급을 줄이고 여가소비를 늘릴 것이다.
2) 여가가 열등재인 경우 : 대체효과가 소득효과를 압도하므로 비근로소득에 의한 실질소득의 증가에도 불구하고 여가소비를 줄이고 노동공급을 늘릴 것이다.

018

비수요부족실업에 해당하는 대표적인 실업의 유형 3가지를 쓰고 각각에 대해 설명하시오. [6점]

ANSWER

1) 마찰적 실업 : 신규 또는 전직자가 직업을 찾는 과정에서 직업정보 부족으로 인해 일시적으로 발생하는 비수요부족 실업이며, 자발적 실업이다.
2) 구조적 실업 : 경제구조 자체의 변화 또는 지역간 노동력 수급의 불균형 때문에 발생하는 비수요부족 실업이며, 비자발적이고 장기적 실업이다.
3) 계절적 실업 : 기후나 계절의 변화에 따라 노동수요의 변화가 심한 부문에서 발생하는 비수요부족 실업이며, 일시적 실업이다.

동형문제 9회

001

타당도의 종류 4가지를 쓰시오. [4점]

ANSWER

1) 안면타당도 : 일반인이 문항을 읽고 얼마나 타당해 보이는지를 평가한다.
2) 내용타당도 : 검사 문항들이 측정 내용 영역을 얼마나 잘 반영하고 있는지를 전문가의 논리적 분석과정으로 판단하는 주관적인 타당도이다.
3) 구성타당도 : 측정하고자 하는 개념들이 실제 측정도구에 의해 얼마나 제대로 측정되었는지를 평가한다.
4) 준거타당도 : 검사와 준거 간의 상관관계를 분석해서 검사의 타당도를 평가하는 방법이다.

002

내부노동시장이론, 이중노동시장이론, 인적자본론에 대해 각각 설명하시오. [6점]

ANSWER 1

1) 내부노동시장이론 : 기업 내의 규칙이나 관리가 노동시장의 기능을 대신함으로써, 기업 내부에 노동시장이 형성되어 내부시장과 외부시장으로 분리된다는 이론이다.
2) 이중노동시장이론 : 노동시장이 1차·2차 노동시장으로 구분되고, 두 시장 간 노동력의 이동은 매우 제한적이며 임금 및 고용구조에서도 많은 차이를 보인다는 이론이다.
3) 인적자본론 : 인간을 자본으로 파악하여, 인적자본에 대한 효율적인 교육과 훈련 투자로 생산성 향상을 이룰 수 있다는 이론이다.

003

직업상담사가 갖추어야 할 자질 3가지를 쓰시오. [3점]

ANSWER

1) 내담자에 대해 존중하는 자세를 지녀야 한다.
2) 진로발달과 의사결정에 관한 지식을 갖추어야 한다.
3) 직업정보에 대해 과학적인 분석력을 지녀야 한다.
4) 직업문제에 대한 전문성이 있어야 한다.
5) 내담자가 믿고 따를 수 있는 매력이 있어야 한다.

004

직업상담사가 구직자 A와 B에게 각각 동형검사인 직무능력 검사 I 형과 II 형을 실시한 결과, A는 115점, B는 124점을 얻었으나 검사유형이 다르기 때문에 직접 비교할 수 없다. A와 B 중 누가 더 높은 직무능력을 갖추었는지 각각의 표준점수를 구하고 이를 비교하시오(Z점수는 소수점 둘째 자리까지 산출하시오). [6점]

- A : 직무능력검사 I 형　　표준화 집단 평균 : 100, 표준편차 : 7
- B : 직무능력검사 II 형　　표준화 집단 평균 : 100, 표준편차 : 15

ANSWER

1) Z 점수(표준점수) = $\frac{\text{원점수} - \text{평균}}{\text{표준편차}}$

① A의 Z점수 : $\frac{115 - 100}{7}$ = 2.14

② B의 Z점수 : $\frac{124 - 100}{15}$ = 1.60

2) A의 Z점수가 B의 Z점수보다 높으므로, A가 B보다 더 높은 직무능력을 갖춘 것으로 볼 수 있다.

005

성능검사와 성향검사에 해당하는 검사를 각각 3가지씩 쓰시오. [6점]

1) 성능검사(인지적 검사, 극대수행검사)
   ① 한국판 웩슬러 성인용 지능검사(K - WAIS)
   ② 일반적성검사(GATB)
   ③ 학업성취도 검사(교과시험)
2) 성향검사(정서적 검사, 습관적 수행검사)
   ① 마이어스 - 브릭스 성격유형 검사(MBTI)
   ② 미네소타 다면적 인성검사(MMPI)
   ③ 직업선호도 검사(VPI)

006

직업심리검사에서 측정의 기본 단위인 척도(Scale)의 4가지 유형을 쓰고 설명하시오. [8점]

ANSWER

1) 명명척도 : 가장 낮은 수준의 척도로 숫자의 차이가 측정한 속성의 차이만을 나타내는 척도이다.
2) 서열척도 : 차이정보는 물론 순위관계에 대한 정보도 포함하는 척도이다.
3) 등간척도 : 차이정보와 순위정보는 물론 등간관계에 대한 정보도 포함하는 척도이다.
4) 비율척도 : 차이정보, 순위정보, 등간정보는 물론 수의 비율에 대한 정보도 포함하는 척도이다.

007

한국산업분류(10차)에서 산업분류의 적용원칙을 3가지 쓰시오. [6점]

ANSWER

1) 생산단위는 산출물뿐만 아니라 투입물과 생산공정 등을 함께 고려하여 그들의 활동을 가장 정확하게 설명된 항목에 분류해야 한다.
2) 복합적인 활동단위는 우선적으로 최상급 분류단계(대분류)를 정확히 결정하고, 순차적으로 중, 소, 세, 세세분류 단계 항목을 결정하여야 한다.
3) 산업활동이 결합되어 있는 경우에는 그 활동단위의 주된 활동에 따라서 분류하여야 한다.
4) 수수료 또는 계약에 의하여 활동을 수행하는 단위는 동일한 산업활동을 자기계정과 자기책임하에서 생산하는 단위와 같은 항목에 분류하여야 한다.
5) 공식적 생산물과 비공식적 생산물, 합법적 생산물과 불법적인 생산물을 달리 분류하지 않는다.

008

점수분포에서 전체 점수의 특징을 단일한 수치로 나타내는 데 사용되는 중심경향치 3가지를 쓰고 설명하시오. [6점]

ANSWER

1) 평균값 : 어떤 분포에서 모든 점수의 합을 전체 사례수로 나누어 얻은 값이다.
2) 중앙값 : 모든 점수를 크기 순서대로 배열했을 때 가장 중앙에 위치한 값이다.
3) 최빈값 : 빈도분포에서 빈도가 가장 높은 점수 또는 급간의 중간 점수이다.

009

Crites의 직업상담 문제유형 분류 3가지 변인을 쓰고 설명하시오. [6점]

ANSWER

1) 적응성 : 흥미와 적성의 일치 여부에 따라 적응형과 부적응형으로 구분한다.
2) 결정성 : 재능의 풍부함과 결단성 부족에 따라 다재다능함과 우유부단형으로 구분한다.
3) 현실성 : 적성수준이나 흥미에 대한 고려 부족에 따라 비현실형, 불충족형, 강압형으로 구분한다.

010

실존주의 상담에서 가정하는 양식의 세계 3가지를 쓰고 설명하시오. [6점]

ANSWER

1) 고유세계 : 개인 자신의 세계이자, 개인이 자신에게 가지는 관계를 의미한다.
2) 주변세계 : 인간이 접하며 살아가는 환경 혹은 생물학적 세계를 의미한다.
3) 공존세계 : 인간이 사회적 존재로서 함께 살아가는 공동체 세계를 의미한다.
4) 영적세계 : 개인이 추구하는 믿음과 신념의 영적세계를 의미한다.

011

데이비스(Dawis)와 롭퀴스트(Lofquist)의 직업적응이론에 기초하여 개발한 직업적응과 관련된 검사도구 3가지를 쓰시오. [3점]

ANSWER

1) MIQ(미네소타 중요성 질문지)
2) MJDQ(미네소타 직무기술 질문지)
3) MSQ(미네소타 만족 질문지)

012

진로시간전망 검사지의 사용 용도를 5가지 쓰시오. [5점]

ANSWER

1) 미래의 방향을 이끌어내기 위해서
2) 미래에 대한 희망을 심어 주기 위해서
3) 미래가 실제인 것처럼 느끼도록 하기 위해서
4) 계획에 대한 긍정적 태도를 강화하기 위해서
5) 목표설정을 촉구하기 위해서
6) 현재의 행동을 미래의 결과와 연계시키기 위해서
7) 계획기법을 연습하기 위해서
8) 진로의식을 증진시키기 위해서

013

행동주의 상담의 노출치료법 3가지를 쓰고 설명하시오. [6점]

ANSWER

1) 실제적 노출법 : 내담자를 실제로 공포자극에 노출시킨다.
2) 심상적 노출법 : 내담자에게 공포자극을 상상하도록 해서 노출시킨다.
3) 점진적 노출법 : 내담자에게 공포자극의 강도를 점차 높여서 노출시킨다.
4) 홍수법 : 내담자를 강한 공포자극에 한번에 노출시킨다.

014

내담자의 정보수집 및 행동에 대한 이해기법 중 '전이된 오류 정정하기'에서 오류의 3가지 유형을 쓰고 설명하시오. [6점]

ANSWER

1) 정보의 오류 : 내담자가 직업세계에 대해 충분한 정보를 알고 있다고 잘못 생각하는 경우 발생한다.
2) 한계의 오류 : 내담자가 제한된 기회 및 선택에 대한 견해를 가짐으로써 발생한다.
3) 논리적 오류 : 내담자가 논리적으로 맞지 않는 진술을 함으로써 발생한다.

015

어떤 집단의 심리검사가 분산되어 있는 정도를 판단하기 위하여 사용되는 기준 3가지를 쓰고 설명하시오. [6점]

ANSWER

1) 범위 : 점수분포에 있어서 최고점수에서 최저점수까지의 거리이다.
2) 분산 : 변수분포의 모든 변숫값들을 통해 흩어진 정도를 추정한다.
3) 표준편차 : 평균에서 각 점수들이 평균적으로 이탈된 정도를 말한다.
4) 사분위편차 : 자료를 일렬로 늘어놓고 가장 작은 지점에서 1/4 지점, 3/4 지점에 있는 자료 두개를 택하여 그 차이를 2로 나눈 값이다.

016

이중노동시장에서 1차 노동시장의 직무 혹은 소속 근로자들이 가지는 특징을 5가지 쓰시오. [5점]

ANSWER

1) 고임금
2) 고용의 안정성
3) 승진 및 승급 기회의 평등
4) 양호한 근로조건
5) 합리적인 노무관리

017

던롭(Dunlop)의 노사관계 시스템이론에서 노사관계의 3주체와 노사관계를 규제하는 3가지 여건을 쓰고 설명하시오. [6점]

ANSWER

1) 노사관계의 3주체

① 근로자 및 근로자 단체(노동조합)

② 경영자 및 경영자 단체

③ 노동문제와 관련된 정부기구

2) 노사관계 규제여건

① 기술적 특성 : 근로자의 질이나 양, 생산과정 및 생산방법 등이 노사관계에 영향을 미친다.

② 시장 또는 예산제약 : 제품시장의 형태와 기업경영에 필요한 비용과 이윤 등이 노사관계에 영향을 미친다.

③ 주체들의 세력관계 : 노사관계를 포함한 사회 내 주체들 간의 세력관계가 노사관계에 영향을 미친다.

018

고용률이 50%이고 비경제활동인구가 400명이며 실업자 수가 50명일 때, 실업률을 구하시오. [6점]

ANSWER

15세 이상 인구 = 경제활동인구 + 비경제활동인구
= 취업자 수 + 실업자 수 + 비경제활동인구

고용률(%) = $\frac{\text{취업자 수}}{\text{15세 이상 인구}}$ × 100에서 취업자 수를 x라고 하면,

$$50(\%) = \frac{x}{x + \text{실업자 수} + \text{비경제활동인구}} \times 100$$

$$50(\%) = \frac{x}{x + 50 + 400} \times 100$$

$$\frac{1}{2} = \frac{x}{x + 450}$$

$$2x = x + 450$$

∴ x(취업자 수) = 450(명)

경제활동인구 = 취업자 수 + 실업자 수
= 450 + 50 = 500(명)

$$\text{실업률} = \frac{\text{실업자 수}}{\text{경제활동인구}} \times 100$$

$$= \frac{50}{500} \times 100 = 10(\%)$$

∴ 실업률은 10(%)이다.

동형문제 10회

001

로(Roe)의 직업분류 8가지 장(Field)에서 5가지를 쓰시오. [5점]

ANSWER 1

1) 서비스직 : 사람의 욕구와 복지에 관련된 직업군이며, 교육, 사회봉사, 임상심리직 등이 있다.
2) 비즈니스직 : 대인관계를 중시하지만 타인을 도와주기보다는 일대일 만남으로 상대방을 설득하여 제품을 판매하며, 보험, 부동산직 등이 있다.
3) 단체직 : 조직 내에서 인간관계는 형식적이며 기업의 조직 및 기능과 관련된 사업, 행정직 등이 있다.
4) 기술직 : 사물을 다루는데 관심을 두고 대인관계를 그다지 중시하지 않는다. 상품의 생산·유지·운송과 관련된 기계지, 정보통신직 등이 있다.
5) 옥외활동직 : 천연자원을 개발·보존·수확하는 농업, 어업, 축산식 등이 있다.
6) 과학직 : 과학이론 및 이론을 적용시키는 연구직, 교수직업 등이 있다.
7) 예능직 : 창조적 예술과 연예 활동하는 음악과 배우직 등이 있다.
8) 일반문화직 : 개인보다는 인류의 활동에 흥미를 가지는 고고학자 등이 있다.

002

게슈탈트 상담이론에서의 접촉 - 경계의 혼란 유형 3가지를 쓰고 설명하시오. [6점]

ANSWER

1) 내사 : 부모나 사회의 영향을 받거나 스스로의 경험에 의해 형성된 것을 말한다.
2) 투사 : 자신의 생각이나 요구, 감정 등을 타인의 것으로 지각하는 것을 말한다.
3) 반전 : 다른 사람이나 환경에 대하여 하고 싶은 행동을 자기 자신에게 하는 것을 말한다.
4) 융합 : 밀접한 관계에 있는 사람들이 어떤 갈등이나 불일치도 용납하지 않는 의존적 관계를 말한다.
5) 편향 : 감당하기 힘든 내적갈등이나 환경 등에 압도당하지 않기 위해 자신의 감각을 둔화시켜 이들과의 접촉을 피하는 것이다.

003

심리검사를 해석할 때 주의사항 4가지를 쓰시오. [4점]

1) 내담자가 이해하기 쉬운 언어를 사용한다.
2) 해석에 대한 내담자의 반응을 고려한다.
3) 주관적 판단을 배제한다.
4) 중립적이고 무비판적 자세를 견지한다.
5) 진점수의 범위를 말해주는 것이 좋다.
6) 내담자와 함께 해석하며 내담자 스스로 진로를 결정하도록 도와주어야 한다.

004

코틀(cottle)의 원형검사에서 원, 원의 크기, 원의 배치가 의미하는 바를 각각 쓰시오. [6점]

ANSWER

1) 원 : 원은 각각 과거, 현재, 미래의 시간차원을 의미한다.
2) 원의 크기 : 원의 크기는 시간차원에 대한 상대적 친밀감을 의미한다.
3) 원의 배치 : 원의 배치는 시간차원의 연결구조를 의미한다.

005

교류분석 상담(TA)에서 개인의 생활각본을 구성하는 주요 요소인 기본적인 생활자세를 4가지 쓰고 설명하시오. [4점]

ANSWER

1) 자기긍정, 타인긍정 : 가장 건강한 생활자세로서, 자기와 타인을 긍정적으로 신뢰하고 존중한다.
2) 자기긍정, 타인부정 : 자기의 우월성을 강조하고 타인의 열등성을 비난한다.
3) 자기부정, 타인긍정 : 타인과 비교하여 자기를 피해자로 여기며, 자기비하적 태도를 보인다.
4) 자기부정, 타인부정 : 자기와 타인을 모두 부정적으로 생각하고 세상에 대해 공격적이며, 모든 것을 포기하려 한다.

006

초기면담 시 상담자가 내담자에게 좋은 영향을 줄 수 있는 언어적 행동과 비언어적 행동을 각각 3가지씩 쓰시오. [6점]

ANSWER

1) 언어적 행동

① 내담자에게 명료하고 이해 가능한 언어를 사용한다.

② 내담자의 기본적인 신호에 적절히 반응한다.

③ 긴장을 줄이기 위해 가끔 유머를 사용한다.

④ 내담자에게 개방적 질문과 언어적 강화를 사용한다.

2) 비언어적 행동

① 내담자와 기분 좋은 눈 맞춤을 유지한다.

② 내담자에게 가끔 미소를 지으며, 고개를 끄덕인다.

③ 내담자와 유사한 언어의 톤을 사용한다.

④ 내담자에게 몸을 가깝게 기울이며 상담한다.

007

구조조정 당한 실직자의 심리적 특성 2가지와 이 내담자에게 적용할 수 있는 지도방법 2가지를 쓰시오. [4점]

ANSWER

1) 심리적 특성

① 자신의 무능함과 무가치감을 느낄 수 있다.

② 실직에 대한 자괴감과 우울증에 빠질 수 있다.

2) 지도방법

① 자신이 무가치하다는 비합리적 신념을 논박을 통해서 합리적 신념으로 전환시켜야 한다.

② 실직이 새로운 전직의 기회가 될 수 있다는 자기수용적이고 긍정적 태도를 갖도록 한다.

008

불경기 시 부가노동자와 실망노동자 수의 증가가 실업률에 미치는 효과를 각각 설명하시오. [6점]

ANSWER

1) 부가노동자 효과 : 가구주가 불황으로 실직하면서 주부 등과 같은 비경제활동인구가 구직활동을 통해 실업자가 됨으로써, 실업률을 증가시킨다.
2) 실망노동자 효과 : 경기침체시 일자리를 찾게 될 확률이 낮아져 구직을 포기하는 사람들이 늘어나 비경제활동인구가 됨으로써, 실업률을 감소시킨다.

009

심리검사는 검사장면에 따라 축소상황검사, 모의장면검사, 경쟁장면검사로 분류된다. 각각의 검사방식을 설명하시오. [6점]

ANSWER

1) 축소상황검사 : 실제 장면과 같지만 과제나 직무를 매우 축소시킨 검사이다.
2) 모의장면검사 : 실제 장면과 거의 유사한 장면을 인위적으로 만들어 놓은 검사이다.
3) 경쟁장면검사 : 작업장면과 같은 상황에서 실제 문제나 작업을 제시하고 경쟁적으로 문제해결을 요구하는 검사이다.

010

다면적 인성검사(MMPI)의 타당성 척도 중 L척도, F척도, K척도에 대해 설명하시오. [6점]

ANSWER

1) L 척도 : 수검자가 자신을 좋게 보이려고 하는 고의적이고 부정직한 시도를 측정한다.
2) F 척도 : 비전형적인 방식으로 응답하는 사람들을 탐지하기 위한 것으로, 일반인의 생각이나 경험과 다른 정도를 측정한다.
3) K 척도 : 분명한 정신적 장애를 지녔으면서도 정상적인 프로파일을 보이는 사람들을 식별한다.

011

직무관련 스트레스에 대한 예방 및 대처법을 5가지 쓰시오. [5점]

ANSWER

1) 가치관을 전환시킨다.
2) 목표지향에서 과정중심의 사고방식으로 전환한다.
3) 균형 잡힌 생활을 한다.
4) 스트레스에 정면으로 도전하는 정신을 함양한다.
5) 운동 등을 통해 스트레스 해소책을 마련한다.
6) 마음 깊이 쌓인 분노를 없애야 한다.

012

행동주의 상담의 불안감소기법을 3가지 쓰고 설명하시오. [6점]

ANSWER

1) 체계적둔감법 : 내담자의 불안반응을 체계적으로 증대시켜 둔감화한다.
2) 금지조건형성(내적금지) : 내담자에게 불안요소를 지속적으로 제시함으로써 불안반응을 감소시킨다.
3) 반조건형성(역조건형성) : 조건 자극과 새로운 자극을 함께 제시해서 불안을 감소시킨다.
4) 혐오치료 : 바람직하지 못한 행동에 혐오자극을 제시함으로써 부적응적 행동을 제거한다.
5) 주장훈련 : 내담자에게 불안이외의 감정을 표현하게 해서 대인관계에 있어서의 불안을 해소시킨다.
6) 자기표현훈련 : 자기표현을 통해 타인과 상호작용함으로써 대인관계에서 비롯되는 불안요인을 제거한다.

013

한국표준직업분류의 대분류와 직능수준을 연결하시오. [5점]

대분류	직능 수준
전문가 및 관련 종사자	(1)
사무 종사자	(2)
서비스 종사자	(3)
단순노무종사자	(4)
군인	(5)

(1)

(2)

(3)

(4)

(5)

ANSWER

1) 전문가 및 관련 종사자 : 제4직능수준 필요 혹은 제3직능수준 필요
2) 사무 종사자 : 제2직능수준 필요
3) 서비스 송사자 : 제2직능수준 필요
4) 단순노무종사자 : 제1지능수준 필요
5) 군인 : 제2직능수준 이상 필요

014

직무분석방법을 3가지 쓰고 설명하시오. [6점]

ANSWER

1) 최초분석법 : 분석대상 직무자료가 드물거나 해당분야의 전문가가 거의 없는 경우 사용하는 방법이다.
2) 비교확인법 : 지금까지 분석된 자료를 참고하여 현재의 직무상태를 비교·확인하는 방법이다.
3) 데이컴법 : 교과과정을 개발하는데 활용되며, 교육목표와 교육내용을 단시간내 추출하는데 효과적이다.

015

인지·정서·행동적 상담(REBT)의 기본원리 5가지를 쓰시오. [5점]

ANSWER

1) 인지는 인간의 정서를 결정하는 가장 중요한 요소이다.
2) 역기능적 사고는 정서장애의 중요한 결정 요인이다.
3) 정서적인 문제의 해결은 사고 분석에서 시작하는 것이 효과적이다.
4) 유전과 환경 등 다양한 요인들이 불합리한 사고를 초래한다.
5) 행동에 대한 과거의 영향보다는 현재에 초점을 둔다.
6) 인간이 갖고 있는 신념은 변한다고 믿는다.

016

상호역할관계사정 방법 3가지를 쓰고 설명하시오. [6점]

ANSWER

1) 질문을 통해 사정하기
   ① 내담자가 개입하고 있는 생애역할들을 나열하기
   ② 개개 역할에 소요되는 시간의 양 추정하기
   ③ 내담자의 가치들을 이용해서 순위 정하기
   ④ 상충적 · 보상적 · 보완적 역할들 찾아내기
2) 동그라미로 역할관계 그리기 : 내담자의 문제들을 파악해서 가치순위에 따라 크기를 달리하여 동그라미로 역할관계를 그리게 한다.
3) 생애-계획연습으로 전환하기 : 각 생애단계마다 생애역할목록을 작성해서 역할들 간의 관계를 파악하고, 미래에 충족시킬 것으로 기대되는 역할 등을 탐색한다.

017

효율성임금제의 의미를 쓰고, 효율성임금제가 경제에 미치는 장점과 단점을 각각 3가지씩 쓰시오. [8점]

ANSWER

1) 의미 : 근로자의 생산성을 높이기 위해 시장임금보다 더 높은 임금을 지급하는 것이다.

2) 장점

① 우수한 근로자 채용 및 노동의 질 향상

② 근로자의 사직 감소에 따른 신규채용 및 훈련에 드는 비용 감소

③ 대규모 사업장에서의 통제 상실 방지

④ 기업에 대한 충성심과 귀속감의 증대

3) 단점

① 기업 간 임금격차

② 이중노동시장의 형성

③ 지역 또는 산업 간 노동력 수급의 불균형으로 구조적 실업 초래

018

시간당 임금이 500원일 때 1,000명을 고용하던 기업에서 시간당 임금이 400원으로 감소했을 때 1,100명을 고용할 경우, 이 기업의 노동수요 탄력성을 계산하시오(단, 소수점 발생시 반올림하여 소수 첫째 자리로 표현한다). [6점]

ANSWER

$$\text{노동수요의(임금) 탄력성} = \frac{\text{노동수요량의 변화율(\%)}}{\text{임금의 변화율(\%)}}$$

$$= \left| \frac{\frac{1,100-1,000}{1,000} \times 100}{\frac{400-500}{500} \times 100} \right|$$

$$= \left| \frac{\frac{1}{10}}{\frac{-1}{5}} \right| = 0.5 \text{(단, 절대값 사용)}$$

∴ 노동수요의(임금) 탄력성은 0.5이다.